最新
日常公文处理
一本通(下册)

冀晓明 ◎ 著

中共中央党校出版社

图书在版编目（CIP）数据

最新日常公文处理一本通.下册/冀晓明著.-- 北京：中共中央党校出版社，2021.11
ISBN 978-7-5035-7202-9

Ⅰ.①最⋯ Ⅱ.①冀⋯ Ⅲ.①公文–文件处理 Ⅳ.① C931.46

中国版本图书馆 CIP 数据核字（2021）第 221888 号

最新日常公文处理一本通（下册）

策划统筹	冯　研
责任编辑	王慧颖
责任印制	陈梦楠
责任校对	马　晶
出版发行	中共中央党校出版社
地　　址	北京市海淀区长春桥路 6 号
电　　话	（010）68922815（总编室）　（010）68922233（发行部）
传　　真	（010）68922814
经　　销	全国新华书店
印　　刷	北京盛通印刷股份有限公司
开　　本	710 毫米 ×1000 毫米　1/16
字　　数	370 千字
印　　张	20.25
版　　次	2021 年 11 月第 1 版　2021 年 11 月第 1 次印刷
总 定 价	118.00 元

微 信 ID：中共中央党校出版社　　　邮　箱：zydxcbs2018@163.com

版权所有·侵权必究
如有印装质量问题，请与本社发行部联系调换

目　录

公文处理工作之术

第一章　公文写作之道 ... 3
第一节　公文写作基本概念 ... 3
第二节　公文写作主要特点 ... 4
　一、目的性 ... 4
　二、系统性 ... 5
　三、创新性 ... 7
第三节　公文写作比较分析 ... 10
　一、从写作主体看 ... 10
　二、从写作特点看 ... 10
　三、从写作方法看 ... 11

第二章　公文写作之法 ... 13
第一节　公文写作基本要求 ... 13
第二节　公文写作基本要素 ... 14
　一、字 ... 15
　二、词 ... 22
　三、标点符号 ... 72
　四、数字、外文字符和计量单位 ... 104
　五、句子 ... 114
第三节　公文写作校对符号 ... 154

第三章　公文写作之术 ... 156

第一节　公文写作思维 ... 157
一、公文写作基本思维 ... 157
二、公文写作时间思维 ... 162
三、公文写作空间思维 ... 167

第二节　公文写作路径 ... 172
一、公文写作基本路径 ... 173
二、公文写作提升路径 ... 201

第三节　公文写作实用 ... 220
一、决议 ... 221
二、决定 ... 226
三、命令（令）... 230
四、公报 ... 231
五、公告 ... 236
六、通告 ... 238
七、意见 ... 241
八、通知 ... 247
九、通报 ... 251
十、报告 ... 257
十一、请示 ... 262
十二、批复 ... 264
十三、议案 ... 268
十四、函 ... 272
十五、会议纪要 ... 275
十六、法规制度类 ... 278
十七、工作计划类 ... 286
十八、工作总结类 ... 293
十九、会议记录类 ... 298
二十、工作简报类 ... 299
二十一、调研报告类 ... 302
二十二、讲话发言类 ... 306
二十三、公务书信类 ... 314

公文处理工作之术

故事半古之人，功必倍之，惟此时为然。由此可见，术之重要。公文处理工作之术，亦是如此。

不发掘、不提炼、不运用公文处理工作之术，无疑是导致公文处理工作不同程度存在公文拟制质量不高、公文办理效果不好、公文管理无序等情况的重要因素，尤其是导致公文写作存在思想主题不彰、逻辑结构混乱、文字表达失准等情况的重要因素。

作为公文处理工作之"脉"，公文处理工作之术是关乎公文处理工作的功能性和效果性的"方法路径"，既包括公文处理工作各个参与主体的思想觉悟、能力素质、工作态度，也包括公文处理工作制度效能、技术支撑、物质保障，同时决定着公文处理工作的基本质量、基本效率、基本效果等。尤其对于公文写作而言，公文处理工作之术既包括公文的形式逻辑、实践逻辑、时空逻辑等，也包括公文的全文结构、段落结构、句子结构等，决定着公文写作基本逻辑、基本构成、基本气质等。

在公文处理工作实践中，无论是党政机关、立法机关、政协机关、监察机关、审判机关、检察机关和军队机关等，还是事业单位、人民团体、经济组织、文化组织和其他社会组织等，均宜发掘、提炼、运用公文处理工作之术，以贯通公文之脉、持续提升公文处理工作质效。

对于公文拟制（重点指审核和签批环节）、公文办理、公文管理而言，其功能性和效果性往往取决于重视程度、制度效能、技术支撑、物质保障等因素的综合作用。在公文处理工作实践中，公文处理工作参与者一般可以采用管理学相关方法，通过管思想、管制度、管技术、管保障等，逐步提升各参与主体对公文处理工作重要性的思想认识，充分调动各个参与主体积极主动性，强化公文处理工作管理制度执行监督，更多依托信息技术实现公文处理工作管理手段创新，持续优化公文处理工作资源配置，形成公文处理工作体系化管理模式，进而不断提升公文处理工作管理质效。

因涉及公文拟制（重点指审核和签批环节）、公文办理、公文管理等方面的公文处理工作之术更侧重于管理方面，将不再对此进行深入阐释，而是将内容重点放在公文写作方面。本部分将从公文写作之道、公文写作之术、公文写作之法等三个维度着力，给出提升公文写作质量的基本遵循、规律规范、方法路径，以供公文处理工作参与者参考借鉴。

第一章 公文写作之道

秉纲而目自张，治本而末自从。公文写作之道，不仅包括公文写作基本概念，还包括公文写作主要特点、公文写作比较分析等方面内容，在公文写作实践中发挥基础作用，决定着公文写作之法和公文写作之术。

不了解、不掌握、不遵循公文写作之道，无疑是导致当前公文写作实践中存在公文写作概念模糊不清、抓不住或者抓不准公文写作的主要特点、不符合公文写作的基本要求、公文写作能力不足或者匮乏、混淆公文写作和其他写作（比如申论写作、新闻写作、文学创作等）等情况的首要因素。因此，只有深入了解、系统掌握、严格遵循公文写作之道，才能更好地破解上述问题、弥补上述不足，持续提升公文写作质量。

在公文写作实践中，公文处理工作参与者，尤其是专（兼）职文秘人员和各级领导干部，均宜了解、掌握和遵循公文写作之道，以确保公文写作能够体现主要特点、符合基本要求、反映关键能力，切实为公文写作之法的严守和公文写作之术的运用奠定前提基础。

基于上述考量，该章结合写作实践，针对常见问题或不足，从公文写作基本概念、公文写作主要特点、公文写作比较分析三个方面着手，进一步梳理、分析和阐释公文写作之道，为公文处理工作参与者更好地理解、把握和运用公文写作之道提供参考。

第一节 公文写作基本概念

作为写作的重要组成部分，公文写作不仅是理论和现实的结合，也是思维和形式的融合，还是时间和空间的配合；不仅是一种创造性脑力劳动，有时也是一种高强度体力劳动；不仅是满足工作需要的一种基本技能，有时也是具备审美价值的一门文字艺术。

公文写作是指以汉字、数字、外文字符、计量单位和标点符号为主要媒介，以各类各级机关实施领导、履行职能、处理事务过程中所需信息为基本素材，综合运用阅读理解能力、综合分析能力、理论运用能力、政策把控能力、逻辑思维能力、文字表达能力等，创作出具有特定效力和规范体式且具备实施领导、履行职能、处理事务等功能的文书的一种活动。

公文写作是一项系统工程，一般包括领受任务、领会意图、素材梳理、破题立意、谋篇布局（提纲架构）、内容撰写等流程环节。

第二节　公文写作主要特点

公文写作主要特点，既是认识和把握公文写作的关键所在，也是判断公文写作质量的重要参照。

作为写作的一个重要组成部分，公文写作与写作在主要特点上存在一些共性。与此同时，作为公文的呈现过程和呈现手段，公文写作与公文在主要特点上也存在一些共性。综上所述，公文写作主要特点一般包括权威性、合规性、务实性、精准性、时效性、目的性、创新性、系统性等。

因在前文已对公文的权威性、合规性、务实性、精准性、时效性等特点进行了详细阐释，故该部分主要围绕目的性、系统性、创新性三个特点展开。

一、目的性

公文写作具有鲜明的目的性，其目的性贯穿于公文写作的全过程、各方面。这不仅是公文写作基本概念的题中应有之义，也是公文写作作用价值的直接体现。公文写作的目的性主要表现在指导实践、破解问题、推动工作三个方面。

公文处理工作参与者务必坚持"有的放矢"，进一步增强公文写作的目的性。在公文写作实践中，不论是破题立意、收集素材，还是展开写作，公文处理工作参与者都应始终对标写作目的，做到围绕目的、聚焦目的、服务目的，推动全部工作都围绕公文写作目的展开，切不可"无病呻吟"，更要防止因超发或滥发公文徒增基层负担等情况的发生。

在公文写作实践中，公文写作目的性是个显性特征，通常是通过公文写作目的体现出来的，公文写作目的常常以文字形式出现在公文正文开头部分，且常见于公文正文首段。

比如，在《国务院关于落实〈政府工作报告〉重点工作分工的意见》（国发〔2021〕6号）一文中，其正文首段就阐明了该文的写作目的，即："为全面贯彻党的十九大和十九届二中、三中、四中、五中全会精神，深入落实中央经济工作会议精神和十三届全国人大四次会议通过的《政府工作报告》部署，做好今年政府工作，实现经济社会发展目标任务。"

又如，在《北京市人民政府关于2019年度北京市科学技术奖励的决定》（京政发〔2020〕16号）一文中，其正文首段就阐明了该文的写作目的，即："为深入贯彻落实习近平新时代中国特色社会主义思想，全面贯彻党的十九大和十九届二中、三中、四中全会精神，切实把创新作为引领发展的第一动力，加快建设具有全球影响力的科技创新中心。"

再如，在《广东省人民政府办公厅关于成立广东省治超工作领导小组的通知》（粤办函〔2020〕285号）一文中，其正文首段就阐明了该文的写作目的，即："为进一步构建完善我省治理车辆超限超载工作长效机制。"

二、系统性

公文写作具有显著的系统性，其系统性贯穿于公文写作的全过程、各方面。这不仅是公文写作基本概念的题中应有之义，也是公文写作基本逻辑的内在要求。公文写作的系统性主要表现在整体性、协同性和开放性三个方面。

公文处理工作参与者务必坚持系统观念，进一步增强公文写作系统性。在公文写作实践中，不论是破题立意、收集素材，还是展开写作，公文处理工作参与者都应始终把握系统观念、遵循系统观念、运用系统观念，切实防止出现破题不准不深、材料不精不细、结构混乱无序、成分缺失不全等情况，以致削弱公文写作的基本价值、影响公文功能充分发挥。

在公文写作实践中，同公文写作目的性相比，公文写作系统性体现得没有那么直接，一般蕴藏于公文全文与段落之间、段落与段落之间、段落内部，通过系统与要素的关系、要素与要素的关系、要素内部关系等形式反映出来。

下面以《广东省人民政府关于表彰第二十一届中国专利奖嘉奖和第六届、第七届广东专利奖获奖单位和个人的通报》(粤府函〔2020〕332号)为例,从四个方面对公文写作系统性进行分析。

● **公文示例**

广东省人民政府关于表彰第二十一届中国专利奖嘉奖和第六届、
第七届广东专利奖获奖单位和个人的通报

(粤府函〔2020〕332号)

各地级以上市人民政府,省政府各部门、各直属机构:

根据《广东省专利奖励办法》(广东省人民政府令第258号)规定,经广东专利奖评审委员会评审,省知识产权局审核,省政府决定:

一、对我省获得第二十一届中国专利金奖的"一种弹性成像中的位移检测方法及装置"等5项专利、获得第二十一届中国外观设计金奖的"汽车"等4项专利给予每项100万元奖励;对我省获得第二十一届中国专利银奖的"一种在无源光网络中时间同步的方法、装置及无源光网络"等9项专利、获得第二十一届中国外观设计银奖的"眼部按摩器(iSee4)"等4项专利给予每项50万元奖励;对我省获得第二十一届中国专利优秀奖的"延迟固体口服避孕药或终止妊娠药溶解的剂型及其应用"等200项专利、获得第二十一届中国外观设计优秀奖的"耳机(一)"等17项专利给予每项30万元奖励。

二、授予"一种整蛋白和短肽复合型临床病人特膳营养乳剂及其制备方法"等20项专利第六届广东专利金奖,给予每项30万元奖励;授予"一种制备缓释醋酸亮丙瑞林微球的制备方法"等40项专利第六届广东专利银奖,给予每项20万元奖励;授予"一种水稻空间诱变后代的育种方法"等60项专利第六届广东专利优秀奖,给予每项10万元奖励;授予徐遥令等10位发明人第六届广东杰出发明人奖,给予每人10万元奖励。

三、授予"旋转式压缩机和具有其的冷冻循环装置"等20项专利第七届广东专利金奖,给予每项30万元奖励;授予"一种组合式气缸结构及具有其的压缩机"等40项专利第七届广东专利银奖,给予每项20万元奖励;授予"基于车辆出险概率的事故预警方法、存储设备及车载终端"等60项专利第七届广东专利优秀奖,给予每项10万元奖励;授予胡余生等10位发明人第七届广东杰出发明人奖,给予每人10万元奖励。

希望受到表彰奖励的单位及个人珍惜荣誉、再接再厉,在新的起点上再创佳绩。全省各地、各部门要以习近平新时代中国特色社会主义思想为指导，不忘初心、牢记使命，锐意进取、开拓创新，大力推动知识产权高质量创造、高水平保护、高效益运用，为我省经济社会高质量发展作出新的更大贡献。

附件：第二十一届中国专利奖嘉奖和第六届、第七届广东专利奖获奖名单

广东省人民政府
2020年11月6日

（一）从正文全文和段落关系看

该公文正文一共有三个部分，第一部分为首段，其概述了表彰决定的主要依据、表彰决定的主要审批程序、作出表彰决定的主体；第二部分由第二、第三、第四自然段组成，分别从三个维度详细阐述了表彰决定的具体内容；第三部分为末段，其提出希望并发出号召。第一、第二、第三部分作为要素，共同构成了表彰通报这个系统，呈现出系统与要素的关系。

（二）从部分与部分关系看

第一、第二、第三部分作为表彰通报这个系统的构成要素，呈现出要素与要素的关系。

（三）从段落与段落关系看

第二、第三、第四自然段分别阐述了第二十一届中国专利奖嘉奖、第六届广东专利奖获奖单位和个人、第七届广东专利奖获奖单位和个人，也呈现出要素与要素的关系。同时，这三个自然段又与第二部分构成了要素与系统的关系。

（四）从段落内部关系看

以第三自然段为例，第三自然段分别从专利金奖、专利银奖、专利、专利优秀奖、杰出发明人奖四个维度阐述了获奖单位、个人、奖金情况。这四个维度之间也呈现出要素与要素的关系。同时，每一个维度又与第三自然段构成了要素与系统的关系。

三、创新性

公文写作具有突出的创新性，其创新性贯穿于公文写作的全过程、各方面。这

不仅是公文写作基本概念的题中应有之义，也是公文写作植根实践的现实需要。公文写作的创新性主要表现在集成创新、消化吸收再创新、原始创新三个方面。

公文处理工作参与者务必坚持"因时而变、随事而制"，进一步增强公文写作创新性。在公文写作实践中，不论是破题立意、收集素材，还是展开写作，公文处理工作参与者都应强化创新意识，做到愿创新、敢创新、会创新，切实防止出现脱离实际、生搬硬套、照搬照抄等情况，以致降低公文写作质量、影响公文功能发挥。

通过公文写作，实现一份公文的从无到有，这本身就是一种创新，但这仅仅是低层次的创新。通过公文写作，实现思路创新、结构创新、内容创新、表达创新，这也是一种创新，而且是更高阶段的创新。在公文写作实践中，公文处理工作参与者既不能不创新，也不能"为创新而创新"，而应将创新的立足点建立在对意图的准确领会、对规律的深刻认识、对实践的全面把握等基础之上，将公文写作创新性具体体现在破题立意、框架结构、材料收集、内容展开、表达方式、遣词造句、征求意见等公文写作的方方面面。

下面以《中共中央关于制定国民经济和社会发展第十四个五年规划和二〇三五年远景目标的建议》为例，从三个方面对公文写作创新性进行分析。

● **公文示例**

中共中央关于制定国民经济和社会发展第十四个五年规划和二〇三五年远景目标的建议

（2020年10月29日中国共产党第十九届中央委员会第五次全体会议通过，节选）

"十四五"时期是我国全面建成小康社会、实现第一个百年奋斗目标之后，乘势而上开启全面建设社会主义现代化国家新征程、向第二个百年奋斗目标进军的第一个五年。中国共产党第十九届中央委员会第五次全体会议深入分析国际国内形势，就制定国民经济和社会发展"十四五"规划和二〇三五年远景目标提出以下建议。

一、全面建成小康社会，开启全面建设社会主义现代化国家新征程

1. 决胜全面建成小康社会取得决定性成就。……

2. 我国发展环境面临深刻复杂变化。……

3. 到二〇三五年基本实现社会主义现代化远景目标。……

二、"十四五"时期经济社会发展指导方针和主要目标

4. "十四五"时期经济社会发展指导思想。……

十五、全党全国各族人民团结起来，为实现"十四五"规划和二〇三五年远景目标而奋斗

…………

60. 健全规划制定和落实机制。按照本次全会精神，制定国家和地方"十四五"规划纲要和专项规划，形成定位准确、边界清晰、功能互补、统一衔接的国家规划体系。健全政策协调和工作协同机制，完善规划实施监测评估机制，确保党中央关于"十四五"发展的决策部署落到实处。

实现"十四五"规划和二〇三五年远景目标，意义重大，任务艰巨，前景光明。全党全国各族人民要紧密团结在以习近平同志为核心的党中央周围，同心同德，顽强奋斗，夺取全面建设社会主义现代化国家新胜利！

（一）从框架结构看

该建议框架结构将条状结构和块状结构有机结合起来，在采用条状结构的同时，也遵循着以五大发展理念为划分维度的块状逻辑，使得全文框架机构浑然一体且简洁清晰，创新形成独具特色的建议框架结构，既充分体现出开启全面建设社会主义现代化国家的时代特征，又充分体现了新发展理念和高质量发展的内在要求。

（二）从内容展开看

该建议将"全体人民共同富裕取得更为明显的实质性进展"作为到2035年基本实现社会主义现代化远景目标的基本内容进行列述，同时又将"扎实推动共同富裕"作为改善人民生活品质部分的总体要求进行强调，首次在党的全会文件中突出强调"共同富裕"问题。

（三）从征求意见看

该建议坚持开门问策、集思广益，在我国五年计划和规划编制史上首次以互联网方式征求意见，共征集到涉及民生保障、社会治理、经济发展、生态环境、党的建设、乡村振兴等方面的意见建议101.8万条，为文件起草工作提供了有益参考，也为今后工作中更好发挥互联网在倾听人民呼声、汇聚人民智慧方面的作用积累了实践经验。

第三节　公文写作比较分析

公文写作、新闻写作、文学创作同属写作范畴，三者之间存在天然的联系。作为写作的不同类别，公文写作同新闻写作、文学创作之间也存在明显的区别。全面、客观、准确地分析公文写作同新闻写作和文学创作之间的联系和区别，对于理解和把握公文写作概念内涵具有十分重要的作用。该部分将主要从写作主体、写作特点、写作方法三个方面着手，对公文写作同新闻写作和文学创作的联系和区别进行比较分析。

一、从写作主体看

公文写作、新闻写作、文学创作的具体承担者大致是相同的，一般都是个人或者团队，但公文写作、新闻写作、文学创作的责任主体则是存在差异的。

（一）就公文写作而言

写作责任主体一般是机关或机关负责人（机关负责人也是代表机关行使相关职权的），具体承担写作的个人或团队是在履行工作职责、代表机关实施公文写作。

（二）就新闻写作而言

写作责任主体一般是个人、机关、独立媒体人或者传媒机构，具体承担写作的机关工作人员或传媒机构工作人员一般也是在履行工作职责、代表机关或机构实施新闻写作。

（三）就文学创作而言

写作责任主体一般是个人或团队，具体承担写作的个人或团队一般就是代表本人或者团队实施文学创作。

二、从写作特点看

公文写作、新闻写作、文学创作在写作特点上存在一些共同点，三者一般都是以脑力劳动为主、以语言文字为主要媒介，三者一般都具备一定的目的性、创新性、综合性、实践性。但公文写作、新闻写作、文学创作在写作特点上并不完全一致，且存在一些显著差异。

（一）就公文写作而言

其工具性、权威性、合规性、务实性、精准性、系统性等特点有别于新闻写作和文学创作的主要特点，属于公文写作的个性化特点。

（二）就新闻写作而言

其公开性、传播性、简明性等特点有别于公文写作和文学创作的主要特点，属于新闻写作的个性化特点。

（三）就文学创作而言

其主观性、情感性、艺术性等特点有别于公文写作和新闻创作的主要特点，属于文学创作的个性化特点。

此外，尽管公文写作、新闻写作、文学创作都具备目的性、创新性、综合性以及实践性等特点，但各个特点的具体表现和突出程度也存在不同。以创新性为例，公文写作和新闻写作都是以基本事实为准绳，其创新性一般体现在破题立意视角维度、框架结构搭建方式、表达修辞等方面；文学创作不一定以事实为基础，其创新性可以是在事实基础上的艺术加工，也可以是脱离事实的想象虚构。

三、从写作方法看

常见的主要写作方法主要包括表达方式和修辞手法。

公文写作、新闻写作、文学创作在写作方法上存在一些共同点，三者一般都可以采用记叙、说明、议论等表达方式，同时也可以采用比喻、排比、层递等修辞手法。但公文写作、新闻写作、文学创作在写作方法上并不完全一致，且存在一些显著差异。

（一）就公文写作而言

在表达方式上，公文写作通常以记叙为主，综合运用记叙、说明和议论等方式，一般不会采用抒情和描写两种方式。在修辞手法上，公文写作可以采用的修辞手法相对有限，一般主要包括比喻、排比、反复、层递等。

（二）就新闻写作而言

在表达方式上，新闻写作通常综合运用记叙、说明和议论等方式，有时也会采用抒情和描写两种方式。在修辞手法上，新闻写作可以采用的修辞手法比较丰富，除了比喻、排比、反复、层递等修辞手法外，还可以采用比拟、衬托、叠字、对比、对偶、反复、反问、反语、设问等修辞手法。

（三）就文学创作而言

在表达方式上，文学创作通常以记叙、抒情和描写等方式为主，同时兼顾使用说明和议论两种方式。在修辞手法上，文学创作可以采用的修辞手法最为广泛，除了公文写作和新闻写作可以采用的修辞手法外，一般还包括避复、变用、倒文、叠音、顶真、反语、互文、借代、双关、指代、象征、通感等修辞手法。在文学创作过程中，创作者通常会依据写作体裁的不同，有侧重地选取不同的修辞手法。

在公文写作实践中，公文处理工作参与者应把握好公文写作、新闻写作、文学创作之间的联系区别。一方面，公文处理工作参与者应注重借助公文写作同新闻写作、文学创作之间的天然联系，注意从新闻写作和文学创作中汲取有益的方法技巧，用以丰富公文写作方法、强化公文写作能力、提升公文写作质量。另一方面，公文处理工作参与者应深刻把握公文写作同新闻写作、文学创作之间的明显区别，厘清公文写作、新闻写作、文学创作的概念内涵，切勿将新闻写作和文学创作所特有的写作特点、写作要求、写作方式原封不动地投射到公文写作当中，避免发生"南橘北枳"或"东施效颦"的情况。

第二章 公文写作之法

天不言而四时行，地不语而百物生。不研学、不熟知、不严守公文写作之法，无疑是导致当前公文写作实践中存在不符合相关政策法规，与其他公文矛盾冲突，内容脱离实际，文种格式不规范，结构逻辑不严谨，缺字漏字错别字，词语使用不准确，短语搭配不恰当，句子成分有残缺，标点符号、数字、外文字符和计量单位使用不规范等情况的直接因素。因此，公文处理工作参与者只有深入探究、反复提炼、全面把握公文写作之法，才能破解上述问题、弥补上述不足，持续提升公文写作质量。

公文写作之法，不仅包括以公文起草要求为主要内容的公文写作基本要求，也包括公文写作基本要素方面的相关要求，还包括公文写作校对符号方面的相关要求，在公文写作实践中发挥重要规范作用，影响着公文写作之道和公文写作之术。

在公文写作实践中，公文处理工作参与者，尤其是专（兼）职文秘人员和各级领导干部，均宜探究、提炼和把握公文写作之法，以确保公文写作总体合规、逻辑清晰、结构严谨、要素标准，切实为公文写作之道的遵循和公文写作之术的运用明确基本规范。

第一节 公文写作基本要求

作为公文写作的总体性要求，公文写作基本要求以《条例》关于公文起草的相关规定为主要内容，涉及相关衔接、求实务实、内容撰写、文种格式、调研论证、行文权限、责任担当等诸多方面，包括衔接有序、实事求是、切实可行、内容简洁、主题突出、观点鲜明、结构严谨、表述准确、文字精练、文种正确、格式规范、调研深入、论证充分、协商一致、权责清晰等具体要求。

《条例》第十九条规定公文起草应当做到：

（一）符合党的理论路线方针政策和国家法律法规，完整准确体现发文机关意图，并同现行有关公文相衔接。

（二）一切从实际出发，分析问题实事求是，所提政策措施和办法切实可行。

（三）内容简洁，主题突出，观点鲜明，结构严谨，表述准确，文字精练。

（四）文种正确，格式规范。

（五）深入调查研究，充分进行论证，广泛听取意见。

（六）公文涉及其他地区或者部门职权范围内的事项，起草单位必须征求相关地区或者部门意见，力求达成一致。

（七）机关负责人应当主持、指导重要公文起草工作。

本书"公文拟制"部分已从基本规定、常见问题、实践把握等方面对公文起草相关规定进行了详细阐释，该节仅列出《条例》关于公文起草的相关规定，不再对相关规定进行重复阐释。

第二节　公文写作基本要素

夫人之立言，因字而生句，积句而成章，积章而成篇。篇之彪炳，章无疵也；章之明靡，句无玷也；句之清英，字不妄也；振本而末从，知一而万毕矣。刘勰写在《文心雕龙》中的这段话，详细阐释了从字到篇的形成过程和从篇到字的溯源过程，深刻揭示了要素与系统的相互关系，同时强调了要素作为系统基础的重要性，对于把握公文写作基本要素、撰写形成优秀公文具有重要的理论和现实意义。

公文写作基本要素，既包括字、词、句子等核心要素，也包括标点符号、数字、外文字符、计量单位等辅助要素。在公文写作实践中，公文写作基本要素的使用不规范情况已成为影响和制约公文写作质量提升的重要因素。正如古人所说，欲筑室者，先治其基。公文写作基本要素就是公文这座大厦的地基，地基固则大厦坚，地基松则大厦倾。

了解和把握公文写作基本要素，不仅是提升公文写作质量的逻辑起点，而且是提升公文写作质量的"振本"之策。一方面，掌握公文写作基本要素的标准和要求，并通过持续的对标对表，确保公文写作基本要素的规范使用；另一方面，把握公文写作基本要素的特点和作用，并通过有序的排列组合，释放公文写作基本要素的叠加价值。

需要指出的是，本书并未对字、词、标点符号、数字、外文字符、计量单位、句子等公文写作基本要素进行全面系统深入的阐释，而是采用或以点带面，或提纲挈领，或沧海拾遗的方式对公文写作基本要素的基本情况和实践把握进行了列述，旨在抛砖引玉，引起公文处理工作参与者对公文写作基本要素的关注和重视，以期公文处理工作参与者能够学习好、领会好、运用好公文写作基本要素，进一步确保公文写作基本要素规范性、释放公文写作基本要素高价值。

一、字

（一）基本概念

作为公文写作基本要素，字既是记录语言的特殊符号，也是承载信息的重要方式，还是书面形式的交流工具。字一般是音、形、义的有机组合，并衍生出同音不同形、同音不同义、同形不同音、同形不同义、同义不同形、同义不同音等文字现象。本部分所说的字专指汉字。汉字是汉语的书面形式和书写单位，是世界上最古老、最有生命力的文字之一，先后经历了甲骨文、金文、篆书、隶书、楷书、草书、行书等发展阶段，并演变而成现代汉字。

需要注意的是，该部分所述的字与《格式》所述的字内涵作用是不同的。《格式》所述的字是一种长度单位，用来表述标示公文中的横向距离。

（二）相关规定规范

1. 党内法规及相关规范

作为党内法规，《条例》对公文使用的汉字作出明确规定，同时也就民族自治地方的公文使用的少数民族文字作出明确规定。相关重点条款如下。

《条例》第十一条规定：

公文使用的汉字、数字、外文字符、计量单位和标点符号等，按照有关国家标准和规定执行。民族自治地方的公文，可以并用汉字和当地通用的少数民族文字。

《条例》第十条规定：

公文的版式按照《党政机关公文格式》国家标准执行。

作为国家标准，同时作为《条例》的延伸，《格式》从字体、字号、颜色等方面对公文格式各要素中使用的汉字进行了明确具体的规范。前文公文格式部分已就上述内容进行了详细阐释，此处不再展开。

2. 国家法律及相关规范

（1）《中华人民共和国国家通用语言文字法》。

《中华人民共和国国家通用语言文字法》（以下简称《语言文字法》）就国家通用语言文字规范标准、使用要求、监督管理等方面作出明确规定。相关重点条款如下。

《语言文字法》第二条规定：

本法所称的国家通用语言文字是普通话和规范汉字。

《语言文字法》第六条规定：

国家颁布国家通用语言文字的规范和标准，管理国家通用语言文字的社会应用，支持国家通用语言文字的教学和科学研究，促进国家通用语言文字的规范、丰富和发展。

《语言文字法》第八条规定：

少数民族语言文字的使用依据宪法、民族区域自治法及其他法律的有关规定。

《语言文字法》第九条规定：

国家机关以普通话和规范汉字为公务用语用字。法律另有规定的除外。

（2）《通用规范汉字表》。

作为规范标准，同时作为《语言文字法》的延伸，《通用规范汉字表》（2013年6月由国务院公布）是在《第一批异体字整理表》（1955年）、《简化字总表》（1986年）、《现代汉语常用字表》（1988年）和《现代汉语通用字表》（1988年）等历史文献基础上整合而成的，对于更好贯彻落实《语言文字法》、满足经济社会发展需要有十分重要的意义，同时也为规范公文写作汉字用字提供了直接依据。

《通用规范汉字表》共计收字8105个，并根据汉字使用度将字表划分为三个等级。其中：一级字表为常用字集，共计收字3500个；二级字表为次常用字集，共计收字3000个；三级字表为较通用字集，共计收字3500个。

（三）常见问题

在公文处理工作实践中，部分参与者不重视、不了解、不掌握上述概念和规定规范，导致在字的使用方面产生诸多不规范情况。比如：超范围使用繁体字、超范围使用异体字、超范围使用简化字、滥造简化字、错别字、漏字、多字等。

（四）实践把握

为山者，基于一篑之土，以成千丈之峭；凿井者，起于三寸之坎，以就万仞之深。无论篇幅长短，公文都是由一个个字构成的，也是从一个个字开始的。数十字的通知如此，数万字的报告亦是如此。

作为公文写作基本要素的重要组成部分，字不仅仅直接影响公文写作的质量，也会间接反映公文拟制机关的能力水平和工作作风。从某种意义上讲，字的使用，不仅是一个专业性问题，也是一个工作作风问题。作为公文写作中的大忌，用字不规范问题存在于不同层级不同领域的机关公文写作实践中，且呈现出层级越往下延伸问题就越突出的情况。

在公文处理工作实践中，参与者应切实做好用字的规范化工作，不仅应使用符合规范要求的字，还应在用准字、用活字、用好字上下功夫。做好用字的规范化工作，除了应从思想上高度重视外，参与者还应全面准确地理解和把握用字的相关规定规范。从用字实践看，为更好理解和把握用字的相关规定规范，参与者一般可以从常用字使用、繁体字使用、异体字使用、简化字使用、常见错别字五个方面着力。

1. 在常用字使用方面

自汉字产生以来，我国究竟出现过多少汉字目前尚无定论，但现代汉语中汉字的数量是有据可查。以《现代汉语词典》（第7版）为例，作为规范性语文词典，其共收录各类单字1.3万余个；以《信息技术中文编码字符集》（GB18030-2005）为例，作为超大型中文编码字符集强制性标准，其共收入汉字7万余个。

全部掌握并熟练运用数量如此庞大的汉字，确实是一个难题，也让很多公文写作者望而却步。在公文处理工作实践中，参与者并不需要全部掌握并熟练运用上述词典和标准中所包括的全部汉字，也不需要全部掌握并熟练运用《通用规范汉字表》（2013年6月由国务院公布）收录的8105个汉字。以《毛泽东选集》为例，其共计四卷、总字数达到107.2万个，但其涉及的单字却不超过3000个。

据统计，在公文处理工作实践中，常用字主要集中在《通用规范汉字表》（2013年6月由国务院公布）一级字表当中，且一般不会超过3500个。从公文处理工作时间看，这些常用字基本可以满足公文处理工作，特别是公文写作的日常需求。

2. 在繁体字使用方面

繁体字发展至今已有两千年以上的历史。在1956年以前，繁体字一直作为通用汉字，广泛应用于经济社会发展的各个领域。自1956年开始，我国持续推动繁体字简化工作，一方面简化字应用得以推广，另一方面繁体字使用受到限制。特别是2001年以来，《语言文字法》的实施在明确规定推行规范汉字的同时，也明确了可以保留或使用繁体字的范围，为使用繁体字提供了基本遵循。

繁体字使用情况不是一成不变的，而是随着繁体字发展情况进行调整的，但总的趋势是减少繁体字的使用。在公文处理工作实践中，参与者应以《语言文字法》为依据，以2013年公布的《通用规范汉字表》为对照，推广和使用规范汉字，严格规范繁体字的使用。

当出现引述含有繁体字的文物古迹、艺术作品、出版物等的名称，用于姓氏人名，或使用繁体字的特定含义等情况时，公文处理工作参与者可以使用繁体字，但要从其特殊规定（具体可查阅2013年公布的《通用规范汉字表》中的相关注解）。

以"瞭"这一繁体字的使用为例，"瞭"作为"了"的异体字，在用于特定词汇时，应使用"瞭"而不使用"了"，比如：瞭望。再以"夥"这一繁体字的使用为例，在用作"多"的含义时，应使用"夥"而不使用"伙"。

需要特别指出的是，《通用规范汉字表》收录了2574个繁体字，除引述含有繁体字的文物古迹、艺术作品、出版物等的名称外，其中绝大部分繁体字（2565个）是不能使用的；可以使用的繁体字包括瞭、乾、麽、夥、剋、蘋、徵、锺、藉9个字，公文处理工作参与者在使用时应遵循其特殊规定。

3. 在异体字使用方面

异体字一般是指一个字的正体之外、与正体字（规范字）的音义相同，但与正体字的字形不同的字。汉字悠久的发展历史及其广泛的使用范围和使用群体，导致在汉字发展过程中产生诸多异体字。这些异体字在汉字发展过程中发挥了一定作用。但对于当今经济社会发展需要，尤其是对于公文处理工作而言，这些异体字的使用则会造成一定的不利影响。

异体字使用情况不是一成不变的，而是随着异体字发展情况进行调整的，但总的趋势是减少异体字的使用。在公文处理工作实践中，参与者应以《语言文字法》为依据，以2013年公布的《通用规范汉字表》为对照，推广和使用规范汉字，严格规范异体字的使用。

当出现引述含有异体字的文物古迹、艺术作品、出版物等的名称，用于科学技术术语，或在姓氏人名和地名中使用异体字等情况时，公文处理工作参与者可以使用异体字，但要从其特殊规定（具体可查阅2013年公布的《通用规范汉字表》中的相关注解）。

以"昇"这一异体字的使用为例，"昇"作为"升"的异体字，在用于姓氏人名时，应使用"昇"而不使用"升"，比如：毕昇（北宋发明家）。再以"椀"这一异体字的使用为例,"椀"作为"碗"的异体字,在用于科学技术术语时,应使用"椀"而不使用"碗",比如:橡椀,常见于化工领域。

需要特别指出的是,《通用规范汉字表》收录了1023个异体字,除引述含有异体字的文物古迹、艺术作品、出版物等的名称外,其中绝大部分异体字(980个)是不能使用的;可以使用的异形字包括逎、桠、崈、鉅、昇、陞、雠、祇、甯、屩、袷等在内的43个字,公文处理工作参与者在使用时应遵循其特殊规定。

4. 在简化字使用方面

简化字,有时也称简体字,一般是指官方公布的简体字,主要包括《简化字总表》所收录的2274个简化字。需要特别指出的是,当前,在官方渠道中简化字的概念已经较少被提及,取而代之的是"规范汉字"的表述。在公文处理工作实践中,参与者应注意把握这一点。

首先,《第一批异体字整理表》(1955年)、《简化字总表》(1986年)、《现代汉语常用字表》(1988年)、《现代汉语通用字表》(1988年)等作为历史文献,其制定时间距今已经非常久远,部分内容已经不再适用当前的经济社会发展需要。在公文处理工作实践中,参与者应切实避免全盘沿用这些历史文献所含内容,防止用字不规范情况的发生。

其次,在整合《第一批异体字整理表》(1955年)、《简化字总表》(1986年)、《现代汉语常用字表》(1988年)和《现代汉语通用字表》(1988年)等历史文献基础上,2013年公布的《通用规范汉字表》是目前最新的提升国家通用语言文字规范化和标准化水平的重要文献,能够满足公文写作的用字需求。在公文处理工作实践中,参与者应强化《通用规范汉字表》(2013年)学习和使用,进一步规范公文处理工作用字。

最后,随着办公自动化水平的提高,公文处理工作用字一般主要来自电子化字库,这从客观上压缩了滥用、滥造简化字的空间。对于采用手写方式开展公文处理工作的情况,参与者还是应防止滥用、滥造简化字的情况发生。

5. 在常见错别字方面

错别字既是一个在公文处理工作实践中十分常见的问题,也是一个在公文处理工作实践中需要花大力气解决的顽疾。

错别字一般包括错字和别字。错字一般是指在规范字字形基础上因不当增减笔画导致的书写错误;伴随标准化的电子字库的推广使用,错字问题已经基本得到解决。别字一般是指将规范字写成与其字形相近的形似字、同音字、繁体字或异体字等；别字问题已经成为公文处理工作规范用字方面的主要短板。

错别字的成因主要包括主观因素和客观因素两个方面。一方面，公文处理工作参与者主观上存在规范用字重要性认识不够、规范用字意识不强、规范用字素养不高等问题，这是产生错别字的重要因素。另一方面，多形似、多同义、多同音、多近音等汉字本身具有复杂性，这无疑在客观上增加了公文处理工作参与者掌握和运用汉字的难度。根据成因不同，一般可将错别字划分为形似错别字、音同（似）错别字、形似音同错别字、繁体错别字、异体错别字等不同类型，其中以形似错别字、音同（似）错别字、形似音同错别字最为常见。

在公文处理工作实践中，为避免错别字尤其是别字的出现，参与者应坚持两手抓、两手硬。一方面，应抓思想，提升规范用字思想自觉，通过强化学习提升规范用字素养，夯实防范错别字的前提基础；另一方面，应抓实践，从干中学、在干中练，通过持续总结梳理构建常见错别字字库，形成防范错别字的重点布控。

（1）常见形似错别字示例（括号内为规范字）。

刚腹（愎）自用	相形见拙（绌）	英雄气慨（概）	嘎（戛）然而止
人气徒（陡）增	草管（菅）人命	不落巢（窠）臼	拾金不味（昧）
稳操胜卷（券）	如火如茶（荼）	饮鸠（鸩）止渴	轶（秩）序井然
幢（憧）憬	板粟（栗）	哀（衰）落	亨（享）有	器（嚣）张
作崇（祟）	迁徒（徙）	治（冶）金	遂（逐）步

（2）常见音同（似）错别字示例（括号内为规范字）。

关怀倍（备）至	并行不背（悖）	按步（部）就班	开诚不（布）公
明查（察）暗访	墨守陈（成）规	穿（川）流不息	老生长（常）谈
吹毛求刺（疵）	一脉相成（承）	劳动报筹（酬）	首当其充（冲）
尾大不调（掉）	调（掉）以轻心	披星带（戴）月	愤（奋）发图强
破斧（釜）沉舟	异曲同功（工）	一股（鼓）作气	食不裹（果）腹
融汇（会）贯通	昏（浑）浑噩噩	击（激）浊扬清	迫不急（及）待
不记（计）其数	既（继）往开来	继（既）往不究	无计（稽）之谈
不加（假）思索	共克时坚（艰）	开源截（节）流	盘根错结（节）
弱不经（禁）风	既往不究（咎）	刻（克）己奉公	陈词烂（滥）调
推进不利（力）	变本加利（厉）	合（和）衷共济	不可明（名）状
名（明）哲保身	巧立明（名）目	自名（鸣）得意	自名（命）不凡

凭（平）心而论	出奇（其）不意	举旗（棋）不定	浸（沁）人心脾
蝉连冠军（联）	委屈（曲）求全	九省通渠（衢）	鸠占雀（鹊）巢
麻木不忍（仁）	水乳交溶（融）	各行其事（是）	共商国事（是）
无所是（适）从	不求深（甚）解	推托（脱）责任	闻（文）过饰非
有条不稳（紊）	除恶勿（务）尽	望其向（项）背	不孝（肖）子孙
歪门斜（邪）道	别出新（心）裁	千头万序（绪）	不贻（遗）余力
不可思异（议）	断章取意（义）	连锁反映（应）	竭泽而鱼（渔）
克敌致（制）胜	大有做（作）为	真知卓（灼）见	以身作责（则）
重迭（叠）	欢渡（度）	扼（遏）制	毗临（邻）	缈（藐）视
亲（青）睐	善（擅）长	退（蜕）化	必须（需）品	凑（奏）效

（3）常见形似音同错别字示例（括号内为规范字）。

惩前毙（毖）后	针贬（砭）时弊	苍（沧）海桑田	自学成才（材）
出类拔粹（萃）	纲纪废驰（弛）	得不尝（偿）失	肆无忌殚（惮）
独挡（当）一面	义无返（反）顾	举一返（反）三	防（妨）碍公务
安份（分）守己	成绩蜚（斐）然	受益非（匪）浅	言简意骇（赅）
百尺杆（竿）头	骨梗（鲠）在喉	估（沽）名钓誉	涣（焕）然一新
坚（艰）难困苦	面面具（俱）到	会（脍）炙人口	味同嚼腊（蜡）
励（厉）行节约	再接再励（厉）	百练成钢（炼）	千锤百练（炼）
字迹缭（潦）草	雷历（厉）风行	戳（勠）力同心	美仑（轮）美奂
卯（铆）足干劲	名列前矛（茅）	化解茅（矛）盾	沤（呕）心沥血
契（锲）而不舍	山青（清）水秀	防患未燃（然）	矫糅（揉）造作
繁文褥（缛）节	纷至踏（沓）来	挺（铤）而走险	屯（囤）积居奇
置若惘（罔）闻	好高鹜（骛）远	消（销）声匿迹	循（徇）私舞弊
甘之如怡（饴）	蜂涌（拥）而至	怨天忧（尤）人	过尤（犹）不及
滥芋（竽）充数	幅圆（员）辽阔	暂（崭）露头角	贪脏（赃）枉法
姿（恣）意妄为	通货膨涨（胀）	精诚所致（至）	震（振）聋发聩
旁证（征）博引	常驻（住）人口	爆（暴）涨	编缉（辑）
辩（辨）析	飚（飙）升	搏（博）弈	布（部）署	成份（分）
弛（驰）援	精萃（粹）	份（分）量	编篡（纂）	国藉（籍）
训戒（诫）	竟（竞）相	陷井（阱）	峻（竣）工	疏峻（浚）

砥励（砺）　漫（蔓）延　奢糜（靡）　沉缅（湎）　磨（摩）擦
恰（洽）商　追朔（溯）　煤碳（炭）　题（提）纲　惟（唯）一
宣（渲）染　脏（赃）款　急燥（躁）　座（坐）镇　全天侯（候）
天然汽（气）　病源（原）体

二、词

（一）基本概念

作为构成词组和句子的基本要素，词一般是指由一个（含）以上的语素按照语法形成的能够在词组和句子中自由运用的最小的语言单位。在实践中，依据语法功能、构成方式、感情色彩、语义关系等不同分类维度，词可以被划分为不同的类型。

1. 从语法功能看

词一般可以被划分为实词和虚词两种类型。

为更好向公文处理工作参与者展示实践中词的应用情况，该部分将主要从《中共中央关于制定国民经济和社会发展第十四个五年规划和二〇三五年远景目标的建议》（2020年10月29日中国共产党第十九届中央委员会第五次全体会议通过）选取相关词，作为不同类型实词和虚词的示例。

（1）实词。

实词一般是指具备实在意义的且可以单独作为句子成分的词，具体包括名词、动词、形容词、数词、量词和代词六个类型。

① 名词。

名词是表示人或事物名称的词，一般可划分为人物名词、事物名词、时间名词、空间名词等，主要用作主语和宾语，有时也会用作状语和补语。

示例1（人物名词）

马克思　列宁　毛泽东　邓小平　人民群众　居民　全民　干部　院士
工匠　妇女　儿童　孤儿　军人　学生　工人　商人

示例2（事物名词）

国家　全党　全国　中国　政府　军队　商会　长城　长征　长江　黄河
政治　经济　文化　社会　生态　规划　目标　征程　形势　任务　事业

成果	体系	能力	实力	国力	粮食	环境	医疗	保险	产业	变局
和平	主义	质量	制度	效能	资源	环节	收入	矛盾	挑战	思维
技术	工业	农业	信息	国防	福祉	安全	企业	人才	科技	协会

示例3（时间名词）

百年 三十年 十年 五年 阶段 当前 今后 时期 当今 时代 世纪
中叶 现代 事前 事中 事后 节日

示例4（空间名词）

国际	国内	东方	基础	全球	世界	单边	区域	全局	城镇	内外
空间	核心	前沿	城乡	西部	星际	沿边	沿江	沿海	双向	西部
东北	中部	东部	边疆	对外	北京	上海	海南	四川		

②动词。

动词是表示行为举止、发展变化、心理活动的词，一般可划分为行为动词、发展动词、心理动词、使令动词、能愿动词、趋向动词、判断动词等，主要用作谓语。

示例1（行为动词）

有 走
建设 提出 面对 冲击 团结 取得 覆盖 屹立 奠定 面临 经历
统筹 认识 立足 保持 把握 抓住 应对 作出 参与 高举 贯彻
坚持 维护 激发 着力 注重 制定 瞄准 布局 构建 鼓励 造就
实行 弘扬 营造 研究 补齐 培育 畅通 依托 利用 实行 适应
保护 支持 围绕 提倡 传承 重视 推行 预计 确保 办好 打好
搞好 赋予 构筑 遵循 帮扶 重视 规范 织牢 筑牢 防范 化解
打击 纠治 铸牢 引导 警惕 遏制 夺取

示例2（发展动词）

优化 稳定 加大 提高 扩大 超过 发展 提升 加强 调整 影响
具有 转向 存在 增强 形成 做到 推进 促进 增进 强化 转变
健全 丰富 减少 做强 做优 做大 深化 缩小 完成 增加 加快

示例3（心理动词）

希望 相信 思考

示例4（使令动词）

要　使　让　禁止

示例5（能愿动词）

会　能　应当　可以　能够　宁可　愿意

示例6（趋向动词）

前行　跃上　进入　迈出　迈进　深入　下去

示例7（判断动词）

是

③形容词。

形容词是表示人或事物形状、性质、状态的词，主要用作定语、状语、谓语等，有时也用作主语、宾语、补语等。

示例

大　高　新　多

较大　中等　严重　重大　明显　丰硕　显著　新增　最大　繁荣　大幅
基本　全面　雄伟　稳固　坚实　深刻　复杂　重要　积极　雄厚　丰富
广阔　强劲　富强　民主　文明　和谐　美丽　充分　绿色　开放　根本
刚性　发达　公平　安全　健康　深度　一流　直接　双向　新型　鲜明
灵活　公共　绝对　新兴　积极　强大　广泛　涉外　长期　准确　共同
艰巨　光明

④数词。

数词是表示人或事物数目的词，一般可划分为确数词、概数词、序数词等类型，主要用作定语和宾语，有时也用作主语和谓语。

示例1（确数词）

一　二　三　四　五　六　七　八　九　十
十一　十二　十三　十四　十五　十九　二十　三十
二〇二〇　二〇二七　二〇三〇　二〇三五
五百　五千　七十五万　一万三千亿　一百万亿

示例2（概数词）

多（种）（超过）六千万 （超过）十三亿 （近）十亿

示例3（序数词）

第一　第二　第三

⑤量词。

量词是表示人、事物或行为的单位的词，一般可划分为物量词和动量词两个类型，通过与数词结合用作定语、补语、同位语等。

示例1（物量词）

年　月　日　元　斤　个　人　批　些　种

示例2（动量词）

届　次　轮

⑥代词。

代词是表示能够指代人或事物名称、行为、状态的词，一般可划分为人称代词、疑问代词、指示代词等，语法用途同其指代的词。

示例1（人称代词）

我（国）自我　自己

示例2（疑问代词）

谁　几　多

什么　怎么　怎样　哪里　那些

示例3（指示代词）

各　各个　这个

（2）虚词。

虚词一般是指不具备实在意义的且不可以单独作为句子成分的，但具备语法意义的词，具体包括副词、介词、连词、助词、叹词和拟声词六个类型。

①副词。

副词是表示人或事物的程度、时间、频率、范围、语气、情态等的词，一般位于动词或形容词之前，起到修饰或限制作用。副词一般可划分为程度副词、时间副词、频率副词、范围副词、语气副词、情态副词等，主要用作状语。

示例1（程度副词）

最　更　更加

示例2（时间副词）

就　将　要　已　正　即　将　始终

示例3（频率副词）

再　还　反复

示例4（范围副词）

都　共同　只是

示例5（语气副词）

可　特别　绝对

示例6（情态副词）

逐步　必须　依然

②介词。

介词是表示动作行为的时间、方向、位置、原因、目的、方式、比较的词，一般位于名词、代词或名词词组之前，通过组成介宾词组起到修饰或说明作用。介词一般可划分为时空介词、因果介词、方式介词、比较介词等类型，主要用作状语，有时也用作补语。

示例1（时空介词）

于　到　在　向　由　关于

示例2（因果介词）

为　因　为了

示例3（方式介词）

以　就　将　按照　通过

示例4（比较介词）

同　和　与

③连词。

连词是表示词与词之间、组词与词组之间、句子与句子之间连接关系的词，且无任何修饰作用，一般可被划分为并列连词和偏正连词。

示例1（并列连词）

  和　与　及　而
  从而　或者　不但（而且）

示例2（偏正连词）

  只有　只要　尽管　不论　以免　以致　因为（所以）

④助词。

助词是表示结构关系、附加关系、辅助关系的词，一般可划分为结构助词、动态助词、语气助词等。需要注意的是，"的"和"地"在用法上差别不大，在公文处理工作实践中，多用"的"字；此外，语气助词几乎不用于公文处理工作实践。

示例1（结构助词）

  的　地　得

示例2（动态助词）

  过　了　着

示例3（语气助词）

  啊　吧　吗　呢　呀

⑤叹词。

叹词是表示表示感叹、呼唤、答应的词，一般不同其他词组合，可以独立成句。需要注意的是，叹词很少用于公文处理工作实践。

示例

  嗯　哈　哼　哎　呀

⑥拟声词。

拟声词是表示人或事物声音的词。构成拟声词的汉字无关字义，重在表音。需要注意的是，拟声词很少用于公文处理工作实践。

示例

  叮咚　扑通　咕呱

2. 从构成方式看

词一般可以划分为单纯词和合成词两种类型。

（1）单纯词。

单纯词一般是指由一个语素构成的词。

示例

水　电　路　气　油　粮

珊瑚　碧玺　砗磲

啰里啰唆　噼里啪啦　稀里哗啦　叽里呱啦

（2）合成词。

合成词一般是指由两个（含）以上的语素构成的词，一般包括为复合式合成词、附加式合成词、重叠式合成词等类型。

示例1（复合式合成词）

社会　任务　使命　小康　新增　最大　识变　应变　求变　进入　转向

增强　推进　构建　加快

示例2（附加式合成词）

仍然　依然　优化　善于

工业化　信息化　城镇化　产业化　专业化　数字化　网络化　智能化

科学化　民主化　法治化　标准化　规范化　便利化　企业家　后备军

工程师　承包权　使用权　分配权　出发点　落脚点　着力点　创新力

示例3（重叠式合成词）

一个个　一次次　一幕幕

许许多多　千千万万　踏踏实实　复工复产　自信自强　越来越好　互帮互助

3. 从感情色彩看

词一般可以划分为褒义词、贬义词、中性词三种类型。

（1）褒义词。

褒义词一般是指含有赞许或好的意思的词，也称褒词。

示例

公正　清廉　勤政　务实　崇高　高尚　杰出　坚强　淳朴　稳重　担当

（2）贬义词。

贬义词一般是指含有不赞成或坏的意思的词，也称贬词。

示例

阴险　奢靡　轻浮　卑鄙　奸猾　下作　丑陋　吹嘘　庸俗　谄媚　虚伪

（3）中性词。

中性词一般是指不含褒义或贬义色彩的词。

示例

匆忙　紧张　轻松　严肃　复杂　鲜艳　平淡　陌生　细微　正式　活跃
普通　详细

4.从语义关系看

词一般包括同义词、反义词、不相关词等类型。

（1）同义词。

同义词一般是指意义相同或相近的词。

示例

安排与安顿　把握与把控　才华与才干　等候与等待　恩仇与恩怨
方式与方法　更新与更迭　号召与召唤　爱好与喜好　建设与建造
困难与困境　来回与往返　马上与立刻　难看与丑陋　偶然与偶尔
陪衬与衬托　气氛与氛围　让步与妥协　丧生与丧命　贪图与贪求
挖掘与发掘　希冀与希望　严密与周密　赞美与颂扬

（2）反义词。

反义词一般是指意义相反的词。

示例

上与下　左与右　前与后　内与外　高与低　黑与白　胖与瘦　动与静
苦与甜　乐与悲　冷与暖　厚与薄　深与浅　急与缓　快与慢　进与退
得与失　美与丑　爱与恨
安全与危险　悲惨与幸福　敞开与封闭　大方与吝啬　反对与同意
工作与失业　合作与冲突　假象与事实　抗争与屈服　冷静与冲动
买入与卖出　暖流与寒潮　偶尔与经常　叛逆与顺从　起飞与着陆
弱小与强大　奢侈与简朴　贪腐与清廉　温暖与寒冷　喜欢与讨厌

遗忘与铭记　真情与假意

（3）不相关词。

不相关词一般是指不能与其他词构成同义词或者反义词关系的词。

示例

金　木　水　火　土　日　月

（二）相关概念

1. 语素

作为构成词的基本要素，语素一般是指语言中最小的音义结合体，也称词素。语素既是最小语言单位，也是最小语法单位。在实践中，依据语音音节、语义独立、实在意义等不同分类维度，语素可以被划分为不同的类型。

（1）从语音音节看。

语素一般可以划分为单音节语素和复音节语素两种类型。

①单音节语素。

单音节语素一般是指只含有一个音节的语素，是语素的基本形式。

示例

人　口　手　上　中　下　你　我　他

②复音节语素。

复音节语素一般是指含有两个（含）以上音节的语素，是语素的补充形式，主要包括联绵词和外来词。

示例1（联绵词）

乾坤　牡丹　伶俐　麒麟　彷徨　疙瘩

示例2（外来词）

雷达　耐克　沙发　咖啡

高尔夫　苏维埃　盘尼西林　哈根达斯　英特纳雄耐尔

（2）从语义独立看。

语素一般可以划分为自由语素和非自由语素两种类型。

①自由语素。

自由语素一般是指可以单独构成词，同时也可以与其他语素共同构成词的语素。

以"家"这个语素为例,在"远方的家是温馨的。"这句话当中,"家"这个语素是作为词出现的,此时"家"这个语素单独构成了词;与此同时,"家"作为语素可以和其他语素共同构成词,比如:家庭、家教、家风、成家、人家、居家等。

②非自由语素。

非自由语素一般是指不能单独构成词,但可以与其他语素共同构成词的语素。

以"语"这个语素为例,其无法单独构成词,但其可以与其他语素共同构成词,比如:语言、语素、语文、汉语、英语、成语等。

(3)从实在意义看。

语素一般可以被划分为实语素(词根)和虚语素(词缀)两种类型。

①实语素。

实语素(词根)一般是指具有实在意义的语素,也可称为词根。

示例

党　政　军　民　学

东　西　南　北　中

前　后　左　右　上　下　内　外

②虚语素。

虚语素(词缀)一般是指不具有实在意义的语素,也可称为词缀(包括前缀和后缀)。

示例

也　都　仅　因　向　从　而　或　非　的　了　着　啊　呀　嘿

2. 词组(短语)

作为构成句子的语言单位,一般是指由两个(含)以上的词按照语法形成的语义搭配的组合,也称短语。词和词组合成词语,词语是广义上的词。词组一般包括固定词组和自由词组两大类型。

(1)固定词组。

固定词组一般是指构成词组的词及其结构位置较为固定的词组,也称固定短语。固定词组一般包括专有名词、惯用语、成语等类别。

①专有名词。

专有名词一般是指表示特定的事物名称的固定词组,主要包括地名、机关团体名称、思想理论名称等。

示例1（地名）

北京　天津　上海　重庆

河北　山西　辽宁　吉林

内蒙古　广西　西藏　宁夏　新疆

香港　澳门　台湾

深圳特区　雄安新区　浦东新区

示例2（机关团体名称）

中共中央　全国人大　国务院　全国政协　中央军委　国家监察委员会

最高人民法院　最高人民检察院　外交部　国防部　国家发展和改革委员会

教育部　科技部　工业和信息化部　人民银行　审计署　国家外国专家局

国家原子能机构　海关总署　国家税务总局　国务院参事室　新华通讯社

中国科学院　国务院发展研究中心　中华全国总工会　中国共产主义青年团

中华全国妇女联合会　中国文学艺术界联合会　中国作家协会

中国红十字学会总会　中国宋庆龄基金会　中华全国工商业联合会

示例3（思想理论名称）

马克思列宁主义　毛泽东思想　邓小平理论　"三个代表"重要思想

科学发展观　习近平新时代中国特色社会主义思想

②惯用语。

惯用语一般是指惯于使用的、带有较浓口语色彩的、能够表达一个完整意思且多用其比喻意义的固定词组。惯用语可以由两个字组成，也可以由三个字组成，还可以由四个字或四个以上的字组成。

示例1

老虎　苍蝇　打虎　拍蝇　猎狐　破网　打伞

示例2

孺子牛　拓荒牛　老黄牛　牛鼻子　千里马　火车头　领头雁　主心骨

芝麻官　总开关　责任田　钉钉子　过险滩　深水区　中间段　夹心层

小山头　小圈子　小团伙　两面人　灯下黑　捂盖子　门难进　脸难看

事难办　大锅饭　磨洋工　纸老虎　稻草人　软骨病　照镜子　正衣冠
洗洗澡　治治病　穿小鞋　扣帽子　抓辫子　一刀切　一阵风

示例3

政绩工程　形象工程　私人领地

示例4

一线指挥部　一线总指挥　东西南北中　最先一公里　最后一公里
一锤子买卖　一棍子打死　一步一个脚印　一个萝卜一个坑　打铁还需自身硬
不管三七二十一　撸起袖子加油干　宰相肚里能撑船　拔出萝卜带出泥

③成语。

成语一般是指长期以来习用的、简洁精辟的且一般都有出处的固定词组。成语一般由多个字组成，其中多数为四字成语。

示例1

万象更新	熠熠生辉	众志成城	坚忍不拔	守望相助	生机勃勃	脚踏实地
和衷共济	波澜壮阔	披荆斩棘	万水千山	国泰民安	历久弥新	物阜民丰
流光溢彩	欣欣向荣	风平浪静	波涛汹涌	活灵活现	举世瞩目	沙场点兵
万事如意	美轮美奂	刻骨铭心	风雨同舟	乘风破浪	防微杜渐	化险为夷
画龙点睛	怀才不遇	华而不实	中流砥柱	再接再厉	一鼓作气	义不容辞
义无反顾	见异思迁	一帆风顺	一定之规	趋炎附势	趋之若鹜	量入为出
两袖清风	尽善尽美	近水楼台	惊天动地	冷嘲热讽	装傻充愣	刮骨疗毒
壮士断腕	标本兼治	遍地开花	旗开得胜	旗鼓相当	衣食父母	衣不解带
明哲保身	明察秋毫	得过且过	得天独厚	扶危济困	改弦更张	革故鼎新
隔靴搔痒	避重就轻	对症下药	虎头蛇尾	闻过则喜	闻风而动	文过饰非
执迷不悟	知己知彼	知人善任	愚公移山	精卫填海		

示例2

一物降一物　无所不用其极
心有灵犀一点通　心有余而力不足
一石激起千层浪　有过之而无不及
"桃李不言，下自成蹊"　"三天打鱼，两天晒网"

（2）自由词组。

自由词组一般是指构成词组的词及其结构位置相对灵活的词组，也称自由短语。自由词组一般包括并列词组、偏正词组、主谓词组、动宾词组、"的"字词组等类型。

①并列词组。

并列词组一般是指由两个（含）以上的词并排平列形成的词组。构成并列词组的词可以是名词，也可以是动词、代词、形容词等。

示例1（以名词组成的并列词组）

远景目标　国际国内　目标任务　生产生活　体制机制　国内国际　发展安全
风险挑战　思想道德　科学文化　精神文化　规模优势　标准规范　法律法规
农业农村　国资国企　思想观念　精神面貌　文明风尚　行为规范　理想信念
新闻出版　广播影视　文学艺术　绿水青山　政策制度　师德师风　语言文字
经济文化　法律制度　德智体美劳　山水林田湖草　全党全国各族人民
沿边沿江沿海　同线同标同质

示例2（以动词组成的并列词组）

产学研
团结带领　开拓创新　巩固拓展　自立自强　优化配置　科研创新　组织管理
转移转化　开放合作　优化升级　兼并重组　研发设计　勘探开发　共享开放
检验检疫　认证认可　产供储销　防灾减灾　防洪减灾　防洪排涝　学习教育
宣传教育　统筹协调　监测评估　合作共赢　互利共赢　教书育人　监测预警
检验检测　优生优育　群防群治　激励保护　干事创业　交流合作
监测预警　处置改革　发展稳定　激励和保障　消纳和存储

示例3（以代词组成的并列词组）

你我他
这个那个　这样那样　这里那里

示例4（以形容词组成的并列词组）

和谐稳定　深刻复杂　广泛深远　关键核心　安定和谐　基础前沿　安全高效
绿色环保　系统完备　高效实用　智能绿色　安全可靠　线上线下　开放有序
诚信守法　高效规范　平稳健康　勤俭节约　积极健康　全面绿色　和谐共生

绿色低碳　公正合理　文明健康　集约安全

上中下　大中小　富强民主文明和谐美丽

②偏正词组。

偏正词组一般是指由存在修饰与被修饰关系或者补充与被补充关系的两个（含）以上的词组合形成的词组。被修饰（被补充）的词一般被称为中心词，中心词可以是名词，也可以是动词、形容词、代词；发挥修饰（补充）作用的词一般被称为修饰词（补充词），修饰词（补充词）可以是名词、形容词、副词等。

示例1（以名词为中心词的偏正词组）

大台阶　年产量　软实力　新征程　总基调　主战场

安全屏障　保障体系　保护格局　比较优势　传统村落　创新能力　产业体系

道德素质　发展阶段　发展理念　发展格局　法治社会　防御水平　分配结构

奋斗目标　复杂变化　服务体系　改革任务　高等教育　各项事业　根本目的

根本保证　根本利益　关键环节　公共文化　国内形势　国民素质　国土空间

核心地位　基本理论　基本路线　基本方略　基本医疗　机遇意识　健康中国

教育强国　经济结构　居民收入　决胜阶段　开放举措　科技实力　科技前沿

利用效率　美好生活　农业基础　配置效率　排放总量　强国战略　全体会议

全会精神　人民精神　人民生命　世界东方　实现形式　时代主题　社会文明

生活方式　体育强国　伟大旗帜　稳定任务　文明程度　文化事业　文化产业

县域经济　乡村风貌　小康社会　系统观念　行政效率　一切问题　应急能力

战略支撑　制度优势　综合国力　振兴战略　政府作用　智慧农业　征收范围

中华文化　中等收入　重大成果　重点领域　重要思想　主要矛盾　主体地位

转型成效　自己的事　党的十九大　安全的发展　第十九届中央委员会

今后　五年　一个时期　两个阶段　两件大事

第一个五年　"十四五"时期　"十四五"规划　二〇三五年远景

受教育程度　实质性进展　决定性成就　均等化水平　普及化阶段

现代化国家　政策包容性　主要污染物

示例2（以动词为中心词的偏正词组）

相结合　相统一　仍然是

必须遵循　必须坚持　不断提高　不断提升　不断健全　不断实现　长期向好

持续优化　持续扩大　充分保障　充分发挥　充分体现　大幅提升　大幅提高

对外开放　繁荣发展　根本好转　更好发挥　更加优化　更加充满　即将完成
基本实现　基本建成　基本形成　积极探索　加快推进　加快建设　健康发展
绝对领导　科学应变　绿色转型　良性互动　明显改善　明显增加　明显增强
明显提升　明显提高　努力实现　平等参与　切实转变　全面加强　全面发展
全面推进　全面建成　全面领导　全面繁荣　仍然突出　日益增长　如期打赢
深刻调整　深刻认识　深入贯彻　深入发展　深入总结　深度融合　始终做到
统筹推进　伟大复兴　显著提高　显著提升　显著增强　显著扩大　显著缩小
协调推进　严重冲击　严密防范　严厉打击　有机衔接　准确识变　主动求变
前瞻性思考　全局性谋划　系统性保护　战略性布局　整体性推进
进一步彰显　进一步提升　进一步增强

示例3（以形容词为中心词的偏正词组）

长期繁荣　更加雄伟　更加强大　更加美好　更加稳固　更加完善　更加健全
更加合理　更加牢固　更加充分　更加有力　更加开放　共同富裕　共同繁荣
基本同步　基本稳定　全面进步　日趋复杂　日益丰富　仍然艰巨　总体平稳
中等发达
实现好　维护好　发展好

③主谓词组。

主谓词组一般是指由存在说明与被说明关系或者陈述与被陈述关系的两个（含）以上的词组合形成的词组。被陈述（被说明）的词可以是名词、代词等，发挥陈述（说明）作用的词可以是动词、形容词等。

示例

差距较大　成效显著　大局稳定　功能明显　基础雄厚　前景光明　任务艰巨
韧性强劲　人民至上　生命至上　意义重大　优势显著　资源丰富　城乡互补
城乡消费　成果巩固　创新驱动　大国协调　动力变革　工农互促　关系协调
国企改革　经济增长　军民团结　科技创新　空间广阔　利益补偿　农民增收
企业投入　企业引领　企业兼并　区域合作　权益分享　全民健身　群众自治
社会发展　社会安定　生命安全　收入增长　水土流失　体制改革　效能提升
效率变革　需求牵引　乡村振兴　优势互补　资源配置　资源共享　质量变革
质量提升　自我净化　自我完善　自我革新　自我提高
产业数字化　数字产业化　产业链现代化

④动宾词组。

动宾词组一般是指由存在支配与被支配关系或者关涉与被关涉关系的两个（含）以上的词组合形成的词组。发挥支配（关涉）作用的词为动词，被支配（被关涉）的词可以是名词、形容词、动词等。

示例1 [以名词为支配（关涉）对象的动宾词组]

把方向　谋大局　定政策

不忘初心	帮扶群众	保护自然	秉持原则	保持先进	存在短板	充满活力
重组体系	承担责任	畅通渠道	创新活动	处理人员	带领全党	奠定基础
调拨物资	登陆海岛	扼守险关	发挥作用	繁荣事业	翻修房屋	丰富业态
放弃幻想	废止规定	分析问题	构建格局	贯彻精神	贯穿始终	改善结构
构筑高地	搞好后勤	核实情况	怀念故乡	引起麻烦	坚持理念	健全体系
减少总量	建设系统	降低成本	开拓市场	开放权限	抗击疫情	考察工地
控制局势	拉动产值	牢记使命	立足优势	联系实际	列席会议	领取报酬
轮换岗位	锚定目标	迈出步伐	冒充内行	没收财产	迷失方向	面临问题
描绘蓝图	难为基层	逆向思维	念及友情	凝聚力量	挪用公款	讴歌盛世
排除隐患	派出机构	攀附权贵	盘剥群众	抛弃信仰	批办公文	偏离目标
品味生活	平衡利益	谱写诗篇	取得成效	取得进展	取缔资格	强化导向
欺压百姓	洽谈生意	签订合同	强化记忆	切磋学问	求助民警	取代位置
让渡权益	任免干部	融通古今	入主中原	深入人心	实施战略	实施项目
强化地位	守住边界	擅长书法	散发传单	扫描文件	闪击敌人	善待自己
设计图纸	视同亲人	收获知识	统筹大局	提高效率	添加元素	提振士气
提升素质	打好战役	拓展空间	推广经验	贪图名声	探视病人	投身事业
完善体制	完善设施	围绕任务	挖掘宝藏	挽回损失	伪造文书	吸收资金
细化方案	限定时间	修复关系	压制对手	延误航班	掩饰真相	仰望星空
议定价格	引发兴趣	拥有知识	影响广泛	应对挑战	营造氛围	依托优势
遭遇逆流	抓住机遇	转变方式	增强活力	制定纲要	重视人才	壮大组织

示例2 [以形容词为支配（关涉）对象的动宾词组]

筹办好　发挥好　保稳定　利长远

爱好广泛	保持稳定	促进公平	合作愉快	进入动荡	联系频繁	履职到位
拿捏准确	配合默契	评价偏颇	期待已久	审验合格	调控及时	显现模糊

相处融洽　消化不良　议论纷纷　彰显公平

示例3 [以动词为支配（关涉）对象的动宾词组]

布局建设　保持增长　打破垄断　防止重复　放宽准入　构成威胁
鼓励转让　坚持改革　加强布局　加强培养　加快壮大　加强保护
继续放宽　扩大消费　陪同调研　强化保护　实现发展　深化改革
统筹发展　推动变革　推进改革　同步增长　研究设立　注重防范
综合考虑　作为支撑　注重创新　制定实施　着力提高

⑤"的"字词组。

"的"字词组一般是指由"的"字和其他词（名词、动词、代词、形容词等）组合形成的、用以指称人或事物的词组。

示例1

人民的　国家的　政府的　军队的　民族的　世界的　机关的　基层的
国内的　国外的　干部的　群众的　农民的　工人的　学生的　商人的
领导的　下属的　一线的

示例2

住的　炒的　买的　卖的　哭的　笑的　爱的　怕的　来的　走的
喜欢的　害怕的　统一的　割裂的　要求的　共生的　出土的
撤销的　带来的　上来的　下去的　销毁的　冲走的

示例3

你的　我的　他的
你们的　我们的　他们的　自己的　他人的　大家的　咱们的

示例4

新的　旧的　老的　小的　黑的　白的　胖的　瘦的　高的　矮的
快的　慢的　严的　松的
天然的　人工的　一流的　可靠的　复杂的　繁重的　最大的　雄伟的
鲜明的　基础的　权威的　确定的　安全的　绿色的　健康的

（三）常见问题

在公文处理工作实践中，部分参与者不重视、不了解、不掌握词的相关概念、基本语义和规范用法，导致在词的使用方面产生诸多不规范情况。比如：混淆字、语素、词、词组等相关概念的情况，误解词的本义、混用近义词等词义理解不精准的情况，将名词用作动词、将动词用作名词、将形容词用作动词、副词用作形容词等词性把握不准确的情况，随意确定简称、无简称说明（已有规定或惯例的除外）、简称前后不一致等词的简称不规范的情况，词组搭配不当、忽视词的语言色彩、随意配置词的使用场景（谚语、成语、歇后语等固定词组的使用场景）等词的适用不规范的情况。

（四）实践把握

合抱之树，生于毫末。如果把一份公文看作一个生命体，那么词就是构成这个生命体的细胞。无论内容多寡，公文一般都要经历从词到词组（组织）、到句子（器官）、到段落（系统）、到全文（生命体）的形成过程。

作为公文写作基本要素的重要组成部分，词不仅仅直接影响公文写作的质量，也会间接反映公文拟制机关的能力水平和工作作风。从某种意义上讲，词的规范使用，不仅是公文处理工作的一项基本要求，也是公文处理工作的一项基本能力。作为公文处理工作中的大忌，用词不规范问题存在于不同层级不同领域的公文处理工作，尤其是公文写作实践中，且呈现出层级越往下延伸问题就越突出的情况。

在公文处理工作实践中，参与者应切实做好用词的规范化工作，不仅应准确理解和把握字、语素、词、词组等相关概念，还应在用准词、用活词、用好词上下功夫。确保并提升用字质量，公文处理工作参与者除了应从思想上高度重视外，一方面应全面准确地理解和把握词的词义、词性、词源等基本知识，另一方面应坚持不懈地总结梳理词的简称、固定搭配、适用场景等应用经验。从公文处理工作实践看，为更好掌握词的基本常识、提升词的使用质量，参与者一般可以从概念关系、词义理解、词性把握、词的简称、词的适用五个方面着力。

1. 在概念关系方面

字、语素、词、词组等公文写作基本要素之间的相互关系，是公文写作中一个绕不开的基本问题，不仅困扰着很多公文处理工作参与者尤其是公文写作人员，而且影响着公文写作基础质量。只有厘清上述公文写作基本要素之间的相互关系，才能够全面理解、准确把握和灵活运用这些基本要素，才能发挥出这些基本要素在公文处理工作中的价值作用。

（1）从研究对象看。

①彼此联系。

无论是字，还是语素、词、词组，都是以语言作为研究对象，都从属于语言的范畴。从这点上看，字与语素、词、词组是相互联系、辩证统一的。

②相互区别。

字与语素、词、词组在研究视角上存在明显差异。

字是从记录符号和呈现形式的视角研究语言，并作为语言的书面形式和书写单位而存在；字的研究重点是语言的"外形"，其主要的研究目的是持续提供规范化和标准化的文字，以满足语言生活和社会发展的基本需要。

相对而言，语素、词、词组等基本要素是从语法和语义的视角研究语言，并作为语言单位（音义结合体）而存在；语素、词、词组等的研究重点是语言的"内涵"，其主要的研究目的是在继承基础上，通过创新发展赋予词更强的时代气息，以更好地表达意思和交流思想的基本需要。

与此同时，尽管语素与词、词组是紧密联系的，但这三者并不是平行的等同关系，而是包含与被包含的关系，其中：词组的概念外延最大、词次之、语素最小。

（2）从数量对应看。

在公文处理工作实践中，语素、词、词组主要是通过"字"这种书面形式呈现出来的。不同语素、不同词、不同词语一般都对应着不同数量的"字"，加之在语素、词、词组三个概念中语素概念范畴最小，这就可能导致部分公文处理工作参与者在字和语素、语素和词、语素和词组、词和词组等的数量关系上出现认识误区，比如：一个语素就对应一个字、一个语素对应的字的数量小于一个词对应的字的数量、一个词对应的字的数量小于一个词组对应的字的数量等。

实际上，一个语素对应的字、一个词对应的字、一个词组对应的字在数量关系上并不存在绝对的等于、大于或者小于关系。

①就语素和字而言。

一个语素对应的字的数量一般等于或大于1。

示例

金　木　水　火　土

乾坤　苏维埃　盘尼西林

②就语素和词而言。

一个语素对应的字的数量可能小于一个词对应的字的数量,可能等于一个词对应的字的数量,也可能大于一个词对应的字的数量。

示例

人(语素) 与人类(词)

上(语素) 与水(词)

哈根达斯(语素) 与奶(词)

③就词和词组而言。

一个词对应的字的数量可能小于一个词组对应的字的数量,可能等于一个词组对应的字的数量,也可能大于一个词组对应的字的数量。

示例

天(词) 与目标任务(词组)

盘尼西林(词) 与按时吃药(词组)

高尔夫(词) 与李白(词组)

2. 在词义理解方面

准确理解词义,是确保公文写作表意准确的前提基础。词义理解不准确是公文写作中的大忌,同时也是公文写作中经常出现的问题。一旦词义理解出现偏差,那么在此基础上组合而成的词组、句子乃至整篇公文就会出现表意偏差。因此,在公文处理工作实践中,参与者尤其是公文写作参与者都应足够重视词义理解问题,在词义理解准确性上下功夫、上水平,切实避免出现词义理解偏差的情况。从公文处理工作实践看,为更加准确地理解词义、夯实用词的坚实基础,参与者尤其是公文写作参与者一般可以基本词义、固定词组词义、同义词辨析、词义调整变化四个方面着力。

(1)就基本词义而言。

理解基本词义一般可以从一词一义、一词两义、一词多义等维度展开。

①一词一义。

一词一义,在体现词的词义具有相对唯一性的同时,也为公文处理工作尤其是公文写作用词精确提供了直接抓手。当在公文处理工作实践中使用这类词时,参与者应切实防止随意突破原有词义、自造新词义的情况发生。

示例1（名词）

案牍	霸权	残品	操行	单打	党风	恶仗	恩人	法官	范文	感触
格局	工匠	海警	贺词	恒温	家风	鉴戒	科技	苦功	利弊	伦理
美德	名额	耐力	能源	批件	平面	期刊	潜绩	人民	锐气	闪念
商务	贪欲	体魄	威信	文稿	习性	现状	言论	隐私	债权	征程

示例2（动词）

爱国	安插	保送	备案	参阅	沉溺	导致	反思	改革	感恩	函调
横加	积善	加剧	刊印	考查	牢记	离任	冒充	磨炼	难忘	内定
判定	配置	强调	切合	认罚	荣获	散播	商议	贪图	套取	顽抗
妄议	下调	显现	研习	约定	照会	执纪				

示例3（形容词）

代际	单一	恶劣	繁复	潜在	强大	完备	高洁	公允	合法	和合
华丽	激动	坚韧	可疑	空荡	劳乏	历届	卖力	蛮横	耐久	逆耳
偏激	频繁	凄苦	齐全	浅显	热诚	柔韧	深透	势利	坦率	特有
弯曲	无良	稀疏	显著	雅致	永恒	直接	中型			

②一词两义或一词多义。

一词二义或一词多义，在增加词的内涵层次的同时，也为公文写作用词提供了更多的选择空间和创新可能。当在公文写作实践中使用这类词时，一方面，应切实防止混淆词义，在尊重词的本义基础上，做到选准用准；另一方面，应释放多义词潜能，在符合语法基础上，根据公文写作用词需求，做到创新运用。

示例1

案头	把柄	本位	博士	层次	产业	大家	代表	恶气	法宝	风雨
功课	关系	好处	黑白	机关	机制	家教	空气	口气	劳保	老虎
历史	脉搏	门户	内核	能量	批语	偏差	前方	情感	群落	热度
人事	身家	说法	套话	特技	外界	网络	消息	心病	行程	压力
要害	战果	知识								
暗示	保留	报销	拨弄	成立	触动	搭桥	调换	发动	分解	鼓动
挂牌	合流	回炉	挤压	解密	开花	空降	流动	埋没	冒尖	拿捏
难为	攀附	培养	起步	求全	燃烧	认定	审察	升华	探底	提升

外借　挽回　吸收　陷落　严守　引导　展开　招呼

示例2

安宁　不对　沉闷　初等　单薄　短小　丰盈　干净　高贵　光明　厚实
积极　坚实　精神　开朗　可靠　枯竭　宽大　牢靠　利落　毛躁　绵软
难过　皮实　平直　浅薄　亲切　热络　融和　深邃　实际　坦荡　堂皇
外在　婉转　稀松　显赫　优雅　原始　正当　主观

此外，书面形式为单字的单纯词中的多数一般都是一词多义的。例如："安"具有12项词义、"本"具有17项词义、"成"具有11项词义、"打"（作为动词）具有24项词义、"儿"具有6项词义、"发"具有19项词义、"本"具有17项词义、"盖"具有11项词义、"号"具有18项词义、"机"具有9项词义、"开"具有21项词义、"拉"具有14项词义、"毛"具有11项词义、"拿"具有10项词义、"偶"具有4项词义、"排"具有13项词义、"气"具有15项词义、"让"具有10项词义、"上"具有19项词义、"套"具有19项词义、"文"具有16项词义、"下"具有24项词义、"要"具有12项词义、"照"具有13项词义等。

（2）就固定词组词义而言。

理解固定词组词义一般可以从专有名词、惯用语、成语三个维度展开。

①专有名词。

专有名词，尤其是地名、机关团体名称、思想理论名称被广泛运用于公文写作。专有名词的唯一性或独特性决定了专有名词词义的唯一性或独特性。专有名词的使用，在标示特定事物名称的同时，也为促进公文写作用词规范性提供了重要支撑。

在公文处理工作尤其是公文写作实践中，在使用这类词时，参与者应切实防止张冠李戴，做到专有名词专用。

示例1（地名）

北京市　河北省　内蒙古自治区

大连市　青岛市　深圳市　西城区　石家庄市　呼和浩特市

新街口街道　裕华区　赛罕区

示例2（机关团体名称）

中共中央　中共河北省委　中共石家庄市委　中共行唐县委

国务院　浙江省人民政府　杭州市人民政府　西湖区人民政府

公安部　福建省公安厅　福州市公安局　平潭县公安局

示例3（思想理论名称）

习近平新时代中国特色社会主义思想

八个明确　十四个坚持　两个一百年　两个大局　两个维护　三严三实

四个意识　四个自信　四大考验　四种危险

②惯用语。

惯用语，被广泛运用于公文写作，尤其常见于报告、讲话稿、贺词等类型的公文。惯用语一般具有较高的通用性、辨识性、口语化、生动性等特点。惯用语的使用，在确保公文写作用词准确表意的同时，也为增加公文写作用词生动性提供了更多的选择和可能。

惯用语的词义往往跳出本义（字面意义）而突出比喻意义。需要指出的是，惯用语的词义并不会因为不是字面意思就增加了理解难度，反而通过比喻等方式使得词义更加生动地体现出来，更加便于理解和运用。

在公文处理工作，尤其是公文写作实践中，在使用这类词时，一方面，参与者应切实防止舍本逐末，避免"只用原义、不用喻义"，做到"词"尽其用。另一方面，参与者应切实防止随意扩大使用范围，一般不用于命令（令）、请示、批复等类型公文，做到"有所用、有所不用"。此外，俚语不属于这里所说的惯用语。因其方言性等特点，俚语一般不用于公文写作。

示例1

打虎　拍蝇　猎狐　摘帽

照镜子　正衣冠　洗洗澡　治治病　牛鼻子　总开关

东西南北中

以上示例出自《决胜全面建成小康社会　夺取新时代中国特色社会主义伟大胜利——在中国共产党第十九次全国代表大会上的报告》一文。以牛鼻子为例，其本义是指牛的鼻子，其喻义为事物的关键或者要害。

示例2

庙堂

第一棒　责任田　随大流　一刀切　金钥匙　两张皮　橡皮筋　稻草人

亮黄牌　掏红牌　牛鼻子　掉了链子　挑重担子　啃硬骨头　高空作业

最先一公里　接烫手山芋　上梁不正下梁歪　沙滩流水不到头
一把钥匙开一把锁

以上示例出自2019年7月9日习近平总书记在中央和国家机关党的建设工作会议上的讲话。以"一刀切"为例，其本义是指分蛋糕的一种方式；其喻义为不顾实际情况，用同一方式处理问题。

示例3

摘帽　硬骨头　保卫战　开好局　起好步　攻坚战　打虎拍蝇　春天的故事
按下快进键　一个都不能掉队　撸起袖子加油干　开弓没有回头箭

以上示例出自国家主席习近平2014年至2021年发表的新年贺词。以"硬骨头"为例，其本义是指骨头很坚硬，其喻义为极难解决的问题或者坚强不屈的人。

③成语。

成语，同惯用语类似，被广泛运用于公文写作，尤其常见于报告、讲话稿、贺词等类型的公文。除了具有通用性、辨识性、生动性等与惯用语相同的特点外，成语还具有历史性、凝练性、出处性、书面化等独有的特点。

成语的词义往往不是其构成要素语义的简单相加，而是隐含在其所代表的经典著作或历史故事当中，需要一定的文化积累才能够准确理解和灵活运用。成语的使用，在确保公文写作用词准确表意的同时，也为增加公文写作用词深刻性和生动性提供了更多的选择和可能。

在公文处理工作，尤其是公文写作实践中，在使用这类词时，一方面，参与者应切实防止仅通过字面意思的简单叠加而推定成语的词义，避免出现曲解或误解词义的情况，做到"抽丝剥茧"。另一方面，参与者也应切实防止通过凭空臆想的方式去推定成语的词义，避免出现违背或者篡改词义的情况，做到"实事求是"。

误解成语词义一般主要包括望文生义和张冠李戴两种情况。

其一，望文生义。比如"筚路蓝缕"，其词义时常被理解为"衣衫不整"，其准确词义是"形容创业的艰苦"。又如"文不加点"，其词义时常被理解为"文章不加标点"，其准确词义是"形容文章写得很快，不用涂改就写成"。再如"目无全牛"，其词义时常被理解为"缺乏整体观念或系统观念"，其准确词义是"形容技艺已经达到十分纯熟的地步"。

其二，张冠李戴。比如"一文不名"，其时常被混同于"一文不值"。又如"不胜其烦"，其时常被混同于"不厌其烦"。再如"望尘莫及"，其时常混同于"鞭长莫及"。

示例1

居安思危	承前启后	继往开来	勠力同心	自力更生	内忧外患	战乱频仍
山河破碎	民不聊生	不屈不挠	前仆后继	可歌可泣	顽瘴痼疾	实干兴邦
实事求是	兼收并蓄	始终不渝	精益求精	一视同仁	定于一尊	徇私枉法
肝胆相照	荣辱与共	百花齐放	百家争鸣	德艺双馨	尽力而为	量力而行
齐心协力	人心向背	朝气蓬勃	德才兼备	五湖四海	任人唯贤	惩前毖后
标本兼治	雷厉风行	久久为功	攻坚克难	自强不息	艰苦奋斗	戒骄戒躁
时不我待	只争朝夕	志存高远	脚踏实地			

以上示例出自《决胜全面建成小康社会 夺取新时代中国特色社会主义伟大胜利——在中国共产党第十九次全国代表大会上的报告》一文。以肝胆相照为例，该成语出自"臣愿披腹心，输肝胆，效愚计，恐足下不能用也"（《史记·淮阴侯列传》），其词义为真心相见。

示例2

惊心动魄	艰苦卓绝	坚忍不拔	同舟共济	实事求是	风雨同舟	众志成城
奋勇当先	冲锋陷阵	起早贪黑	顽强不屈	突如其来	舍生忘死	感天动地
短兵相接	争分夺秒	以身殉职	共克时艰	披荆斩棘	舍生忘死	万众一心
同甘共苦	千难万险	临危不惧	视死如归	可歌可泣	荡气回肠	挺身而出
慷慨前行	求真务实	和衷共济	源源不断	一脉相承	不屈不挠	艰难险阻
浴血奋战	发愤图强	顽强不屈	前仆后继	锲而不舍	浴火重生	惊涛骇浪
乘风破浪	休戚与共	一往无前	独善其身	自私自利	颠倒是非	混淆黑白
前功尽弃	千千万万	一鼓作气	尽锐出战	亘古不变	一帆风顺	百折不挠
勠力同心						

以上示例出自2020年9月8日习近平总书记在全国抗击新冠肺炎疫情表彰大会上的讲话。以"同舟共济"为例，该成语出自"夫吴人与越人相恶也，当其同舟而济，遇风，其相救也如左右手"（《孙子·九地》），其词义为同心协力、共同渡过难关。

示例3（常见词义易错成语）

安土重迁　哀而不伤　不忍卒读　筚路蓝缕　不胜其烦　惨淡经营　蹉跎岁月

差强人意	登堂入室	大而化之	耳提面命	恶衣恶食	翻云覆雨	分庭抗礼
瓜田李下	木人石心	绘声绘色	汗牛充栋	久假不归	敬谢不敏	侃侃而谈
苦心孤诣	良莠不齐	屡试不爽	美轮美奂	明日黄花	评头论足	旁若无人
劈头盖脸	求全责备	期期艾艾	如履薄冰	如沐春风	三人成虎	首当其冲
弹冠相庆	望其项背	文不加点	休戚相关	下里巴人	一言九鼎	振振有词
罪不容诛						

（3）就同义词词义辨析而言。

同义词一般是指意义相同或相近的词，其范畴涵盖了同义词（狭义）和近义词。在汉语的词汇中，存在大量同义词，在为公文写作用词提供多重选择的同时，也给公文写作精确用词增加了难度。

在公文处理工作，尤其是公文写作用词实践中，由于不能准确把握同义词的区别，参与者时常出现用错同义词的情况。为防止错用同义词，更加准确或灵活地运用同义词，公文处理工作参与者一般可以从词义侧重、词义范围、适用对象三个方面着力。

①从词义侧重不同进行把握。

在公文处理工作实践中，存在一类同义词，其基本词义相同或相似，但各自词义在具体侧重上有所不同。对于这类同义词，公文处理工作参与者可以重点把握词义侧重不同的特点进行选择使用。

以"阻止"与"制止"为例，二者都有"使不能前进、使停止"的意思，但二者具体侧重不同。"阻止"是指"使不能前进，使停止行动"，其词义较轻，一般不带有感情和态度。"制止"是指"强迫使停止，不允许继续（行动）"，其词义上更重，具有突出的强制性、坚定性。

以"收集"与"搜集"为例，二者都有"使聚集在一起"的意思，但二者具体侧重不同。"收集"是指"使聚集在一起"，其聚集的实现相对简单；"搜集"是指"到处寻找并聚集在一起"，其聚集的实现存在一定难度。

以"放任"与"放纵"为例，二者都有"不加约束"的意思，但二者具体侧重不同。"放任"侧重在顺其自然的状态下的"不加约束"；"放纵"侧重在纵容的状态下的"不加约束"。

②从词义范围不同进行把握。

在公文处理工作实践中，存在一类同义词，其基本词义相同或相似，但各自在适用范围上有所不同。对于这类同义词，公文处理工作参与者可以重点把握其适用范围不同的特点进行选择使用。

以"加强"与"增强"为例，二者都有"使更坚强或更有效"的意思，但二者词义适用范围不同。"加强"是指"使更坚强或更有效"；"增强"的词义范围更广，除了具有"加强"的意思，还包含"增进"的词义。

以"应对"与"应付"为例，二者都有"采取措施"的意思，但二者词义适用范围不同。"应对"除了"对人对事采取措施、办法"的意思，还具有"敷衍了事"和"将就、凑合"的意思；"应付"的词义范围更广，除了具有"采取措施、对策以应付出现的情况"的意思，还具有"答对"的意思。

以"面对"与"面临"为例，二者都有"当面对着（人），面前对着"的意思，但二者词义适用范围不同。"面对"是指"当面对着（人），面前对着"的意思；"面临"的词义范围更广，除了具有"面对"的意思外，还具有"面前遇到（问题、形势等）"。

③从适用对象不同进行把握。

在公文处理工作实践中，存在一类同义词，其基本词义相同或相似，但各自在适用对象上有所不同。对于这类同义词，公文处理工作参与者可以重点把握其适用对象不同的特点进行选择使用。

以"督察"与"督查"为例，二者都有"监督、检查"的意思，但二者适用对象不同。"督察"的对象一般为工作责任、工作职责等抽象事物，"督查"的对象一般为具体工作、具体问题等具体事物。

以"抚养"与"赡养"为例，二者都有"共计生活所需"的意思，但二者适用对象不同。"抚养"的对象是晚辈，"赡养"的对象是长辈。

以"参加"与"出席"为例，二者都有"加入"的意思，但二者适用对象不同。"参加"的适用对象比较广泛，"出席"用来特指有发言权和表决权的成员的加入。

常见易混同义词示例

安定与稳定	安静与寂静	安稳与平稳	按期与如期	保持与坚持
把握与掌握	爆发与暴发	必须与必需	取得与获取	帮扶与帮助
促进与推进	常年与长年	奠定与确定	打动与感动	当今与当前
等次与等级	恶毒与狠毒	遏制与遏止	分布与散布	服从与听从
赋予与给予	防范与预防	功勋与功劳	共处与相处	构建与构筑
赶紧与赶快	隔断与隔绝	更正与改正	弘扬与发扬	涵养与修养
核心与中心	恒久与永久	建设与建造	经历与经受	具有与拥有

加强与增强	基层与底层	截止与截至	机会与机遇	价值与作用
看望与探望	抗争与斗争	克制与抑制	快速与迅速	利用与运用
来宾与来客	类别与类型	理解与了解	面对与面临	明显与显著
蒙昧与愚昧	密实与紧实	拿手与擅长	内疚与愧疚	逆风与顶风
年代与时代	培育与培养	派生与衍生	盘点与清点	陪衬与衬托
期间与其间	企图与打算	起步与开始	轻薄与轻浮	认识与了解
让步与妥协	忍耐与隐忍	如今与现在	实行与实施	适应与顺应
伤害与损害	设立与成立	提升与提高	提倡与倡导	推行与施行
调节与调整	挖掘与发掘	完全与齐全	违反与违犯	无视与忽视
希望与期望	衔接与连接	相关与有关	协作与合作	屹立与矗立
依托与凭借	预计与估计	根据与依据	抓获与捕获	做出与作出
制定与制订	重要与紧要			

（4）就词义调整变化而言。

众所周知，在古代汉语向现代汉语发展过程中，特别是在部分古汉语和现代汉语并用情况下，词的词义出现了扩大、缩小、迁移等现象，更好满足了社会发展的需要。相对而言，现代汉语中词的词义一般是相对固定的，但绝不是一成不变的。随着社会的不断发展变化，现代汉语也势必随之发展变化，现代汉语中词的词义也不可避免地出现发展变化。在公文处理工作、尤其是公文写作实践中，由于需求千变万化，为更好服务工作，词的词义变化的概率就会大幅提升了，其主要表现为词义缩小和词义扩大两种类型。

①在词义缩小方面。

以"语言"为例，其本身词义为"人类所特有的用来表达意思、交流思想的工具"，一般包括书面形式（文字）和口头形式（口语）。但当"语言"和"文字"并举时，"语言"仅指其口头形式（口语）。

以《语言文字法》为例，从标题到内容，该法大量使用"语言文字"的表述，这一表述中的"语言"仅指口语。

②在词义扩大方面。

以"机制"为例，其本身词义为"机器的构造和工作原理""机体的构造、功能和相互关系""某些自然现象的物理、化学规律""泛指一个工作系统的组织或者部分之间相互作用的过程和方式"等，且不包含"机关"等组织机构的意思。但在公文处理工作实践中，为满足工作需要，"机制"的词义有时会被扩大，用以指代"机关"

等组织机构。

以《国务院应对新型冠状病毒感染肺炎疫情联防联控机制关于印发企事业单位复工复产疫情防控措施指南的通知》（国发明电〔2020〕4号）为例，该公文"标题"和"发文机关署名"两部分均使用了"国务院应对新型冠状病毒感染肺炎疫情联防联控机制"。根据《条例》关于"标题"构成要素和"发文机关署名"所署内容的规定，可推定"国务院应对新型冠状病毒感染肺炎疫情联防联控机制"是作为发文机关名称出现的，其代表的是该公文的发文机关。因此，"国务院应对新型冠状病毒感染肺炎疫情联防联控机制"中"机制"的词义就出现了扩大，用以指代"机关"等组织机构。

需要特别指出的是，在公文处理工作尤其是公文写作实践中，词的词义应参照《现代汉语词典》等权威依据进行使用，一般不得随意改变词的词义。遇到特殊情况且确需改变词的词义时，公文处理工作参与者应坚持审慎严谨的态度，做到少变小变、非必需不改变，并做好相关说明，防止出现曲解或者误解词义的情况。

3. 在词性把握方面

不同依据决定着不同词性划分，不同词性决定着不同用词方法。准确把握词性，是确保公文处理工作用词准确的关键所在。在公文处理工作用词实践中，常见常用的词性划分依据主要包括语法功能和感情色彩两种维度。

以语法功能为依据，词一般可分为实词（其又可划分为名词、动词、形容词、数词、量词和代词六个类型）和虚词（其又可划分为副词、介词、连词、助词、叹词和拟声词六个类型）；以感情色彩为依据，词一般可分为褒义词、贬义词、中性词。

与此同时，一词一义、一词两义、一词多义等情况的存在，客观上为一词一词性、一词两词性、一词多词性等情况的出现创造了基本条件。词性的多样性在增加词性把握难度的同时，也为灵活运用词性提供了更多可能。

在公文写作用词实践中，公文写作参与者应足够重视词性把握问题，在词性把握准确性上下功夫、上水平，切实避免出现词义把握偏差的情况。如果不能准确把握词的词性，就可能导致搭配不当、胡乱使用，出现随意将名词用作动词、动词用作名词、形容词用作动词、副词用作形容词等用词问题；如果不能灵活运用词的词性，就可能导致因噎废食、裹足不前，甚至出现不想创新使用、不敢创新使用、不会创新使用等用词问题。

从公文处理工作尤其是公文写作用词实践看，为更加准确地把握词性，夯实用词的坚实基础，参与者一般可以从基本词性和词性活用两个方面着力。

（1）就基本词性而言。

准确把握词的基本词性，其作用价值十分重要，不仅是减少搭配不当、胡乱使用等用词问题，提升用词准确性的基础；也是破除因噎废食、裹足不前等用词障碍，提升用词灵活性的前提。

在公文处理工作尤其是公文写作用词实践中，为准确把握词的基本词性，参与者可以从语法功能的视角出发，重点围绕一词一词性、一词两词性、一词多词性三个维度进行学习。

①一词一词性。

一词一词性，在体现部分词的词性具有相对唯一性的同时，也为确保公文处理工作尤其是公文写作用词的词性准确把握提供了直接抓手。当使用这类词时，公文处理工作参与者应切实防止随意突破原有词性、自造新词性。

除了从语法功能视角确定一词一词性之外，从感情色彩视角来看，中性词、褒义词、贬义词三类词性也具有相对独立性，一定意义上也可以说是一词一词性。

示例1

爱护（动词） 安培（量词） 案例（名词） 哀痛（形容词）
把关（动词） 本人（代词） 饱满（形容词） 步骤（名词）
层次（名词） 触发（动词） 潺潺（拟声词） 常务（形容词）
大抵（副词） 导致（动词） 典范（名词） 独特（形容词）
扼制（动词） 而且（连词） 恩惠（名词） 额定（形容词）
凡是（副词） 非但（连词） 扶持（动词） 泛泛（形容词）
改天（副词） 更迭（动词） 关口（名词） 嘎吱（拟声词）
嗨哟（叹词） 毁誉（名词） 合并（动词） 互相（副词）
基于（介词） 加上（连词） 进程（名词） 绝密（形容词）
开启（动词） 科技（名词） 苦苦（副词） 卡路里（量词）
历来（副词） 陋习（名词） 露骨（形容词） 马力（量词）
埋没（动词） 忙碌（形容词） 那些（代词） 纳米（量词）
内耗（名词） 耐久（形容词） 讴歌（动词） 欧姆（量词）
殴打（动词） 偶发（形容词） 派别（名词） 陪同（动词）

碰巧（副词）　怕事（形容词）　齐声（副词）　其次（代词）
趋势（名词）　清贫（形容词）　然而（连词）　让步（动词）
人次（量词）　热诚（形容词）　筛查（动词）　时常（副词）
素养（名词）　深厚（形容词）　他人（代词）　特地（副词）
推动（动词）　坦荡（形容词）　瓦特（量词）　顽疾（名词）
妄议（动词）　微观（形容词）　悉心（副词）　胸襟（名词）
选拔（动词）　显赫（形容词）　一连（副词）　以便（连词）
引导（动词）　严谨（形容词）　再次（副词）　这个（代词）
征求（动词）　忠诚（形容词）

示例2（中性词）

哀痛	安全	昂贵	凹陷	奥秘	把握	摆放	扮演	备注	变化
猜测	参与	苍老	层级	触发	搭档	代号	党务	道德	低缓
额定	厄运	遏制	噩耗	耳熟	发展	法定	烦闷	飞快	肥大
干枯	个别	根本	共同	孤单	害羞	好奇	宏观	缓和	昏黑
激动	尖锐	僵硬	焦灼	洁净	平稳	冷清	烈性	临界	零散

示例3（褒义词）

标致	聪明	昌明	沉勇	诚恳	崇高	纯洁	大度	丹心	典雅
笃实	夺目	婀娜	繁荣	奉献	富强	干练	刚毅	高尚	公道
光荣	果断	憨厚	豪迈	和合	宏伟	华美	坚毅	杰出	精美
敬爱	俊朗	可爱	宽容	烂漫	乐观	廉洁	美满	敏锐	谦虚
勤奋	谦逊	善良	团结	伟大

示例4（贬义词）

暗箭	傲慢	巴结	跋扈	帮凶	包庇	卑鄙	猜忌	残害	沉溺
逞凶	宠信	怠慢	低俗	刁横	低劣	阿谀	讹传	恶霸	放荡
非分	逢迎	奉承	浮华	告密	勾搭	乖僻	鬼祟	豪横	狠毒
昏庸	尖刻	骄横	可鄙	狂妄	赖皮	懒惰	蛮横	毛躁	冒失
奢靡	势利	顽劣	伪善	无耻

②一词两词性或一词多词性。

一词两词性或一词多词性，在增加词的语法功能层次的同时，也为公文处理工作尤其是公文写作用词提供了更多的选择空间和创新可能。当使用这类词时，一方面，公文处理工作参与者应全面把握词的固有词性，不得随意突破词的固有词性；另一方面，公文处理工作参与者应全面把握词的词性的多样性特点，围绕工作需要灵活运用。

此外，书面形式为单字的单纯词中的很多都是一词多词性的。

示例1

安慰（动词、形容词）　保证（动词、名词）　巴结（动词、形容词）
边缘（名词、形容词）　倡议（动词、名词）　迟滞（形容词、动词）
存在（动词、名词）　搭档（动词、名词）　代表（动词、名词）
讹传（动词、名词）　风趣（名词、形容词）　腐败（动词、形容词）
构想（动词、名词）　含蓄（动词、形容词）　还是（副词、连词）
化疗（名词、动词）　机关（名词、形容词）　开放（动词、形容词）
加以（动词、连词）　坚定（形容词、动词）　靠边（动词、形容词）
来源（名词、动词）　牢骚（名词、动词）　科学（名词、形容词）
梦想（名词、动词）　历练（动词、形容词）　麻痹（动词、形容词）
奈何（动词、代词）　密切（形容词、动词）　拿捏（动词、形容词）
难怪（动词、副词）　陪衬（动词、名词）　偶尔（副词、形容词）
批量（副词、名词）　拼命（动词、副词）　起笔（动词、名词）
欠债（动词、名词）　强国（名词、动词）　认识（动词、名词）
任凭（动词、连词）　日用（形容词、名词）　柔性（名词、形容词）
上下（名词、动词）　奢求（动词、名词）　伤神（动词、形容词）
谈话（动词、名词）　讨厌（形容词、动词）　特别（形容词、副词）
提成（动词、名词）　完全（形容词、副词）　危险（形容词、名词）
希望（动词、名词）　稳定（形容词、动词）　系统（名词、形容词）
严密（形容词、动词）　要紧（形容词、副词）　镇定（形容词、动词）
直属（动词、形容词）　单身（动词、名词、副词）
反复（副词、动词、名词）　规范（名词、形容词、动词）
跟脚（动词、形容词、副词）　相当（动词、形容词、副词）
依据（名词、动词、介词）　自信（动词、名词、形容词）

示例2（单字单纯词）

差（形容词、动词）　带（动词、名词）
安（形容词、动词、名词）　板（名词、形容词、动词）
超（动词、副词、名词）　趁（介词、动词、形容词）
反（形容词、动词、副词）　分（动词、名词、量词）
干（形容词、副词、动词）　鼓（名词、动词、形容词）
海（名词、形容词、副词）　行（名词、动词、量词）
坏（形容词、动词、名词）　记（动词、名词、量词）
架（名词、动词、量词）　苦（形容词、动词、副词）
来（动词、助词、名词）　老（形容词、动词、副词）
毛（名词、形容词、量词）　名（名词、动词、量词）
能（名词、形容词、动词）　片（动词、名词、量词）
盘（名词、动词、量词）　任（动词、量词、连词）
如（动词、介词、连词）　少（形容词、动词、副词）
深（形容词、名词、副词）　升（动词、量词、名词）
套（名词、动词、量词）　挺（动词、副词、量词）
文（名词、动词、量词）　为（动词、介词、助词）
窝（名词、动词、量词）　下（名词、动词、量词）
响（动词、形容词、量词）　行（动词、形容词、副词）
沿（动词、介词、名词）　在（动词、介词、副词）
早（名词、形容词、副词）　照（动词、名词、介词）
单（形容词、副词、名词、量词）　方（形容词、名词、量词、副词）
盖（名词、动词、副词、连词）　就（动词、副词、介词、连词）
可（动词、副词、介词、连词）　连（动词、副词、介词、名词）
面（名词、动词、量词、形容词）　派（名词、形容词、量词、动词）
把（动词、名词、量词、介词、助词）　本（名词、量词、副词、代词、介词）
等（名词、量词、助词、动词、介词）　齐（形容词、动词、副词、介词、名词）

（2）就词性活用而言。

词的词性活用一般包括两个方面。一方面，由于在汉语词汇中广泛存在一词两词性、一词多词性的情况，公文处理工作尤其是公文写作参与者应立足这一现有资源，根据用词实际灵活调用，进一步提升用词灵活性；另一方面，词的词性不是一成不变的，一般是会随着经济社会发展而调整变化的，公文处理工作尤其是公文写作参与者应把握词的词性具有的发展性特点，适应用词需求，探索创新使用，进一步丰富现有词汇的价值性。

做好词的词性活用工作，一般可以从两个方面着手。一方面，公文处理工作，尤其是公文写作参与者应掌握常用词的词性特点，把握其适用对象和适用场景，在确保准确基础上做到活用。另一方面，词性的调整变化往往是通过日积月累形成的，有时也会为满足工作需要进行适时调整。公文处理工作尤其是公文写作参与者应坚持审慎原则，把握新词性已在社会生活中广泛使用（但未纳入《现代汉语词典》或其他国家规范当中）和新词性应由具备相当层级或者权威的机关确定使用两个关键，在确保易懂性和通用性基础上做到活用。

从公文处理工作用词实践看，词的词性活用主要体现在语法功能和感情色彩两个方面，突出体现在语法功能方面，具体体现在动词用作名词、形容词用作副词、形容词用作动词以及褒词贬用、贬词褒用等方面。

示例1（语法功能方面）

a.动词用作名词。

"建设"原为动词，但在"平安中国建设达到更高水平"中作名词使用。

b.形容词用作副词。

"全面"原为名词和形容词，但在"全面建成"中作副词使用。

c.形容词用作动词。

"畅通"原为形容词，但在"畅通国内大循环"中作动词使用。

示例2（感情色彩方面）

a.褒义词用作贬义词。

"聪明"一般作褒义词使用，但在"聪明反被聪明误"或"耍聪明"作贬义词使用。

b.贬义词用作褒义词。

"骄傲"一般作贬义词使用，但在"为伟大的祖国和人民而骄傲"作褒义词使用。

4.在词的简称方面

词的简称是一种常见的用词方式，既有利于提升文字的精练性，又便于读者理解记忆，不仅是对公文处理工作参与者文字把控能力的考验，也是对公文处理工作参与者知识储备多寡和换位思考意识强弱的反映，其作用和价值十分重要。词（该部分涉及的"词"一般是指广义上的词，即词语，包括词和词组）的简称一般是指将复杂的词进行简化并使用简化形式准确代表复杂的词的过程，有时也称缩略语。

在公文处理工作尤其是公文写作用词实践中，部分参与者因思想重视还不够、综合素养还待提升等原因，在词的简称方面出现随意确定简称、无简称说明（已有规定或惯例的除外）、简称前后不一致等不规范情况。这些情况的出现，不仅直接影响公文基本质量和公文拟制机关形象，更重要的是给公文理解把握和贯彻落实带来不便，应引起公文处理工作参与者的高度重视。做好词的简称工作，公文处理工作尤其是公文写作参与者一般可以从基本原则、呈现方式、常用简称三个方面着手。

（1）从基本原则看。

从公文处理工作尤其是写作用词实践看，词的简称一般应遵循规范有序、准确全面、特殊处理等原则。

①规范有序。

规范有序是词的简称应当遵循的首要原则。在公文处理工作尤其是公文写作用词实践中，在词的简称上参与者应坚持做到规范有序，根据词的不同分别依照党中央用法、上级用法、传统惯例或者本级决定等实施简化，把握"不是什么词都要进行简称""不是什么词都能进行简称""不是什么机关对什么词都能进行简称"等关键点，尤其是在重大政治概念论述上必须同党中央对标对表、保持高度一致，切实防止出现随意简称的情况，逐步提升词的简称的规范有序性。

a. 以上级用法为例。

重大政治概念等重要表述的简称应以党中央用法为准，其他机关应对照使用，不得自行规定简称。

示例（括号内为简称）

政治意识、大局意识、核心意识、看齐意识（四个意识）

道路自信、理论自信、制度自信、文化自信（四个自信）

维护习近平总书记党中央的核心、全党的核心地位，维护党中央权威和集中统一领导（两个维护）

b. 以传统惯例为例。

部分词与历史上的相关词在词义上属于同一类型但其届次不同、代次不同或者轮次不同，这类词可以依照传统惯例进行简称，一般无须再行建立新的简称规范。

示例（括号内为简称）

第四代移动通信技术（3G）

第五代移动通信技术（5G）

第六代移动通信技术（6G）

c.以本级决定为例。

部分词仅在或者主要在本地区、本机关或者本领域范围内使用，这类词的简称一般由本级机关自行决定。

示例1

在《北京市人民政府关于由北京大兴国际机场临空经济区（大兴）管理委员会和大兴区政府有关部门行使部分行政权力办理部分公共服务事项的决定》（京政发〔2020〕22号）一文中，北京市人民政府将"北京大兴国际机场临空经济区（大兴）管理委员会"简称为"大兴片区管委会"。

示例2

在《内蒙古自治区人民政府办公厅关于成立自治区推进政府职能转变和"放管服"改革协调小组的通知》（内政办字〔2019〕25号）一文中，内蒙古自治区人民政府办公厅将"自治区推进政府职能转变和'放管服'改革协调小组"简称为"协调小组"。

示例3

在《教育部办公厅关于做好基础教育国家级优秀教学成果推广应用示范区有关工作的通知》（教基厅函〔2020〕35号）一文中，教育部办公厅将"基础教育国家级优秀教学成果推广应用示范区"简称为"示范区"。

②准确全面。

准确全面是词的简称应当遵循的基础原则，此处所述的准确全面一般包括词义准确和词义全面两个方面含义，二者相辅相成、缺一不可。在公文处理工作尤其是公文写作用词实践中，在词的简称上参与者应坚持做到准确全面。

a.词义准确。

词义准确，是词的简称的基础。一旦在准确性上出现问题，词的简称不仅会失去作用价值，而且会直接降低公文处理工作质量，进而影响公文理解把握和贯彻执行。提高词的简称的准确性，公文处理工作尤其是公文写作参与者应重点把握好重大政治概念、组织机构名称、主要事项名称等关键词的简称。

以机关名称为例,在《教育部 国家语委关于印发〈国家语言文字工作委员会语言文字规范标准管理办法(2018年修订)〉的通知》(教语信〔2018〕1号)一文中,教育部及国家语言文字工作委员会将"国家语言文字工作委员会"简称为"国家语委"。如果其将"国家语言文字工作委员会"简称为"国家语文委",因为"语文"不仅具备"语言和文字"的词义,而且具备"语言和文学"等词义,就可能造成歧义。

b. 词义全面。

词义全面,是词的简称的关键。一旦在全面性上出现问题,词的简称就不能完全呈现词本身应有的词义,本质上也属于词的简称不够准确的表现,其危害性与词的简称不准确的危害性类似。提高词的简称的全面性,公文处理工作尤其是公文写作参与者应立足于词的本身词义,既不能人为压缩词义、出现"缺斤短两",也不能随意拓展词义、造成"画蛇添足"。

以国家机关名称为例,在对国家一级国家机关名称进行简称时,公文处理工作参与者如果不能把握词义全面这一原则,就容易出现词的简称不准确的情况,这些情况既包括"画蛇添足",也包括"缺斤短两"。

示例1

在公文处理工作用词实践中,一般将"中华人民共和国公安部"简称为"公安部",而不是将其简称为"国家公安部",这一点可以从国务院、国务院办公厅、公安部制发的公文中得到印证,例如《公安部关于印发〈公安机关录用人民警察政治考察工作办法〉的通知》(公通字〔2020〕11号)。

"国家公安部"这一简称方式属于"画蛇添足"。在各级国家机关中,只有在国家一级国家机关才可以用"部"作为相应机关名称中的后缀。所以,在对"中华人民共和国公安部"这类国家一级国家机关名称进行简称时,公文处理工作参与者不需将"国家"二字作为其简称中的前缀。

示例2

在公文处理工作用词实践中,一般将"中华人民共和国国家发展和改革委员会"简称为"国家发展改革委",而不是将其简称为"发展改革委",这一点可以从国务院、国务院办公厅、国家发展改革委制发的公文中得到印证。以《国务院办公厅转发国家发展改革委等部门关于清理规范城镇供水供电供气供暖行业收费促进行业高质量发展意见的通知》（国办函〔2020〕129号）为例，该文标题中采用"国家发展改革委"作为"中华人民共和国国家发展和改革委员会"的简称。

"发展改革委"这一简称方式属于"缺斤短两"。在各级国家机关中，不仅国家一级国家机关中设立"发展和改革委员会"，各省级、市级国家机关中一般也设立"发展和改革委员会"。所以，在对"中华人民共和国国家发展和改革委员会"这类国家一级机关名称进行简称时，公文处理工作参与者应将"国家"二字作为其简称中的前缀，以区分于省级或市级的相关机构。

③特殊处理。

特殊处理是词的简称应当遵循的补充原则，此处所述的特殊处理主要是指在并用同类型词时不同词的简称的处理等。在公文处理工作尤其是公文写作用词实践中，在词的简称上参与者应坚持把握特殊处理，从标准一致、重要程度、内外行文三个方面着力，在确保规范有序和准确全面基础上，结合各类不同特殊情况形成词的简称。

a. 从标准一致看。

当并用同类型词时，公文处理工作尤其是公文写作参与者应做到标准一致，不能有的词用全称、有的词用简称，而是统一使用全称或者统一使用简称。

以《国务院办公厅关于同意建立第二轮土地承包到期后再延长三十年试点部际联席会议制度的函》（国办函〔2020〕104号）为例，该文统一采用了"中华人民共和国农业农村部（全称）"和"中国共产党中央农村工作领导小组办公室（全称）"规范化简称，即"农村农业部"和"中央农办"。

b. 从重要程度看。

当公文重要程度较高时，比如命令（令）、决议、决定、请示、批复等类型公文，公文处理工作尤其是公文写作参与者一般应使用词的全称作为词在公文中的首次使用方式。

以《中国共产党第十九次全国代表大会关于十八届中央委员会报告的决议》（2017年10月24日中国共产党第十九次全国代表大会通过）为例，该文标题首次使用"中国共产党第十九次全国代表大会"且为全称，而未使用"十九大"这一简称；同时该公文正文首次使用"中国共产党第十九次全国代表大会"时也采用了全称。

c. 从内外行文看。

当拟制内部行文（包括机关系统内上下级机关之间或无相隶属关系机关之间的行文）时，公文处理工作尤其是公文写作参与者一般应使用词的简称（规范化简称）。

当拟制对外行文（向机关系统外部行文）时，公文处理工作尤其是公文写作参与者一般应使用词的全称作为词在公文中的首次使用方式。

以《国家发展改革委关于瑞丽仁隆投资开发有限责任公司发行公司债券注册的通知》（发改企业债券〔2021〕8号）为例，因"国家发展改革委"与"瑞丽仁隆投资开发有限责任公司"无隶属关系且不属于同一机关系统（二者是党政机关与市场主体的关系），故当"瑞丽仁隆投资开发有限责任公司"首次在该文使用时公文标题使用了其全称。

（2）从呈现方式看。

从公文处理工作尤其是公文写作用词实践看，词的简称的呈现方式一般包括构成方式和表现形式两个方面。

①构成方式。

所要简称对象的不同，词的简称的构成方式也有所不同。从词的全称到词的简称过程中，公文处理工作参与者一般应遵循一定的构成方式，其主要包括单一词的简称的构成方式和两个（含）以上词的简称的构成方式。

a.就单一词的简称而言。

单一词的简称的构成要素全部来自词的全称，这些要素一般为实词且具备一定的独特性，能够代表或者体现出词的全称的核心要义。

以"新型冠状病毒感染肺炎疫情"为例，在对其进行简称过程中，公文处理工作参与者选取了"新"（形容词，此处意为"新型"）、"冠"（名词，此处意为"冠状病毒"）、"肺炎"（名词）、"疫情"（名词）等作为构成要素，其中"肺炎"和"疫情"组合构成了简称的基本词义，而"新"和"冠"组合之后能够体现出此次肺炎疫情与肺炎疫情的区别，故将"新型冠状病毒感染肺炎疫情"简称为"新冠肺炎疫情"。

以"中华人民共和国国家民族事务委员会"为例，在对其简称过程中，公文处理工作参与者选取了"国家"（名词）、"民"（名词，此处意为"民族"）、"委"（名词，此处意为"委员会"，同时该词本身就有"委员会"的词义）等作为构成要素，其中"民"和"委"组合构成了简称的基本词义，而"国家"能够体现出与其他层级民族事务委员会的区别，故将"中华人民共和国国家民族事务委员会"简称为"国家民委"。

以"中国共产党第十九次全国代表大会"为例，因该类词具有独特性、专属性、广泛的认知性，其简称相对比较简化，一般具有高度概括性。在对其进行简称过程中，公文处理工作参与者选取了"十九"（数词，此处意为"届次"）和"大"（名词，此处意为"大会"）作为构成要素，二者组合构成其简称"十九大"。

b.就两个（含）以上词的简称（或统称，该部分下同）而言。

两个（含）以上词的简称的构成要素不一定全部来自词的全称，有时完全不来自词的全称。这些要素一般为实词且具备一定的高频性和概括性，既能够体现出每个词的重要词义，也能够反映出各个词之间的共性和联系。

以"学党章党规、学系列讲话，做合格党员"为例，在对其进行简称过程中，公文处理工作参与者选取了"学"（动词）和"做"（动词）作为部分构成要素，同时用数词"两"和"一"分别对"学"和"做"的数量进行概括，在此基础上形成了词的简称，即"两学一做"。

以"严以修身、严以用权、严以律己；又谋事要实、创业要实、做人要实"为例，在对其进行简称过程中，公文处理工作参与者选取了"严"（形容词）和"实"（形容词）作为部分构成要素，同时用数词"三"对"严"和"实"的数量进行概括，在此基础上形成了词的简称，即"三严三实"。

以"执政考验、改革开放考验、市场经济考验、外部环境考验"为例，在对其进行简称过程中，公文处理工作参与者选取了"考验"（动词）作为部分构成要素，同时用数词"四"和形容词"大"对"考验"的数量和程度进行概括，在此基础上形成了词的简称，即"四大考验"。

②表现形式。

从词的全称到词的简称过程中，公文处理工作参与者一般应遵循一定的表现形式，其主要包括备注使用和直接使用两种方式。

a.就备注使用而言。

备注使用是反映词从其全称到其简称过程的重要表现形式，在首次独立使用词的简称前，公文处理工作参与者一般会在词的全称后以"加括号（一般为圆括号，下同）"方式进行备注，用以说明词的简称与词的全称之间的关系以及相关用法。

以《国务院关于扩大昆山深化两岸产业合作试验区范围的批复》（国函〔2020〕168号）为例，该公文在首次使用"昆山试验区"这一简称前，在"昆山深化两岸产业合作试验区"后以"加括号"方式进行了备注，其表现形式为"昆山深化两岸产业合作试验区（以下简称昆山试验区）"。

以《国务院办公厅关于交通运输综合行政执法有关事项的通知》（国办函〔2020〕123号）为例，该公文在首次使用"《指导目录》"这一简称前，在"《交通运输综合行政执法事项指导目录》"后以"加括号"方式进行了备注,其表现形式为"《交通运输综合行政执法事项指导目录》(以下简称《指导目录》)"。

以《国务院办公厅关于调整国务院推进政府职能转变和"放管服"改革协调小组组成人员的通知》(国办函〔2020〕73号)为例,该公文在首次使用"协调小组"这一简称前,在"国务院推进政府职能转变和'放管服'改革协调小组"后以"加括号"方式进行了备注,其表现形式为"国务院推进政府职能转变和'放管服'改革协调小组(以下简称协调小组)"。

以《关于做好2021年元旦和春节期间新冠肺炎疫情防控工作的通知》(国卫明电〔2020〕463号)为例,该公文在首次使用"两节"这一简称前,在"元旦和春节"后以"加括号"方式进行了备注,其表现形式为"元旦和春节(以下简称'两节')"。

此外,需要特别注意的是,如果采用备注使用的方式对词进行简称,那么在使用简称过程中,公文处理工作参与者应确保简称的格式与备注部分中简称的格式保持一致。比如:词的全称后备注为"(以下简称'两节')"(因要体现出双引号,故该处未按照标点符号使用规范采用单引号将"两节"二字括入),在其后使用简称时,公文处理工作参与者应在"两节"二字外加双引号,不应直接使用"两节"二字。

b. 就直接使用而言。

直接使用是反映词从其全称到其简称过程的重要表现形式,这类词的简称往往是有惯例可循或者约定俗成的。在公文处理工作尤其是公文写作实践中,参与者可直接使用这类词的简称,不再需要在首次使用其简称时进行备注说明。

以《决胜全面建成小康社会 夺取新时代中国特色社会主义伟大胜利——在中国共产党第十九次全国代表大会上的报告》(2017年10月18日)为例,该公文直接使用了"十九大"这一简称,在使用这一简称前,公文处理工作参与者并未在"中国共产党第十九次全国代表大会"后就使用其简称的问题以"加括号"方式进行备注说明。

(3)从常用简称看。

从公文处理工作尤其是公文写作用词实践看,常用词的简称一般主要集中在政治理论名词、机关名称、会议名称、法规制度名称、专业术语等几个方面。这些简称被广泛应用于公文处理工作,且其使用频率较高,发挥了重要作用价值。公文处理工作尤其是公文写作参与者应加强这方面知识的学习和积累,进一步提升用词的规范性和灵活性。下面列举一些常用简称，以供参考。

示例1（政治理论名词，括号内为词的简称）

以经济建设为中心，坚持四项基本原则，坚持改革开放（一个中心，两个基本点）

中华民族伟大复兴的战略全局，世界百年未有之大变局（两个大局）

把干部在推进改革中因缺乏经验、先行先试出现的失误和错误，同明知故犯的违纪违法行为区分开来；把上级尚无明确限制的探索性试验中的失误和错误，同上级明令禁止后依然我行我素的违纪违法行为区分开来；把为推动发展的无意过失，同为谋取私利的违纪违法行为区分开来（三个区分开来）

精神懈怠危险、能力不足危险、脱离群众危险、消极腐败危险（四种危险）

创新、协调、绿色、开放、共享（新发展理念）

政治纪律、组织纪律、廉洁纪律、群众纪律、工作纪律、生活纪律（六项纪律）

搞任人唯亲、排斥异己的有之，搞团团伙伙、拉帮结派的有之，搞匿名诬告、制造谣言的有之，搞收买人心、拉动选票的有之，搞封官许愿、弹冠相庆的有之，搞自行其是、阳奉阴违的有之，搞尾大不掉、妄议中央的也有之（七个有之）

示例2（机关名称，括号内为词的简称）

中国共产党中央委员会（中共中央）

中共中央纪律检查委员会（中央纪委）

中华人民共和国国务院（国务院）

全国人民代表大会（全国人大）

中国人民政治协商会议全国委员会（全国政协）

中华人民共和国国家监察委员会（国家监委）

中华人民共和国最高人民法院（最高人民法院）

中华人民共和国最高人民检察院（最高人民检察院）

中共中央统一战线工作部（中央统战部）

中国共产党中央委员会中央和国家机关工作委员会（中央和国家机关工委）

中央网络安全和信息化委员会办公室（中央网信办）

中华人民共和国外交部（外交部）

中华人民共和国工业和信息化部（工业和信息化部）

中华人民共和国国家民族事务委员会（国家民委）

中华人民共和国国家卫生健康委员会（国家卫生健康委）

国务院国有资产监督管理委员会（国务院国资委）

中国银行保险监督管理委员会（中国银保监会）

示例3（会议名称，括号内为词的简称）

中国共产党第十九次全国代表大会（十九大）

中国共产党第十九届中央委员会第五次全体会议（十九届五中全会）

中华人民共和国第十三届全国人民代表大会第三次会议（十三届全国人大三次会议）

中国人民政治协商会议第十三届全国委员会第三次会议（全国政协十三届三次会议）

示例4（法规制度名称，括号内为词的简称）

《中国共产党章程》（党章）

《中华人民共和国宪法》（宪法）

《关于新形势下党内政治生活的若干准则》（《准则》）

以党内法规为例，在公文处理工作尤其是公文写作用词实践中，党内法规名称一般是采用"加备注"方式进行简称的，其简称的主要构成要素是"条例""规定""办法""规则""细则"等标识党内法规名称的关键词，比如《中国共产党问责条例》（以下简称《条例》）等。

示例5（专业术语，括号内为词的简称）

新型冠状病毒肺炎（新冠肺炎）

稳就业、稳金融、稳外贸、稳外资、稳投资、稳预期（六稳）

保居民就业、保基本民生、保市场主体、保粮食能源安全、保产业链供应链稳定、保基层运转（六保）

国内生产总值（GDP）

消费者物价指数（CPI）

第五代移动通信技术（5G）

软件定义网络（SDN）

互联网数据中心（IDC）

目标与关键成果法（OKR）

5.在词的适用方面

丰富的汉语词汇，不仅为公文处理工作尤其是公文写作提供了必要的基础支撑，也为公文处理工作尤其是公文写作提供了重要的创新基础，是公文处理工作的宝贵的基础性资源。如何用好这一资源，是每一名公文处理工作参与者都需要面对的课题。用得好，这一资源就可能成为公文处理工作的倍增器；用得不好，这一资源就可能成为公文处理工作的"滑铁卢"。

从公文处理工作尤其是公文写作用词实践看，"适用"二字无疑是用好这一资源所需把握的重要原则。只有把词用在合适位置，词才能充分发挥其作用价值。做好词的适用工作，公文处理工作参与者不仅要考虑语法要求，也要考虑语境要求，还要考虑表意要求，在统筹上述各方面要求基础上，兼顾权威用法、特定用法、习惯用法等因素，综合选取使用合适的词。为减少或避免语法错误、语境错误、表意错误等在词的适用方面存在的问题，逐步提升词的适用工作的水平和质量，公文处理工作参与者一般可以从基本用法、固定用法、特定用法三个方面着力。

（1）基本用法。

词的基本用法，一般是指按照语法（这里主要指词法）规则使用词的方法，是最基础、最广泛、最高频的用词方法。

在公文处理工作用词实践中，尤其在基层机关公文处理工作用词实践中，部分参与者不掌握或不准确掌握词的基本用法，产生诸多用词问题，比如词的搭配不当、词的语言色彩不当、词的使用场景不当等。因此，重视、学习、掌握和运用词的基本用法是十分重要的，也是极其必要的。为进一步规范词的基本用法，夯实用准词、用好词、用活词的基础，公文处理工作参与者一般可以从词的搭配、词的感情色彩、词的使用场景三个方面着手。

①就词的搭配而言。

规范词的搭配，是规范词的基本用法的重要组成部分。词的搭配不规范，是用词过程中的易发多发问题，常见问题主要包括偏正词组搭配不当、主谓词组搭配不当、动宾词组搭配不当等。这些问题不仅制约着公文基本质量的提升，也给公文的阅读理解和贯彻执行带来不便。

从公文处理工作尤其是公文写作用词实践看，导致词的搭配不规范的原因主要包括直接原因和根本原因两个方面。直接原因一般是参与者对语法特别是词法把握不到位，或对词与词之间的关系把握不到位，这些关系包括修饰与被修饰、补充与被补充、说明与被说明、陈述与被陈述、支配与被支配、关涉与被关涉等诸多方面。

根本原因一般是参与者对词的词义和词性把握不到位，甚至缺乏基本的认识。

解决词的搭配不规范问题，公文处理工作参与者应对症下药、多管齐下。一是注重平时的学习积累，掌握词的词义词性，把握语法特别是词法；二是遇到不够熟悉或拿捏不准的词，既不可囫囵吞枣，更不能讳疾忌医，应及时查证；三是提升公文阅读量数量和质量，培养形成公文特有语感。

公文中常见不规范示例（括号内为正确搭配）

  主要（主体）地位 基础（基本）路线 人民（居民）收入
  大幅达到（提升） 深入走出（发展） 基本提升（实现）
  坚强（坚实）基础 明确（明显）增加 分配差别（差距）
  前景明确（光明） 精神圆满（饱满） 创造（创新）驱动
  生活美丽（美好） 军民结合（融合） 运行平衡（平稳）
  作用发展（发挥） 政治带领（引领） 思维活动（活跃）
  激发活动（活力） 造就才能（人才） 加快发现（发展）
  启动（开启）征程 解决题目（问题） 发展（发挥）潜力
  提高效果（效益） 强化力度（力量） 改善品格（品质）

②就词的感情色彩而言。

词本身是有感情色彩的，一般可划分为褒义词、贬义词、中性词。

褒义词和贬义词的感情色彩一般都比较鲜明，其辨识度相对更高一些。中性词本身并无明显褒义或贬义的感情色彩，其可能会在不同语境中被公文处理工作参与者赋予中性、褒义或贬义等不同的感情色彩。与此同时，尽管中性词本身没有明显褒义或贬义的感情色彩，但中性词是能够体现或反映态度的，这种态度可以是肯定、支持、鼓励等，也可以是否定、反对、批评等。

因此，在公文处理工作尤其是公文写作用词实践中，参与者一般可根据表意需要选择使用具有不同感情色彩的词，尽力做到"词"尽其用，切实防止在词的感情色彩方面出现错用、误用甚至滥用等情况。

③就词的使用场景而言。

词的使用具有明显的场景化特点，不同类型的词一般都会有各自不同的使用场景。词的使用场景一旦出现问题，不仅不会为公文表意加分，而且会出现适得其反的效果。比如：在决议、决定、命令（令）、公报、请示、批复议案、纪要等法定文种公文中，如果公文处理工作参与者使用谚语、歇后语、名人名言等固定词组，可能就会影响或削弱上述公文的严肃性和庄重性。

词的使用场景一般主要以公文类型作为依据进行划分，包括法定公文使用场景和非法定公文使用场景。在上述使用场景划分基础上，公文处理工作参与者还可依据法定公文包含的不同类型和非法定公文包含的不同类型对词的使用场景进行细分。

在公文处理工作尤其是公文写作用词实践中，参与者一般应依据不同使用场景并结合公文表意需要选择使用不同的词。比如：在讲话稿、发言稿、贺电、贺词、书信等非法定文种公文中，参与者如果能够恰当运用谚语、歇后语、名人名言等固定词组，不仅有助于准确表意，而且可以提升表达生动性。

此外，在用词过程中，公文处理工作参与者还应注意区分书面用词场景和口语用词场景，合理使用书面用语和口语。比如：在拟制关于巩固拓展脱贫攻坚成果的意见时，公文处理工作参与者一般应采用"保持资金、政策、人才扶持力度"等书面化表述，而不宜使用"继续给钱、给政策、给人才"等口语化表述。

（2）固定用法。

词的固定用法，是公文写作用词中一种常见方法，一般是词和词之间相对固定的搭配方法。词的固定用法不只是一种语法上的规范和标准，更是一种表达上的惯例和规矩，其效力往往强于一般的规范和标准。

在公文处理工作用词实践中，部分参与者不遵守或者不严格遵守词的固定用法，改变词的规定用法、破坏词的固定搭配，不仅会影响公文的准确表达，还会产生超越公文本身的其他不良影响。因此，重视、学习、掌握和运用词的固定用法是十分重要的，也是极其必要的。为进一步规范词的固定用法，公文处理工作参与者一般可以从审慎使用和强化积累两个方面着手。

①就审慎使用而言。

一般来说，通过词的固定用法形成的固定词组往往呈现出较强的方向性、原则性、权威性、专业性。从语法上看，尽管这类固定词组的构成要素是可以替换的，但因这类固定词组的搭配关系是相对固定的，所以除形成这类固定词组的权威机关做出改变外，其他机关不能对这类固定词组的构成要素和搭配关系做出改变。因此，在使用这类固定词组时，公文处理工作参与者应保持审慎态度，切不可随意改变固定词组搭配和用法。

a. 常用的固定词组用法。

对于常用的固定词组，公文处理工作参与者对照权威用法使用即可。以"增强'四个意识'"这一固定词组为例，在使用时公文处理工作参与者不能将"增强"随意变更为"加强"或者"树牢",尽管上述变更在语法上不存在问题,但不符合该固定词组使用的惯例和规矩。此外,在"增强'四个意识'、坚定'四个自信'、做到'两个维护'"这个固定组合中,其排列顺序也是固定的,公文处理工作参与者也不能随意调整其顺序。

b.不常用的固定词组用法。

对于不常用的固定词组,公文处理工作参与者应及时学习和掌握其形成原因和权威使用方法,否则就可能出现不准确的表达和不专业的表述。

以"违纪违法"这一固定词组为例,党纪严于国法是其组成元素排列顺序的内在逻辑。公文处理工作参与者在描述一名既违反了党纪又违犯了国法的共产党员时,就时常需要使用"违纪违法"这一固定词组。

②就强化积累而言。

这类固定词组所具有的语法上的可替代性和用法上的固定性特点,给公文处理工作参与者用词实践带来了一定难度。如果思想上没有足够重视,实践中缺乏足够积累,公文处理工作参与者在使用该类词时就比较容易出现不规范情况。因此,为用准用好这类固定词组,公文处理工作参与者应通过多看多读多学等方式,在长期积累梳理总结基础上,形成词库、养成语感。

示例(固定用法)

获得感　幸福感　安全感
懂农业　爱农村　爱农民
知敬畏　存戒惧　守底线
不敢腐　不能腐　不想腐
无禁区　全覆盖　零容忍
传播力　引导力　影响力　公信力
把方向　谋大局　定政策　促改革
管思想　管工作　管作风　管纪律
举旗帜　聚民心　育新人　兴文化　展形象
基本理论　基本路线　基本方略
伟大斗争　伟大工程　伟大事业　伟大梦想
自我净化　自我完善　自我革新　自我提高
社会公德　职业道德　家庭美德　个人品德

道路自信　理论自信　制度自信　文化自信
政治意识　大局意识　核心意识　看齐意识
科学立法　严格执法　公正司法　全民守法
经济建设　政治建设　文化建设　社会建设　生态文明建设
政治建军　改革强军　科技强军　人才强军　依法治军
纪律审查　监察调查
政治判断力　政治领悟力　政治执行力
态度不能变　决心不能减　尺度不能松
世界多极化　经济全球化　社会信息化　文化多样化
政治领导力　思想引领力　群众组织力　社会号召力
改革发展稳定　忠诚干净担当　学懂弄通做实　做强做优做大
科教兴国战略　人才强国战略　乡村振兴战略　可持续发展战略
创新驱动发展战略　区域协调发展战略　军民融合发展战略
供给侧结构性改革
全面建设社会主义现代化国家　全面深化改革　全面依法治国　全面从严治党
面向世界科技前沿　面向经济主战场　面向国家重大需求　面向人民生命健康

（3）特定用法。

该部分所述特定用法主要是指模糊语言的用法。在公文处理工作尤其是公文写作用词实践中，模糊语言被广泛使用，掌握模糊语言的用法对提高模糊语言使用质量具有十分重要的作用。

为进一步规范词的特定用法，公文处理工作参与者一般可以从区分模糊语言与精确语言、区分模糊语言与语言模糊、区分模糊语言使用场景三个方面着手。

①就区分模糊语言与精确语言而言。

作为语言学的重要分支，模糊语言是相对精确语言而言的。

a. 从表意上看。

模糊语言具有显著的概括性和灵活性，在表象上是模糊的，但在本质上是清晰的，其表意往往是有明确范围界限或明确发展趋势的，比如："依据有关规定"中"有关"二字，其并未具体指明是哪些规定，但明确了涉及规定的范围。

相比之下，精确语言在表象上和本质上都是清晰的，比如："依据党章规定"中"党章"二字，其本身就是一部具体名称明确的党内法规。

b. 从定量定性上看。

模糊语言侧重于定性，比如："实现 GDP 快速增长"中"快速增长"作为模糊语言，仅对经济运行做了定性分析，并未涉及增长的具体指标。

相比之下，精确语言侧重于定量，比如"实现 GDP 翻一番"中"翻一番"作为精确语言，给出了增长的具体数量，即原 GDP 的 2 倍。

②就区分模糊语言与语言模糊而言。

尽管"模糊语言"和"语言模糊"在构成要素上基本相同，但二者在表意上截然不同。

a. 从概念内涵上看。

模糊语言是一种弹性语言，是语言学的重要构成部分和重要的语言类型，其内涵具有无指定性，其外延具有不确定性，比如：适当、快速、逐步、反复、部分等词。

语言模糊是在语言运用过程中一种表达不清晰的现象，既是语言能力不足的表现，也是公文处理工作用词的大忌。

b. 从应用效果看。

模糊语言为公文处理工作尤其是公文写作用词提供了更多选择，对于准确表达公文意图发挥着重要的积极作用。

以《中共中央关于制定国民经济和社会发展第十四个五年规划和二〇三五年远景目标的建议》(2020 年 10 月 29 日中国共产党第十九届中央委员会第五次全体会议通过) 为例，该公文作为管大方向、定大战略的公文，在描述"十四五"和到 2035 年经济发展目标时采用了许多模糊语言（比如"新成效""更加强大""显著提升""明显提高""重大进展"等），进而实现了以定性表述为主、蕴含定量的拟制意图。

语言模糊是公文处理工作尤其是公文写作用词实践中存在的主要问题之一，对准确表达公文意图产生严重的消极作用。比如"全面关停部分污染企业"，这句话就属于语言模糊，"全面"与"部分"的明显冲突造成了歧义，将会直接影响公文贯彻执行。

③就区分模糊语言使用场景而言。

不同的模糊语言对应不同的使用场景。模糊语言一般可以用于表示主体客体、表示时间空间、表示频率频次、表示程度范围、表示态度评价等多个使用场景。只有模糊语言与其使用场景匹配起来，模糊语言才能充分发挥其作用价值。

此外，在使用模糊语言过程中，公文处理工作参与者应把握好"度"。一方面，应适当运用模糊语言，以达到公文写作准确表达的目的。另一方面，应防止过度使用模糊语言，尤其是在基层机关拟制公文特别是在拟制下行文时应慎用模糊语言，切实防止以虚话、空话、套话等方式将"模糊语言"变为推卸工作责任的工具。

示例（模糊词）

a. 表示主体客体的。

各地区　各单位　各部门

各省　各自治区　各直辖市　各部委　各直属单位

各人民团体　各经济组织　各文化组织　各基层组织

b. 表示时间空间的。

时期　阶段　中叶　今后　之后　现代　历史　过去　现在　将来　未来

同时　全周期　全过程　几十年　当前和今后一个时期　重要战略机遇期

农村　乡村　城市　街区　各地　基层　区域　对口　空间　进程　周围

全球　东北　海外　远程　东西部　各领域　多层次　全方位　黄河流域

中部地区　东部地区　西部地区　革命老区　民族地区　边疆地区　地上地下

欠发达地区　长江经济带

c. 表示频率频次的。

继续　持续　往往　不断　长期　始终　终身　时刻　反复　常态　随时

一刻不停

d. 表示程度范围的。

深入　深切　深刻　切实　充分　紧紧　增强　加强　强化　完善　打好

做好　用好　管好　提高　紧盯　扎紧　较大　加大　加快　重大　重要

更加　相当　大力　全力　做深　雄厚　突出　明显　显著　部分

总体上　基本上　最坚实　极少数　大多数　关键少数　重中之重

e. 表示态度评价的。

严肃　严格　满意　必须　自觉　主动　带头　从严　努力　坚决　坚定

决不　肯定　认真　坚持　一致　积极

坚定不移　百折不挠　毫不松懈　坚持不懈　持之以恒

三、标点符号

（一）基本概念

作为公文写作的基本要素之一，标点符号是标号和点号的统称，是一种具有特定功用的辅助性符号，也是汉语书面语的重要组成部分，不仅可以用来表示汉语书面语的停顿或语气，也可以用来表示汉语书面语的性质或作用。

标号一般包括引号、括号、书名号、连接号、间隔号、破折号、省略号、着重号、专名号、分隔号等，表示汉语书面语的性质或作用。

点号一般可分为句内点号和句末点号，用来表示汉语书面语的停顿或语气，其中：句内点号包括顿号、逗号、分号、冒号等，句末点号包括句号、叹号、问号等。

特别需要指出的是，标点符号是句子（如无特殊说明，本书所说"句子"就是指书面语中的句子）的基本构成要素，其在句子中的作用是无可替代的。一般来说，脱离了标点符号，句子就很难称之为句子，其也无法呈现准确的表意。

（二）基本规范

1. 党内法规

作为党内法规，《条例》对公文使用的标点符号作出明确要求，其第十一条规定：

公文使用的汉字、数字、外文字符、计量单位和标点符号等，按照有关国家标准和规定执行。

2. 国家标准

《格式》在其"规范性引用文件"部分规定：

下列文件对于本标准的应用是必不可少的。凡是注日期的引用文件，仅所注日期的版本适用于本标准。凡是不注日期的引用文件，其最新版本（包括所有的修改单）适用于本标准。

GB/T 148 印刷、书写和绘图纸幅面尺寸

GB/T 3100 国际单位制及其应用

GB/T 3101 有关量、单位和符号的一般原则

GB/T 3102（所有部分）量和单位

GB/T 15834 标点符号用法

GB/T 15835 出版物上数字用法

同时，在其"公文中计量单位、标点符号和数字的用法"部分规定：

公文中计量单位的用法应当符合 GB 3100、GB 3101 和 GB 3102（所有部分），标点符号的用法应当符合 GB/T 15834，数字的用法应当符合 GB/T 15835。

3. 现行国家标准

《标点符号用法》（GB/T15834—2011）

尽管《标点符号用法》是推荐性国标，但因其被纳入《条例》和《格式》，尤其是《条例》的相关要求当中，也就具有了一定的强制性。

（三）常见问题

在公文处理工作实践中，部分参与者不重视、不了解、不掌握上述概念和规定规范，导致在标点符号使用方面产生混淆标号点号、在句末使用句内点号、在图表的说明文字末尾使用句号、在标有引号的并列成分之间使用顿号、在含有顺序关系的并列各项之间使用逗号、在已含句号的分项列举的各项末尾使用分号、在一个句子内部套用冒号、在不能视为作品的名称两端使用书名号、在发文字号外使用方头括号、在带括号的序次语后使用顿号、在文章标题末尾使用句号等不规范情况。

（四）实践把握

大鹏之动，非一羽之轻也；骐骥之速，非一足之力也。词是构成句子最重要的要素，但既不是全部要素，也不是唯一要素。作为构成句子的辅助性要素，标点符号发挥着不可替代的作用。离开了标点符号，"句子"就会成为无停顿、无语气的词的堆砌，即使通过空格方式来断句，也不可避免引起表意模糊，也难以满足复杂的公文写作表意需求。因此，标点符号具有十分重要的作用。

从公文处理工作尤其是公文写作实践看，标点符号既有数量，也有分量。以下数量统计范围不包括公文的版头、版记和页码三个部分。

以《决胜全面建成小康社会 夺取新时代中国特色社会主义伟大胜利——在中国共产党第十九次全国代表大会上的报告》（2017年10月18日）为例，该报告总字数（含标点符号，下同）约为3.2万字，标点符号数量达到3100余字，约占该报告总字数的9.7%。

以《中国共产党第十九届中央委员会第五次全体会议公报》（2020年10月29日中国共产党第十九届中央委员会第五次全体会议通过）为例，该公报总字数（含标点符号，下同）约为6200字，标点符号数量达到570余字，约占该公报总字数的9.2%。

以《国务院关于深入开展爱国卫生运动的意见》（国发〔2020〕15号）为例，该意见总字数（含标点符号，下同）约为5400字，标点符号数量达到540余字，约占该意见总字数的10.0%。

以《国务院应对新型冠状病毒感染肺炎疫情联防联控机制关于进一步做好当前新冠肺炎疫情防控工作的通知》（国办发明电〔2021〕1号）为例，该通知总字数（含标点符号，下同）约为3670字，标点符号数量达到370余字，约占该通知总字数的10.1%。

在公文处理工作尤其是公文写作实践中，参与者不仅应按照相关规定规范使用标点符号，而且应在提升标点符号价值上下功夫，切不可"厚此薄彼"，仅仅重视词的使用，而忽视标点符号的使用。做好标点符号的使用工作，公文处理工作参与者应以规定规范为依据，以重点标点符号为抓手，从基本概念、常见问题、实践把握三个方面着手，突出抓好逗号、句号、顿号、分号、冒号、叹号、括号、引号、书名号、破折号、连接号等常用标点符号的使用，进一步提升标点符号的规范性和价值性。

1.关于逗号的使用

逗号属于句内点号，用以表示句子内部一般性的停顿，是公文写作中应用最为广泛的标点符号。逗号的书写形式为"，"。

从公文处理工作尤其是公文写作实践看，逗号具有极其重要且不可替代的作用。以下数量统计范围不包括公文的版头、版记和页码三个部分。

以《决胜全面建成小康社会　夺取新时代中国特色社会主义伟大胜利——在中国共产党第十九次全国代表大会上的报告》（2017年10月18日）为例，该报告的逗号数量达1342余字，约占该报告总字数（3.2万余字）的4.2%，约占该报告标点符号总字数（3100余字）的43.3%，是该报告中使用最多的一种标点符号。

以《中国共产党第十九届中央委员会第五次全体会议公报》（2020年10月29日中国共产党第十九届中央委员会第五次全体会议通过）为例，该公报的逗号数量达330余字，约占该公报总字数（6200余字）的4.2%，约占该公报标点符号总字数（570余字）的57.9%，是该公报中使用最多的一种标点符号。

以《国务院关于深入开展爱国卫生运动的意见》（国发〔2020〕15号）为例，该意见的逗号数量达200余字，约占该意见总字数（5400余字）的3.7%，约占该意见标点符号总字数（540余字）的37.0%，是该意见中使用最多的一种标点符号。

以《国务院应对新型冠状病毒感染肺炎疫情联防联控机制关于进一步做好当前新冠肺炎疫情防控工作的通知》（国办发明电〔2021〕1号）为例，该通知的逗号数量达 140 余字，约占该通知总字数（3600 余字）的 3.9%，约占该通知标点符号总字数（370 余字）的 37.8%，是该通知中使用最多的一种标点符号。

在公文处理工作尤其是公文写作实践中，部分参与者对标点符号不够重视，导致在使用逗号过程中出现在句末使用逗号、在含有顺序关系的并列各项之间使用逗号、在分句内部已有逗号的情况下在分句之间使用逗号、在引文之前的"说""道""述"等词后使用逗号、由逗号统领或总结用分号隔开的几个并列分句等不规范情况。这些不规范情况屡见不鲜，在一定程度上影响了公文的表述准确性。为提升逗号使用的规范性和价值性，参与者一般可以从把握基本用法和掌握特殊用法两个方面着力。

（1）把握基本用法。

在公文处理工作尤其是公文写作实践中，逗号的基本用法主要包括三种。

此外，参与者还应把握逗号的编排要求。在横排文稿中，逗号置于相应文字之后，占一个字位置，居左下，不出现在一行之首。因较少用到竖排排版情况，故此处不再列述逗号在竖排文稿中的编排要求。

①逗号一般用于复句中各分句之间。

逗号一般用于复句中各分句之间，表示停顿。

示例1

五年来的成就是全方位的、开创性的，五年来的变革是深层次的、根本性的。

示例2

我们的工作还存在许多不足，也面临不少困难和挑战。

示例3

实践没有止境，理论创新也没有止境。

②逗号一般用于较长的语法结构之前或者之后。

逗号一般用于较长的语法结构之前或者之后，表示停顿。

较长的语法结构一般包括较长的主语、较长的谓语、较长的宾语、较长的定语、较长的状语、较长的补语等。

示例1

常住人口 500 万以下的城市，通过统筹省内资源，具备在 2 天内完成全员检测的能力。

示例2

中国共产党人的初心和使命，就是为中国人民谋幸福，为中华民族谋复兴。

示例3

综合分析国际国内形势和我国发展条件，从2020年到本世纪中叶可以分两个阶段来安排。

③逗号一般用于序次语之后。

逗号一般用于序次语之后，表示停顿。

序次语一般包括"首先""其次""再次"，"其一""其二""其三"，"第一""第二""第三"等。

示例

第一，大力弘扬劳模精神、劳动精神、工匠精神。第二，充分发挥工人阶级和广大劳动群众主力军作用。第三，努力建设高素质劳动大军。第四，切实实现好、维护好、发展好劳动者合法权益。

（2）掌握特殊用法。

在公文处理工作尤其是公文写作实践中，逗号的特殊用法主要包括两种。

①当在较长、较多或较复杂的并列成分中的最后一个成分前使用"以及"或"及"进行连接时，在"以及"或"及"之前应使用逗号。

示例

围绕强化国家战略科技力量，加快布局科技前沿领域，如人工智能、量子信息、集成电路、生命健康、脑科学、生物育种、空天科技，以及深地深海等。

②当在居于末尾的并列成分（该并列成分之间已使用逗号）之后使用"等"或"等等"时，"等"或"等等"之前应使用逗号。

示例

通过强化练兵备战，我军有效遂行了多样化重大任务，包括海上维权，反恐维稳，抢险救灾，国际维和，亚丁湾护航，人道主义救援，等等。

2.关于句号的使用

句号属于句末点号，用以表示句子末尾的停顿和句子的陈述语气，是公文写作中应用较为广泛的标点符号之一。句号的书写形式为"。"。

从公文处理工作尤其是公文写作实践看，句号具有极其重要且不可替代的作用。以下数量统计范围不包括公文的版头、版记和页码三个部分。

以《决胜全面建成小康社会　夺取新时代中国特色社会主义伟大胜利——在中国共产党第十九次全国代表大会上的报告》（2017年10月18日）为例，该报告的句号数量达610余字，约占该报告总字数（3.2万余字）的1.9%，约占该报告标点符号总字数（3100余字）的19.7%。

以《中国共产党第十九届中央委员会第五次全体会议公报》（2020年10月29日中国共产党第十九届中央委员会第五次全体会议通过）为例，该公报的句号数量达60余字，约占该公报总字数（6200余字）的0.1%，约占该公报标点符号总字数（570余字）的10.5%。

以《国务院关于深入开展爱国卫生运动的意见》（国发〔2020〕15号）为例，该意见的句号数量达100余字，约占该意见总字数（5400余字）的1.9%，约占该意见标点符号总字数（540余字）的18.5%。

以《国务院应对新型冠状病毒感染肺炎疫情联防联控机制关于进一步做好当前新冠肺炎疫情防控工作的通知》（国办发明电〔2021〕1号）为例，该通知的句号数量达70余字，约占该通知总字数（3600余字）的1.9%，约占该通知标点符号总字数（370余字）的18.9%。

在公文处理工作尤其是公文写作实践中，部分参与者对标点符号不够重视，导致在使用句号过程中出现在图表的说明文字末尾使用句号、在文章标题末尾使用句号、在法定公文附件说明部分的附件名称后使用句号等不规范情况。这些不规范情况屡见不鲜，在一定程度上影响了公文的表述准确性。为提升句号使用的规范性和价值性，参与者一般可以从把握基本用法和掌握特殊用法两个方面着力。

（1）把握基本用法。

在公文处理工作尤其是公文写作实践中，句号的基本用法主要涉及一种，即：句号一般用于句子末尾，表示停顿和陈述语气。

此外，参与者还应把握句号的编排要求。在横排文稿中，句号置于相应文字之后，占一个字位置，居左下，不出现在一行之首。因较少用到竖排排版情况，故此处不再列述句号在竖排文稿中的编排要求。

示例1

2020年是极不平凡的一年。

示例2

青年兴则国家兴，青年强则国家强。

示例3

社会主义初级阶段不是一个静态、一成不变、停滞不前的阶段，也不是一个自发、被动、不用费多大气力自然而然就可以跨过的阶段，而是一个动态、积极有为、始终洋溢着蓬勃生机活力的过程，是一个阶梯式递进、不断发展进步、日益接近质的飞跃的量的积累和发展变化的过程。

（2）掌握特殊用法。

在公文处理工作尤其是公文写作实践中，句号的特殊用法主要包括两种。

①句号除了表示陈述语气，还可以表示较为缓和的感叹语气。

示例

我到13个省区市考察时欣喜看到，大家认真细致落实防疫措施，争分夺秒复工复产，全力以赴创新创造，神州大地自信自强、充满韧劲，一派只争朝夕、生机勃勃的景象。（该句出自国家主席习近平发表的2021年新年贺词）

②在法定公文中，如有抄送机关，最后一个抄送机关名称后应使用句号。当主送机关移至版记时，最后一个主送机关名称后也应使用句号。（该特殊用法源自《格式》关于"抄送机关"的相关规范）

3. 关于顿号的使用

顿号属于句内点号，用以表示并列词语之间或者部分序次语之后的停顿，是公文写作中应用较为广泛的标点符号之一。顿号的书写形式为"、"。

从公文处理工作尤其是公文写作实践看，顿号具有极其重要且不可替代的作用。以下数量统计范围不包括公文的版头、版记和页码三个部分。

以《决胜全面建成小康社会 夺取新时代中国特色社会主义伟大胜利——在中国共产党第十九次全国代表大会上的报告》（2017年10月18日）为例，该报告的顿号数量达860余字，约占该报告总字数（3.2万余字）的2.7%，约占该报告标点符号总字数（3100余字）的27.7%。

以《中国共产党第十九届中央委员会第五次全体会议公报》（2020年10月29日中国共产党第十九届中央委员会第五次全体会议通过）为例，该公报的顿号数量达100余字，约占该公报总字数（6200余字）的1.6%，约占该公报标点符号总字数（570余字）的17.5%。

以《国务院关于深入开展爱国卫生运动的意见》(国发〔2020〕15号)为例,该意见的顿号数量达160余字,约占该意见总字数(5400余字)的3.0%,约占该意见标点符号总字数(540余字)的29.6%。

以《国务院应对新型冠状病毒感染肺炎疫情联防联控机制关于进一步做好当前新冠肺炎疫情防控工作的通知》(国办发明电〔2021〕1号)为例,该通知的顿号数量达70余字,约占该通知总字数(3600余字)的1.9%,约占该通知标点符号总字数(370余字)的18.9%。

在公文处理工作尤其是公文写作实践中,部分参与者对标点符号不够重视,导致在使用顿号过程中出现在表示概数的两相近数字连用时使用顿号、在标有引号的并列成分之间使用顿号、在标有书名号的并列成分之间使用顿号、在并列成分(该并列成分之间已使用顿号)之后的"等"字之前使用顿号、在带括号的序次语后使用顿号等不规范情况。这些不规范情况屡见不鲜,在一定程度上影响了公文的表述准确性。为提升顿号使用的规范性和价值性,参与者一般可以从把握基本用法和掌握特殊用法两个方面着力。

(1)把握基本用法。

在公文处理工作尤其是公文写作实践中,顿号的基本用法主要包括三种。

此外,参与者还应把握顿号的编排要求。在横排文稿中,顿号置于相应文字之后,占一个字位置,居左下,不出现在一行之首。因较少用到竖排排版情况,故此处不再列述顿号在竖排文稿中的编排要求。

①顿号一般用于并列词语之间。

顿号一般用于并列词语之间,表示停顿。

示例1

我们秉持创新、协调、绿色、开放、共享的发展理念,围绕建设网络强国、数字中国、智慧社会,全面实施国家大数据战略,助力中国经济从高速增长转向高质量发展。

示例2

加快壮大新一代信息技术、生物技术、新能源、新材料、高端装备、新能源汽车、绿色环保以及航空航天、海洋装备等产业。

示例3

他们在平凡的岗位上创造了不平凡的业绩,以实际行动诠释了中国人民具有的伟大创造精神、伟大奋斗精神、伟大团结精神、伟大梦想精神。

②顿号一般用于部分序次语之后。

顿号一般用于部分序次语之后，表示停顿。这些序次语主要是指不带括号的汉字、数字等。

示例

一、全面建成小康社会，开启全面建设社会主义现代化国家新征程

③顿号一般用于连用为缩略形式的两数字之间。

顿号一般用于连用为缩略形式的两数字之间，表示停顿。

示例

在担任志愿者协会第一届执委会副主席后，他连续当选第二、三届执委会主席。

（2）掌握特殊用法。

在公文处理工作尤其是公文写作实践中，顿号的特殊用法主要涉及一种情况，即当在含有顺序关系的并列各项之间表示停顿时，应使用顿号。

示例

依托强大国内市场，贯通生产、分配、流通、消费各环节，打破行业垄断和地方保护，形成国民经济良性循环。

4.关于分号的使用

分号属于句内点号，用以表示复句内部各分句之间的停顿，是公文写作中应用较为广泛的标点符号之一。分号的书写形式为"；"。

从公文处理工作尤其是公文写作实践看，相对逗号、句号、顿号等标点符号的使用数量而言，分号的使用数量不算多，但分号的作用依然十分重要，特别是在报告、意见、通知等类型公文中，分号在提升公文表达准确性、丰富性和层次性等方面具有不可替代的作用。以下数量统计范围不包括公文的版头、版记和页码三个部分。

以部分党政机关公文为例，《决胜全面建成小康社会　夺取新时代中国特色社会主义伟大胜利——在中国共产党第十九次全国代表大会上的报告》（2017年10月18日）使用分号20余次；《中国共产党第十九届中央委员会第五次全体会议公报》（2020年10月29日中国共产党第十九届中央委员会第五次全体会议通过）使用分号20余次；《国务院关于实施金融控股公司准入管理的决定》（国发〔2020〕12号）使用分号10余次；《国务院办公厅关于在防疫条件下积极有序推进春季造林绿化工作的通知》

（国办发明电〔2020〕7号）使用分号5次；《应急管理部办公厅关于开展钢铁、铝加工行业安全生产执法抽查工作情况的通报》（应急厅函〔2020〕19号）使用分号6次；《国务院关于同意设立新疆塔城重点开发开放试验区的批复》（国函〔2020〕166号）使用分号3次；《国务院办公厅关于同意建立第二轮土地承包到期后再延长三十年试点部际联席会议制度的函》（国办函〔2020〕104号）使用分号6次；等等。

在公文处理工作尤其是公文写作实践中，部分参与者对标点符号不够重视，导致在使用分号过程中出现在无并列、选择、转折或者递进等关系的句子之间使用分号、在使用逗号可以分清复句层次的情况下使用分号、在已含句号的分项列举的各项末尾使用分号等不规范情况。这些不规范情况屡见不鲜，在一定程度上影响了公文的表述准确性。为提升句号使用的规范性和价值性，参与者一般可以从把握基本用法方面着力。

在公文处理工作尤其是公文写作实践中，分号的基本用法主要涉及一种。分号一般用于复句中具有并列、递进、选择或者转折等关系的各分句之间，表示停顿。

此外，参与者还应把握分号的编排要求。在横排文稿中，分号置于相应文字之后，占一个字位置，居左下，不出现在一行之首。因较少用到竖排排版情况，故此处不再列述分号在竖排文稿中的编排要求。

示例1

在做好疫情防控工作的同时，低风险地区要抢抓当前造林黄金时节，加快造林绿化进度；中风险地区要合理安排造林任务，错时开工、错峰作业、分散施工，安全有序开展春季造林绿化。

示例2

中国人民银行应当自受理设立金融控股公司申请之日起6个月内作出批准或者不予批准的书面决定；决定不予批准的，应当说明理由。

示例3

对省内跨地区的密切接触者、次密切接触者，疫情发生地要第一时间向流入地通报协查；对跨省份的，疫情发生省份要第一时间报告国务院联防联控机制综合组，同时通报有关省份协查，综合组加强统筹协调和指导支持。

示例4

建设试验区有利于深化与周边国家全面合作，加快建设丝绸之路经济带核心区，推进共建"一带一路"高质量发展;有利于打造我国西北地区重要的国际合作平台,促进生产要素集聚,增强内生发展动力,形成沿边地区新的经济增长极;有利于兴边富边和加快边境地区城镇化建设,提高城市承载能力,促进稳边安边固边;有利于提高边境地区、民族地区人民生活水平,进一步铸牢中华民族共同体意识,实现新疆社会稳定和长治久安。

5.关于冒号的使用

冒号属于句内点号,用以表示提示下文或者总结上文的停顿,是公文写作中应用较为广泛的标点符号。冒号的书写形式为":"。

从公文处理工作尤其是公文写作实践看,相对逗号、句号、顿号等标点符号的使用数量而言,冒号的使用数量较少,但冒号的作用依然十分重要。不论是在决定、意见、通报、通知、请示、批复、议案、函等法定文种公文中,还是在汇报稿、讲话稿、贺电、贺词、致辞等非法定文种公文中,冒号在提示下文方面均具有不可替代的作用。以下数量统计范围不包括公文的版头、版记和页码三个部分。

以部分党政机关公文为例,《决胜全面建成小康社会 夺取新时代中国特色社会主义伟大胜利——在中国共产党第十九次全国代表大会上的报告》(2017年10月18日)使用冒号4个;《中国共产党第十九届中央委员会第五次全体会议公报》(2020年10月29日中国共产党第十九届中央委员会第五次全体会议通过)使用冒号2个;《国务院关于深入开展爱国卫生运动的意见》(国发〔2020〕15号)使用冒号1个;《应急管理部关于表彰国家综合性消防救援队伍抗击新冠肺炎疫情先进个人和先进集体的决定》(应急〔2020〕101号)使用冒号2个;《宁波市人民政府办公厅关于行政规范性文件备案审查的通报》(甬政办笺〔2021〕9号)使用冒号3个;《国务院办公厅关于生态环境保护综合行政执法有关事项的通知》(国办函〔2020〕18号)使用冒号2个;《城子街道办事处关于2019年可立即支出拆违费用的请示》(门城办文〔2019〕3号)使用冒号1个;《国务院关于中韩(长春)国际合作示范区总体方案的批复》(国函〔2020〕45号)使用冒号2个;《晋江市人民政府关于提请审议2020年地方政府债券额度的议案》(晋政文〔2020〕79号)使用冒号3个;《国务院办公厅关于同意建立全国计量工作部际联席会议制度的函》(国办函〔2020〕128号)使用冒号6个;《让多边主义的火炬照亮人类前行之路——在世界经济论坛"达沃斯议程"对话会上的特别致辞》(2021年1月25日,北京)使用冒号2个;等等。

在公文处理工作尤其是公文写作实践中,部分参与者对标点符号不够重视,导致出现在一个句子内部套用冒号、在公文首段末尾使用冒号、在非提示性词语后使用冒号等不规范情况。这些不规范情况屡见不鲜，在一定程度上影响了公文的表述准确性。为提升冒号使用的规范性和价值性，参与者一般可以从把握基本用法与掌握特殊用法两方面着力。

（1）把握基本用法。

在公文处理工作尤其是公文写作实践中，冒号的基本用法主要包括两种。

此外，参与者还应把握冒号的编排要求。在横排文稿中，冒号置于相应文字之后，占一个字位置，居左下，不出现在一行之首。因较少用到竖排排版情况，故此处不再列述冒号在竖排文稿中的编排要求。

①冒号一般用于提示性词语之后。

冒号一般用于提示性词语（如"是""就是""讲""说""追问""包括""下列""以下原则"等）之后，表示提示下文的停顿。

示例1

大会的主题是：不忘初心，牢记使命，高举中国特色社会主义伟大旗帜，决胜全面建成小康社会，夺取新时代中国特色社会主义伟大胜利，为实现中华民族伟大复兴的中国梦不懈奋斗。

示例2

全会提出了到二〇三五年基本实现社会主义现代化远景目标，这就是：我国经济实力、科技实力、综合国力将大幅跃升，经济总量和城乡居民人均收入将再迈上新的大台阶，关键核心技术实现重大突破，进入创新型国家前列……人民生活更加美好，人的全面发展、全体人民共同富裕取得更为明显的实质性进展。

示例3

中国古人讲："法者，治之端也。"

示例4

人民群众说："有你们在，就安心！"

示例5

1862年，亨利·杜楠先生在《沙斐利洛的回忆》中追问：能否成立人道主义组织？能否制定人道主义公约？

示例6

参加抗疫的医务人员中有近一半是"90后""00后",他们有一句话感动了中国:2003年"非典"的时候你们保护了我们,今天轮到我们来保护你们了。

示例7

第十五条　国有企业重大经营管理事项必须经党委(党组)研究讨论后,再由董事会或者经理层作出决定。研究讨论的事项主要包括:

示例8

第三条　党员权利保障应当遵循以下原则:

示例9

我已经宣布:中国力争于2030年前二氧化碳排放达到峰值、2060年前实现碳中和。

示例10

我们认为:只要是对全人类有益的事情,中国就应该义不容辞地做,并且做好。

示例11

抗疫斗争伟大实践再次证明:中国人民所具有的不屈不挠的意志力,是战胜前进道路上一切艰难险阻的力量源泉。

②冒号一般用于需要说明的词语之后。

冒号一般用于需要说明的词语(如"主送机关名称""抄送""主送"等)之后,表示注释或者说明的停顿。

示例1

各省、自治区、直辖市人民政府,国务院各部委、各直属机构:(主送机关)

示例2

抄送:自治区党委各部门。

示例3

主送:各省、自治区、直辖市及计划单列市、新疆生产建设兵团工业和信息化主管部门、发展改革委、科技厅、财政厅(局)、环境保护厅、商务厅、人民银行中心支行、工商局、质量技术监督局、知识产权局、银监局、证监局、保监局、国防科技工业主管部门、工商联。

（2）掌握特殊用法。

在公文处理工作尤其是公文写作实践中，冒号的特殊用法主要包括两种。

①冒号一般用于讲话稿等公文主送对象之后。

冒号一般用于讲话稿、演讲词、汇报稿、回信、致辞、致信、贺电、贺词、开幕词、祝酒词等公文主送对象之后，表示停顿。

示例1

同志们，朋友们：

示例2

尊敬的各位国家元首、政府首脑，尊敬的各位国际组织负责人，尊敬的各代表团团长，各位来宾，女士们，先生们，朋友们：

示例3

人民教育出版社的老同志们：

示例4

探月工程任务指挥部并参加嫦娥五号任务的全体同志：

示例5

女士们，先生们，朋友们：

示例6

尊敬的各位国家元首，政府首脑，各位国际组织负责人：

②冒号一般不宜用在句外和段末。

冒号属于句内点号，一般不宜用在句外和段末，句外和段末宜用句末点号。

示例1

经党中央、国务院同意，现将有关事项通知如下。

示例2

为推进人工影响天气工作高质量发展，经国务院同意，现提出以下意见。

示例3

经国务院批准，现将2021年元旦、春节、清明节、劳动节、端午节、中秋节和国庆节放假调休日期的具体安排通知如下。

6.关于叹号的使用

叹号属于句末点号,用以表示句子末尾的停顿和句子的感叹语气,是公文写作中应用较为广泛的标点符号之一。叹号的书写形式为"！"。

从公文处理工作尤其是公文写作实践看,相对逗号、句号、顿号等标点符号的使用数量而言,叹号的使用数量较少,但叹号的作用依然十分重要。不论是在报告、决议、公报等法定文种公文中,还是在汇报稿、讲话稿、贺电、贺词、致辞等非法定文种公文中,叹号在表示感叹语气方面均具有不可替代的作用。以下数量统计范围不包括公文的版头、版记和页码三个部分。

以部分党政机关公文为例,《决胜全面建成小康社会　夺取新时代中国特色社会主义伟大胜利——在中国共产党第十九次全国代表大会上的报告》使用叹号30余个;《中国共产党第十九次全国代表大会关于十八届中央委员会报告的决议》(2017年10月24日中国共产党第十九次全国代表大会通过)使用叹号1个;《中国共产党第十九届中央委员会第五次全体会议公报》(2020年10月29日中国共产党第十九届中央委员会第五次全体会议通过)使用叹号1个;《在全国政协新年茶话会上的讲话》(2020年12月31日)使用叹号9个;《让多边主义的火炬照亮人类前行之路——在世界经济论坛"达沃斯议程"对话会上的特别致辞》(2021年1月25日,北京)使用叹号6个;《构建新发展格局　实现互利共赢——在亚太经合组织工商领导人对话会上的主旨演讲》(2020年11月19日,北京)使用叹号4个;《中共中央总书记、国家主席、中央军委主席习近平代表党中央、国务院和中央军委祝贺探月工程嫦娥五号任务取得圆满成功的贺电》使用叹号3个;《习近平致"奋斗者"号全海深载人潜水器成功完成万米海试并胜利返航的贺信》使用叹号3个;《习近平给人民教育出版社老同志的回信》使用叹号3个;等等。

在公文处理工作尤其是公文写作实践中,部分参与者对标点符号不够重视,导致出现随意标注叹号等不规范情况。这一情况屡见不鲜,在一定程度上影响了公文的表述准确性。为提升叹号使用的规范性和价值性,参与者一般可以从把握基本用法与掌握特殊方法两方面着力。

(1)把握基本用法。

在公文处理工作尤其是公文写作实践中,叹号的基本用法主要涉及一种。叹号一般用于句子末尾,表示感叹语气。

此外,参与者还应把握叹号的编排要求。在横排文稿中,叹号置于相应文字之后，占一个字位置，居左，不出现在一行之首；两个叹号叠用时，占一个字位置；三个叹号叠用时，占两个字位置；叹号和问号连用时，占一个字位置。因较少用到竖排排版情况，故此处不再列述叹号在竖排文稿中的编排要求。

示例1

　　同志们！

示例2

　　向所有关心、支持、参与浦东开发开放的港澳台同胞、海外侨胞和各国人士，表示衷心的感谢！

示例3

　　值此"奋斗者"号全海深载人潜水器成功完成万米海试并胜利返航之际，谨向你们致以热烈的祝贺！向所有致力于深海装备研发、深渊科学研究的科研工作者致以诚挚的问候！

示例4

　　对你们的卓越功勋，祖国和人民将永远铭记！

示例5

　　我们交出了一份人民满意、世界瞩目的答卷，中华民族伟大复兴向前迈出了新的一大步！

示例6

　　让我们携起手来，风雨同舟、守望相助，坚持开放合作，畅通内外循环，共创共享亚太和世界更加美好的未来！

示例7

　　让我们携起手来，让多边主义火炬照亮人类前行之路，向着构建人类命运共同体不断迈进！

示例8

　　我国工人阶级和广大劳动群众要更加紧密地团结在党中央周围，勤于创造、勇于奋斗，努力在全面建设社会主义现代化国家新征程上创造新的时代辉煌、铸就新的历史伟业！

（2）掌握特殊用法。

叹号的特殊用法主要涉及一种。叹号可以叠用且最多叠用三个，其书写形式分别为"！！"和"！！！"。叹号也可以与问号并用，其书写形式为"？！"或者"！？"。从公文处理工作尤其是公文写作实践看，上述特殊用法很少使用，故此处不再展开阐释。

7. 关于括号的使用

括号属于标号，用以标示注释内容、补充说明或其他特定意义的语句，是公文写作中应用较为广泛的标点符号之一。从类别看，括号可以细分为圆括号、六角括号、方括号、方头括号，其对应的书写形式依次为"（）""〔〕""［］""【】"；从位置看，括号可以细分为句内括号和句外括号。

从公文处理工作尤其是公文写作实践看，使用括号不仅是提高公文表达准确性的重要支撑，而且是提高公文格式要素规范性的基本要求。相对逗号、句号、顿号等标点符号的使用数量而言，括号的使用数量不算多，但括号的作用依然十分重要。以下数量统计范围不包括公文的版头、版记和页码三个部分。

以部分党政机关公文为例，比如《决胜全面建成小康社会　夺取新时代中国特色社会主义伟大胜利——在中国共产党第十九次全国代表大会上的报告》（2017年10月18日）使用圆括号50余个；《中国共产党第十九届中央委员会第五次全体会议公报》（2020年10月29日中国共产党第十九届中央委员会第五次全体会议通过）使用圆括号2个；《中华人民共和国国务院令》（第734号）使用圆括号5个；《国务院关于深入开展爱国卫生运动的意见》（国发〔2020〕15号）使用圆括号和六角括号近30个；《国务院办公厅关于印发全国深化"放管服"改革优化营商环境电视电话会议重点任务分工方案的通知》（国办发〔2020〕43号）使用圆括号和六角括号共计130余个；《应急管理部办公厅关于开展陆上石油天然气开采安全生产专项执法行动的通报》（应急厅函〔2020〕27号）使用圆括号和六角括号共计19个；《国务院关于同意设立江西内陆开放型经济试验区的批复》（国函〔2020〕36号）使用圆括号和六角括号共计3个；《国务院办公厅关于同意建立青少年体育工作部际联席会议制度的函》（国办函〔2020〕122号）使用圆括号和六角括号共计5个；等等。

在公文处理工作尤其是公文写作实践中，部分参与者对标点符号不够重视，导致出现在标示注释内容或补充内容是使用方头括号、在标示序次语时使用方括号、在标示内容出处时使用六角括号、在发文字号外使用方头括号、套用同一形式的括号、句内括号未紧跟被注释的词语、句末括号置于句末点号之前等不规范情况。这一情况屡见不鲜,在一定程度上影响了公文的表述准确性。为提升括号使用的规范性和价值性,参与者一般可以从把握基本用法和掌握特殊用法两个方面着力。

(1)把握基本用法。

在公文处理工作尤其是公文写作实践中,括号的基本用法主要包括三种。

此外,参与者还应把握括号的编排要求。在横排文稿中,括号的两个组成部分置于所括内容的两端,各占一个字位置,其前一半不出现在一行之末,其后一半不出现在一行之首。因较少用到竖排排版情况,故此处不再列述括号在竖排文稿中的编排要求。

①当标示注释内容、补充说明、引文出处、序次语等时。

当标示注释内容、补充说明、引文出处、序次语等时,一般应使用圆括号。

示例1

鼓励"光储充放"(分布式光伏发电—储能系统—充放电)多功能综合一体站建设。

示例2

建筑区划红线内供水(含二次加压调蓄)设施依法依规移交给供水企业管理的,其运行维护、修理更新等费用计入供水成本。

示例3

制定健康村镇、健康社区、健康单位(企业)、健康学校、健康家庭等健康细胞建设标准,引导和规范各地健康细胞建设。

示例4

按照《应急管理部办公厅关于开展钢铁、铝加工行业安全生产执法抽查工作的通知》(应急厅函〔2019〕548号,以下简称《通知》)安排,2019年11月下旬至12月中旬,应急管理部组成9个执法抽查组,对河北、山西、内蒙古、辽宁、浙江、江西、山东、河南、广东9个省(区)钢铁、铝加工行业开展安全生产执法抽查工作。

示例5

(三)中国人民银行根据本决定制定设立金融控股公司条件、程序的实施细则,并组织实施监督管理,可以采取相关审慎性监督管理措施。

②当标示发文字号中的发文年份时。

当标示发文字号中的发文年份时，应使用六角括号。

示例

国办发明电〔2021〕2号、国发〔2020〕18号、发改基础〔2021〕31号等

③当套用括号时。

当套用括号时，一般采用不同形式的括号配合使用。

示例

［该部分内容引自《×××关于××××××的意见》（×××〔2021〕××号）］

（2）掌握特殊用法。

在公文处理工作尤其是公文写作实践中，括号的特殊用法主要包括五种。

①关于句内括号使用。

句内括号应紧跟在被注释的词语之后。

示例

31个省（自治区、直辖市）和外交部等44个国务院部门均按季度对本地区、本部门政府网站和政务新媒体开展抽查巡查，并向社会公开抽查结果。

②关于括号内标点符号使用。

除需要使用问号、叹号和省略号外，括号所括内容末尾一般不用标点符号。

示例1

重点评价职业学校（含技工院校，下同）德技并修、产教融合、校企合作、育训结合、学生获取职业资格或职业技能等级证书、毕业生就业质量、"双师型"教师（含技工院校"一体化"教师，下同）队伍建设等情况，扩大行业企业参与评价，引导培养高素质劳动者和技术技能人才。

示例2

探索建立过往资历认可机制，允许具有境外职业资格的金融、建筑设计、规划等领域符合条件的专业人才经备案后，可依规办理工作居留证件，并在北京市行政区域内服务，其境外从业经历可视同境内从业经历（金融领域有法律法规考试等特殊要求的，须通过相关考试并符合要求的条件）。

③关于句内括号外标点符号使用。

句内括号外是否使用标点符号一般是由括号所处位置决定的。

示例1

任何部门（单位）不得强制要求金融机构、信用服务机构、行业协会商会、新闻媒体等惩戒失信主体。

示例2

围绕全球资源配置、科技创新策源、高端产业引领、开放枢纽门户四大功能，首批选择31个行业纳入"一业一证"改革试点（见附表1），配套将国务院部门负责实施的25项行政许可等事项委托上海市浦东新区承担受理和发证工作（见附表2）。

④关于句外括号使用。

句外括号应置于句末点号之后，且其后一般不用点号。

示例

总结推广疫情防控中服务企业的经验做法，将行之有效、市场主体认可的做法规范化、制度化。及时清理取消不合时宜的管控措施和临时性审批事项。（各地区、各部门负责）

⑤附注部分括号使用。

当公文需要标注附注时，附注内容应使用圆括号进行标示。

示例

（此件公开发布）

8.关于引号的使用

引号属于标号，用以标示直接引用或者需要特别指出的内容，是公文写作中应用较为广泛的标点符号之一。从类别看，引号可以细分为双引号和单引号，其对应的书写形式分别为""和''；从位置看，引号可以细分为前引号和后引号，其对应的书写形式分别为"、'和"、'。

从公文处理工作尤其是公文写作实践看，使用引号不仅是提高公文表达准确性的重要支撑，而且是提高公文格式要素规范性的基本要求。相对逗号、句号、顿号等标点符号的使用数量而言，引号的使用数量不算多，但引号的作用依然十分重要。以下数量统计范围不包括公文的版头、版记和页码三个部分。

以部分党政机关公文为例，《决胜全面建成小康社会　夺取新时代中国特色社会主义伟大胜利——在中国共产党第十九次全国代表大会上的报告》（2017年10月18日）使用引号50余个；《中国共产党第十九次全国代表大会关于十八届中央委员会报告的决议》(2017年10月24日中国共产党第十九次全国代表大会通过)使用引号9个;《中华人民共和国国家发展和改革委员会中华人民共和国财政部令》(第35号)使用引号4个;《中国共产党第十九届中央委员会第五次全体会议公报》(2020年10月29日中国共产党第十九届中央委员会第五次全体会议通过)使用引号17个;《自然资源部关于第二批绿色勘查示范项目的公告》(2021年 第5号)使用引号1个;《市场监管总局关于2020年度法定计量检定机构专项监督检查情况的通告》(2021年 第1号)使用引号1个;《国务院关于深入开展爱国卫生运动的意见》(国发〔2020〕15号)使用引号5个;《国务院应对新型冠状病毒感染肺炎疫情联防联控机制关于进一步做好当前新冠肺炎疫情防控工作的通知》(国办发明电〔2021〕1号)使用引号15个;《应急管理部办公厅关于开展钢铁、铝加工行业安全生产执法抽查工作情况的通报》(应急厅函〔2020〕19号)使用引号10余个;《国务院关于中新广州知识城总体发展规划(2020—2035年)的批复》(国函〔2020〕119号)使用引号2个;《让多边主义的火炬照亮人类前行之路——在世界经济论坛"达沃斯议程"对话会上的特别致辞》(2021年1月25日,北京)使用引号7个;《二〇二一年新年贺词》(中华人民共和国主席习近平)使用引号10余个;等等。

在公文处理工作尤其是公文写作实践中,部分参与者对标点符号不够重视,导致出现叠用双引号、叠用单引号、在未使用双引号情况下直接使用单引号、使用引号表示作品名称、在引用两段(含)以上内容时每段(第一段除外)段首都未使用前引号、在引用两段(含)以上内容时每段(最后一段除外)段尾使用后引号等不规范情况。这些不规范情况屡见不鲜,在一定程度上影响了公文的表述准确性。为提升引号使用的规范性和价值性,参与者一般可以从把握基本用法和掌握特殊用法两个方面着力。

(1)把握基本用法。

在公文处理工作尤其是公文写作实践中,引号的基本用法主要包括三种。

此外,参与者还应把握引号的编排要求。在横排文稿中,引号的两个组成部分置于所括内容的两端,各占一个字位置,其前一半不出现在一行之末,其后一半不出现在一行之首。因较少用到竖排排版情况,故此处不再列述引号在竖排文稿中的编排要求。

①标识直接引用的内容。

引号一般用于标识直接引用的内容。

示例1

中国古人讲:"法者,治之端也。"

示例2

"天不言而四时行,地不语而百物生。"

示例3

"这是最好的时代,也是最坏的时代",英国文学家狄更斯曾这样描述工业革命发生后的世界。

示例4

"守初心、担使命,找差距、抓落实"是一个相互联系的整体,要全面把握,贯穿主题教育全过程。

②标示需要突出或者强调的内容。

引号一般用于标示需要突出或者强调的内容。

示例1

要把"改"字贯穿始终,立查立改、即知即改,能够当下改的,明确时限和要求,按期整改到位;一时解决不了的,要盯住不放,通过不断深化认识、增强自觉,明确阶段目标,持续整改。

示例2

我们坚持目标导向和问题导向相结合,既从顶层设计上谋划党的建设布局,又从举措方法上聚焦解决突出问题,打出一套当下"改"、长久"立"的组合拳。

示例3

我们今天讲的"德",第一位的是政治品德。

③标示具有特殊含义的内容。

引号一般用于标示具有特殊含义的内容,在公文写作中主要指简称、别称、代称等。

示例1

五年来,我们统筹推进"五位一体"总体布局、协调推进"四个全面"战略布局,"十二五"规划胜利完成,"十三五"规划顺利实施,党和国家事业全面开创新局面。

实现"十四五"规划和二〇三五年远景目标，意义重大，任务艰巨，前景光明。

从十九大到二十大，是"两个一百年"奋斗目标的历史交汇期。

示例2

贯彻党把方向、谋大局、定政策、促改革的要求，推动全党深入学习贯彻习近平新时代中国特色社会主义思想，增强"四个意识"、坚定"四个自信"、做到"两个维护"，完善上下贯通、执行有力的组织体系，确保党中央决策部署有效落实。

坚持和完善人民代表大会制度，加强人大对"一府一委两院"的监督，保障人民依法通过各种途径和形式管理国家事务、管理经济文化事业、管理社会事务。

全面准确贯彻"一国两制""港人治港""澳人治澳"、高度自治的方针，坚持依法治港治澳，维护宪法和基本法确定的特别行政区宪制秩序，落实中央对特别行政区全面管治权，落实特别行政区维护国家安全的法律制度和执行机制，维护国家主权、安全、发展利益和特别行政区社会大局稳定。

示例3

以疏解北京非首都功能为"牛鼻子"推动京津冀协同发展，高起点规划、高标准建设雄安新区。

我们向深度贫困堡垒发起总攻，啃下了最难啃的"硬骨头"。

坚持反腐败无禁区、全覆盖、零容忍，坚定不移"打虎""拍蝇""猎狐"，不敢腐的目标初步实现，不能腐的笼子越扎越牢，不想腐的堤坝正在构筑，反腐败斗争压倒性态势已经形成并巩固发展。

（2）掌握特殊用法。

在公文处理工作尤其是公文写作实践中，引号的特殊用法主要包括三种。

①关于引号叠用。

在引号叠用时，外层的使用双引号，内层的使用单引号。

示例

总书记深刻指出："要把原始创新能力提升摆在更加突出的位置，努力实现更多'从0到1'的突破。"

②关于引用特定内容时引号使用。

当引用公文、活动、诗歌、图书等作品的主题而非标题，发明专利、设施设备、机械装备等实物名称，或者引用精神内涵、特色特点时，应使用引号进行标示。

示例1

在这个重要时间节点开展"不忘初心、牢记使命"主题教育，其特别意义在于，无论我们走得多远，都不能忘记来时的路。

示例2

加强军队党的建设，开展"传承红色基因、担当强军重任"主题教育，推进军人荣誉体系建设，培养有灵魂、有本事、有血性、有品德的新时代革命军人，永葆人民军队性质、宗旨、本色。

示例3

"天问一号""嫦娥五号""奋斗者"号等科学探测实现重大突破。

示例4

要防止为调研而调研，防止搞"出发一车子、开会一屋子、发言念稿子"式的调研，防止扎堆调研、"作秀式"调研。

示例5

从"蛟龙"号、"深海勇士"号到今天的"奋斗者"号，你们以严谨科学的态度和自立自强的勇气，践行"严谨求实、团结协作、拼搏奉献、勇攀高峰"的中国载人深潜精神，为科技创新树立了典范。

③关于引用两段（含）以上内容时引号使用。

当引用两段（含）以上内容时，在每段段首使用前引号，只在最后一段段尾使用后引号。因此类用法在公文写作中较为少见，此处不再举例。

9.关于书名号的使用

书名号属于标号，用以标示各种作品的名称，是公文写作中应用较为广泛的标点符号之一。从类别看，书名号可以细分为双书名号和单书名号，其对应的书写形式分别为"《》"和"〈〉"。

从公文处理工作尤其是公文写作实践看，使用书名号不仅是提高公文表达准确性的重要支撑，而且是提高公文格式要素规范性的基本要求。相对逗号、句号、顿号等标点符号的使用数量而言，书名号的使用数量不算多，但书名号的作用依然十分重要。以下数量统计范围不包括公文的版头、版记和页码三个部分。

以部分党政机关公文为例,《中华人民共和国国务院令》(第 734 号)使用书名号 2 个;《中国共产党第十九届中央委员会第五次全体会议公报》(2020 年 10 月 29 日中国共产党第十九届中央委员会第五次全体会议通过)使用书名号 2 个;《国家外汇管理局公告》(2020 年第 2 号)使用书名号 10 余个;《邮政局　公安部　安全部关于发布〈禁止寄递物品管理规定〉的通告》(国邮发〔2016〕107 号)使用书名号 10 余个;《司法部 财政部关于建立健全政府购买法律服务机制的意见》(司发通〔2020〕72 号)使用书名号 5 个;《文化和旅游部关于进一步优化营商环境推动互联网上网服务行业规范发展的通知》(文旅市场发〔2020〕86 号)使用书名号 10 余个;《国务院关于上海市浦东新区开展"一业一证"改革试点大幅降低行业准入成本总体方案的批复》(国函〔2020〕155 号)使用书名号 5 个;《让多边主义的火炬照亮人类前行之路——在世界经济论坛"达沃斯议程"对话会上的特别致辞》(2021 年 1 月 25 日,北京)使用书名号 1 个;《继往开来,开启全球应对气候变化新征程——在气候雄心峰会上的讲话》(2020 年 12 月 12 日,北京)使用书名号 6 个;《习近平给复旦大学〈共产党宣言〉展示馆党员志愿服务队全体队员的回信》使用书名号 2 个;等等。

在公文处理工作尤其是公文写作实践中,部分参与者对标点符号不够重视,导致出现叠用双书名号、叠用单书名号、在未使用双书名号情况下直接使用单书名号、使用书名号标示不属于作品名称的内容、未将括注等属于作品名称的内容放在书名号之内等不规范情况。这些不规范情况屡见不鲜,在一定程度上影响了公文的表述准确性。为提升书名号使用的规范性和价值性,参与者一般可以从把握基本用法和掌握特殊用法两个方面着力。

(1)把握基本用法。

在公文处理工作尤其是公文写作实践中,书名号的基本用法主要包括两种。

此外,参与者还应把握书名号的编排要求。在横排文稿中,书名号的两个组成部分置于所括内容的两端,各占一个字位置,其前一半不出现在一行之末,其后一半不出现在一行之首。因较少用到竖排排版情况,故此处不再列述书名号在竖排文稿中的编排要求。

①用于标示公文等名称。

书名号一般用于标示公文、书籍、刊物、报纸等的名称。

示例1

为深入实施健康中国战略,推进健康陕西行动,根据《国务院关于实施健康中国行动的意见》(国发〔2019〕13号)和《中共陕西省委陕西省人民政府关于印发〈"健康陕2030"规划纲要〉的通知》(陕发〔2017〕16号)精神，现提出以下实施意见。

示例2

为进一步推动中央经济工作会议部署和《政府工作报告》提出的目标任务落到实处，国务院部署开展了第七次大督查。

示例3

《外商投资安全审查办法》已经2020年11月27日国家发展和改革委员会第13次委务会议审议通过，并经国务院批准，现予公布，自2021年1月18日起施行。

示例4

施瓦布先生在《第四次工业革命》一书中写道，第四次工业革命将产生极其广泛而深远的影响，包括会加剧不平等，特别是有可能扩大资本回报和劳动力回报的差距。

示例5

制定思政课教师发表文章的重点报刊目录，将《人民日报》《求是》《解放军报》《光明日报》《经济日报》等中央媒体及地方党报党刊列入其中。

②用于标示文学艺术作品名称。

书名号一般用于标示文学艺术作品的名称，比如小说、诗歌、散文、电影、电视、音乐等的名称。

示例1

曹雪芹如果没对当时的社会生活做过全景式的观察和显微镜式的剖析，就不可能完成《红楼梦》这种百科全书式巨著的写作。

示例2

《古诗源》收集的反映远古狩猎活动的《弹歌》，《诗经》中反映农夫艰辛劳作的《七月》、反映士兵征战生活的《采薇》、反映青年爱情生活的《关雎》，探索宇宙奥秘的《天问》，反映游牧生活的《敕勒歌》，歌颂女性英姿的《木兰诗》等，都是从人民生活中产生的。

示例3

世界上最早的文学作品《吉尔伽美什》史诗，反映了两河流域上古人民探求自然规律和生死奥秘的心境和情感。

（2）掌握特殊用法。

在公文处理工作尤其是公文写作实践中，书名号的特殊用法主要包括两种。

①关于书名号叠用。

当在书名号叠用时，外层的使用双书名号，内层的使用单书名号。

示例1

《财政部关于修改〈财政票据管理办法〉的决定》已经2020年11月26日第二次部务会议审议通过，现予公布，自2021年1月1日起施行。

示例2

《国家外汇管理局关于发布〈国家外汇管理局行政复议程序〉的通知》（汇发〔2002〕80号）同时废止。

示例3

你们《关于报请审批〈首都功能核心区控制性详细规划（街区层面）(2018—2035年)〉的请示》收悉。

②关于作品名称中含有括注等内容时书名号使用。

当作品名称中含有括注、标点符号等内容时，应将括注、标点符号等内容放在书名号之内。

示例1

同意《首都功能核心区控制性详细规划（街区层面）(2018—2035年)》（以下简称《核心区控规》）。

示例2

国家发展改革委、交通运输部、国家铁路局、中国国家铁路集团有限公司《关于推动都市圈市域（郊）铁路加快发展的意见》已经国务院同意，现转发给你们，请认真贯彻落实。

示例3

《新能源汽车产业发展规划（2021—2035年）》已经国务院同意，现印发给你们，请认真贯彻执行。

10.关于破折号的使用

破折号属于标号，既可以用以标示对内容进行的注释或补充说明，也可以用以标示语音、语义的变化，是公文写作中应用较为广泛的标点符号之一，其对应的书写形式分别为"——"。

从公文处理工作尤其是公文写作实践看，使用破折号不仅是提高公文表达准确性的重要支撑，而且是提高公文格式要素规范性的基本要求。相对逗号、句号、顿号等标点符号的使用数量而言，破折号的使用数量不算多，但破折号的作用依然十分重要。以下数量统计范围不包括公文的版头、版记和页码三个部分。

以部分党政机关公文为例，《决胜全面建成小康社会　夺取新时代中国特色社会主义伟大胜利——在中国共产党第十九次全国代表大会上的报告》（2017年10月18日）使用破折号1个；《中共中央 国务院关于支持深圳建设中国特色社会主义先行示范区的意见》（2019年8月9日）使用破折号5个；《国务院办公厅转发国家发展改革委等部门关于清理规范城镇供水供电供气供暖行业收费促进行业高质量发展意见的通知》（国办函〔2020〕129号）使用破折号4个；《国务院关于上海市浦东新区开展"一业一证"改革试点大幅降低行业准入成本总体方案的批复》（国函〔2020〕155号）使用破折号4个；《让多边主义的火炬照亮人类前行之路——在世界经济论坛"达沃斯议程"对话会上的特别致辞》（2021年1月25日，北京）使用破折号10余个；《构建新发展格局 实现互利共赢——在亚太经合组织工商领导人对话会上的主旨演讲》（2020年11月19日，北京）使用破折号4个；《继往开来，开启全球应对气候变化新征程——在气候雄心峰会上的讲话》（2020年12月12日，北京）使用破折号1个；等等。

在公文处理工作尤其是公文写作实践中，部分参与者对标点符号不够重视，导致出现用一条一字线代替破折号、并用两条一字线代替破折号、破折号中间断开分处上行之末和下行之首等不规范情况。这些不规范情况屡见不鲜，在一定程度上影响了公文的表述准确性。为提升破折号使用的规范性和价值性，参与者一般可以从把握基本用法和掌握特殊用法两个方面着力。

（1）把握基本用法。

在公文处理工作尤其是公文写作实践中，破折号的基本用法主要包括三种。

此外，参与者还应把握破折号的编排要求。在横排文稿中，破折号标注在相应两部分内容之间，占两个字位置，上下居中，不能中间断开分处上行之末和下行之首。因较少用到竖排排版情况，故此处不再列述破折号在竖排文稿中的编排要求。

①用于两部分内容之间且这两部分内容之间不存在其他标点符号。

破折号一般用于两部分内容之间且这两部分内容之间不存在其他标点符号，标示对前面内容的注释或补充说明。在公文处理工作实践中，常见破折号用于公文副标题之前。

示例1

《决胜全面建成小康社会　夺取新时代中国特色社会主义伟大胜利——在中国共产党第十九次全国代表大会上的报告》(2017年10月18日)

示例2

《让多边主义的火炬照亮人类前行之路——在世界经济论坛"达沃斯议程"对话会上的特别致辞》(2021年1月25日，北京)

示例3

《构建新发展格局　实现互利共赢——在亚太经合组织工商领导人对话会上的主旨演讲》(2020年11月19日，北京)

②两部分(含)以上内容之间且各部分内容之间存在其他标点符号。

破折号一般用于两部分(含)以上内容之间且各部分内容之间存在其他标点符号，标示对第一部分内容的注释或补充说明。

示例

　　崇尚英雄才会产生英雄，争做英雄才能英雄辈出。党和国家历来高度重视对英雄模范的表彰。今天我们以最高规格褒奖英雄模范，就是要弘扬他们身上展现的忠诚、执着、朴实的鲜明品格。

　　——忠诚，就是英雄模范们都对党和人民事业矢志不渝、百折不挠，坚守一心为民的理想信念，坚守为中国人民谋幸福、为中华民族谋复兴的初心使命，用一生的努力谱写了感天动地的英雄壮歌。

　　——执着，就是英雄模范们都在党和人民最需要的地方冲锋陷阵、顽强拼搏，几十年如一日埋头苦干，为国为民奉献的志向坚定不移，对事业的坚守无怨无悔，为民族复兴拼搏奋斗的赤子之心始终不改。

　　——朴实，就是英雄模范们都在平凡的工作岗位上忘我工作、无私奉献，不计个人得失，舍小家顾大家，具有功成不必在我、功成必定有我的崇高精神，其中很多同志都是做隐姓埋名人、干惊天动地事的典型，展现了一种伟大的无我境界。

③用于公文正文部分各层标题与其对应内容之间。

破折号一般用于公文正文部分各层标题与其对应内容之间，标示对标题内容的注释或补充说明。

示例

  2. 战略定位

  ——高质量发展高地。深化供给侧结构性改革，实施创新驱动发展战略，建设现代化经济体系，在构建高质量发展的体制机制上走在全国前列。

  ——法治城市示范。全面提升法治建设水平，用法治规范政府和市场边界，营造稳定公平透明、可预期的国际一流法治化营商环境。

  ——城市文明典范。践行社会主义核心价值观，构建高水平的公共文化服务体系和现代文化产业体系，成为新时代举旗帜、聚民心、育新人、兴文化、展形象的引领者。

  ——民生幸福标杆。构建优质均衡的公共服务体系，建成全覆盖可持续的社会保障体系，实现幼有善育、学有优教、劳有厚得、病有良医、老有颐养、住有宜居、弱有众扶。

  ——可持续发展先锋。牢固树立和践行绿水青山就是金山银山的理念，打造安全高效的生产空间、舒适宜居的生活空间、碧水蓝天的生态空间，在美丽湾区建设中走在前列，为落实联合国2030年可持续发展议程提供中国经验。

  （2）掌握特殊用法。

  这里所说的特殊用法主要是指破折号被用以标识较为重要的注释或补充说明，且这种注释或补充说明一般具有较强必要性和不可省略性。一旦省略这种注释或者补充说明，就会对公文表意的准确性和完整性产生直接影响。在这一点上，破折号与括号存在较为明显的区别，在公文处理工作尤其是公文写作实践中，参与者注意区分和把握。

示例1

  2. 基本原则。

  ——坚持权责对等。

  ——坚持清费顺价。

  ——坚持标本兼治。

  ——坚持稳步推进。

示例2

  支持通过政府和社会资本合作（PPP）、混合经营等方式，引导社会资本有序进入，增加市场供给。

11.关于连接号的使用

连接号属于标号,用以标示相互关联内容之间的连接,是公文写作中应用较为广泛的标点符号之一。从类别看,连接号可以细分为短横线、一字线和浪纹线,其对应的书写形式分别为"-""—"和"～"。

从公文处理工作尤其是公文写作实践看,使用连接号不仅是提高公文表达准确性的重要支撑,而且是提高公文格式要素规范性的基本要求。相对逗号、句号、顿号等标点符号的使用数量而言,连接号的使用数量不算多,但连接号的作用依然十分重要。

以部分党政机关公文为例,《国务院应对新型冠状病毒感染肺炎疫情联防联控机制关于进一步做好当前新冠肺炎疫情防控工作的通知》(国办发明电〔2021〕1号)使用连接号1个;《国家发展改革委关于新建雄安新区至忻州高速铁路可行性研究报告的批复》(发改基础〔2020〕1965号)使用连接号6个;《自然资源部关于第二批绿色勘查示范项目的公告》(2021年第5号)使用连接号1个;《北京市人民政府 中国民用航空华北地区管理局关于公布北京大兴国际机场和空军南苑新机场净空保护区的通告》(京政发〔2019〕12号)使用连接号6个;《国家发展改革委办公厅关于同意调整抚州高新区发展投资集团有限公司债券发行要素的函》(发改办财金〔2021〕12号)使用连接号1个;等等。

在公文处理工作尤其是公文写作实践中,部分参与者对标点符号不够重视,导致出现使用一字线连接号码、使用浪纹线连接用阿拉伯数字形式的年月日、使用短横线标示数值范围的起止、叠用短横线、并用短横线代替一字线、并用一字线代替破折号等不规范情况。这些不规范情况屡见不鲜,在一定程度上影响了公文的表述准确性。为提升连接号使用的规范性和价值性,参与者一般可以从基本用法和掌握特殊用法两个方面着力。

(1)把握基本用法。

在公文处理工作尤其是公文写作实践中,连接号的基本用法主要包括三种。

此外,在公文写作实践中,还应把握连接号的编排要求。在横排文稿中,连接号中的短横线比汉字"一"略短,占半个字位置;一字线比汉字"一"略长,占一个字位置;浪纹线占一个字位置。连接号上下居中,不出现在一行之首。因较少用到竖排排版情况,故此处不再列述连接号在竖排文稿中的编排要求。

①用于标示号码等。

短横线一般用于标示号码、编号、型号、英文代号等,起到连接作用。

示例1

联系人：李××，010-6853××××；姜××，010-6850×××

示例2

为贯彻落实京津冀协同发展战略，完善高速铁路骨干网络，服务雄安新区建设，带动沿线经济社会发展，同意新建雄安新区至忻州高速铁路（项目代码：2019-000052-48-01-002639）。

示例3

列车运行控制方式：CTCS-3 列控系统。

示例4

推进新一代无线通信网络建设，加快基于蜂窝通信技术的车辆与车外其他设备间的无线通信（C-V2X）标准制定和技术升级。

②用于标示用阿拉伯数字表示的年月日。

短横线一般用于标示用阿拉伯数字表示的年月日，起到连接作用。在公文写作中较少采用短横线表示用阿拉伯数字表示的年月日，故该处不再举例。

③用于标示数值范围等。

一字线或浪纹线一般用于标示数值范围、时间起止、地域起止等，起到连接作用。

示例1

派出的机动检测队伍检测能力按照以下目标确定，实现5～7天基本完成全员核酸检测工作：检测人数在500万以下的，日检测量通过混样检测达到50万～100万人份；检测人数在500万至1000万的，达到100万～150万人份；检测人数在1000万以上的，达到150万人份以上。

示例2

按照《国务院办公厅秘书局关于印发政府网站与政务新媒体检查指标、监管工作年度考核指标的通知》要求，2020年7—10月，国务院办公厅政府信息与政务公开办公室对各地区、各部门政府网站和政务新媒体及相关监管工作进行了检查。

示例3

以皖西大别山区和皖南—浙西—浙南山区为重点，共筑长三角绿色生态屏障。

（2）掌握特殊用法。

在公文处理工作尤其是公文写作实践中，连接号的特殊用法主要包括两种。

①用于标示时间起止、数值范围。

当使用一字线或者浪纹线标示时间起止、数值范围时，在不引起歧义的情况下，一般可以省略前一数值附加的计量单位。

示例1

国务院原则同意《太行山旅游业发展规划（2020—2035年）》（以下简称《规划》），请认真组织实施。

示例2

常住人口500万以上的城市，通过统筹省内资源和国家支持，具备在3～5天内完成全员检测的能力。

②用于标示存在逻辑关系的内容等。

一字线可以用于标示存在逻辑关系的内容等，起到连接作用。

示例1

鼓励"光储充放"（分布式光伏发电—储能系统—充放电）多功能综合一体站建设。

示例2

《办法》及推荐所需相关表格可在交通运输部政府网站—机构—人事教育司—资料下载栏目中下载。

四、数字、外文字符和计量单位

（一）基本概念

1. 数字

作为公文写作的基本要素，数字是表示数目的文字或符号，是一种具有特定功用的辅助性符号，一般包括汉字数字和阿拉伯数字。

汉字数字还可以进行细分为小写形式和大写形式，其小写形式包括"一""二""三""四""五""六""七""八""九""十"等，其大写形式包括

"壹""贰""叁""肆""伍""陆""柒""捌""玖""拾"等。

阿拉伯数字包括"1""2""3""4""5""6""7""8""9""10"等。

2. 外文字符

作为公文写作的辅助性要素，外文字符一般是指外国语言文字中的字母、数字和各种符号的统称。

外文字符具体包括"A""B""C""D""E""F""G"等，"one""two""three""four""five""six""seven"等，以及"GDP""CPI""DNA""Pa""Hz""kW"等。

3. 计量单位

作为公文写作的辅助性要素，计量单位一般是指为定量表示同种量的大小而约定的定义和采用的特定量，具有根据约定赋予的名称和符号。

计量单位具体包括秒（s）、时（h）、天（d）、毫米（mm）、厘米（cm）、米（m）、平方米（m^2）、立方米（m^3）、千米（km）、平方千米（平方公里，km^2）、克（g）、千克（kg）、毫升（ml）、升（L）等。

（二）基本规范

1. 党内法规

作为党内法规，《条例》对公文使用的标点符号作出明确要求，相关重点条款如下。

《条例》第十一条规定：

公文使用的汉字、数字、外文字符、计量单位和标点符号等，按照有关国家标准和规定执行。

2. 国家标准

（1）《格式》关于"规范性引用文件"部分规定。

下列文件对于本标准的应用是必不可少的。凡是注日期的引用文件，仅所注日期的版本适用于本标准。凡是不注日期的引用文件，其最新版本（包括所有的修改单）适用于本标准。

GB/T 148 印刷、书写和绘图纸幅面尺寸

GB/T 3100 国际单位制及其应用

GB/T 3101 有关量、单位和符号的一般原则

GB/T 3102（所有部分）量和单位

GB/T 15834 标点符号用法

GB/T 15835 出版物上数字用法

（2）《格式》关于"公文中计量单位、标点符号和数字的用法"部分规定。

公文中计量单位的用法应当符合 GB 3100、GB 3101 和 GB 3102（所有部分），标点符号的用法应当符合 GB/T 15834，数字的用法应当符合 GB/T 15835。

3. 现行国家标准

（1）《出版物上数字用法》（GB/T 15835—2011）。

尽管《出版物上数字用法》（GB/T 15835—2011）是推荐性国标，但因其被纳入《条例》和《格式》，尤其是《条例》的相关要求当中，也就具有了一定的强制性。

（2）《国际单位制及其应用》（GB 3100—93）。

《国际单位制及其应用》（GB 3100—93）本身就具有强制性。

（三）常见问题

在公文处理工作尤其是公文写作实践中，部分参与者不重视、不了解、不掌握上述概念和规定规范，导致在数字、外文字符以及计量单位使用方面出现诸多不规范情况。比如：使用汉字数字标注公文的保密期限、使用汉字数字标注公文的发文字号、使用汉字数字标注公文的附件顺序号、使用汉字数字标注公文的成文日期、使用汉字数字标注公文的印发日期、使用汉字数字标注已定型的包含阿拉伯数字的词语、使用汉字数字与计量单位配合进行计量、使用汉字数字进行编号、使用阿拉伯数字标注非公历纪年、使用阿拉伯数字标注数字连用形成的概数、使用阿拉伯数字标注已定型的包含汉字数字的词语、外文字符大小写混淆、自造外文字符、在两个数值区间省略元等计量单位、计量单位大小写混淆、使用非法定计量单位等。

（四）实践把握

慎易以避难，敬细以远大。一方面，数字、外文字符和计量单位的使用，不仅影响公文写作的规范性，而且影响公文写作的准确性；同时，数字、外文字符和计量单位的标准规范相对简单明确，学好、用好这些标准规范也是提升公文写作质量的重要切入点。另一方面，在数字、外文字符和计量单位等要素中，数字使用范围和频率相对较高。但相对词语、标点而言，数字、外文字符和计量单位使用范围相对有限、使用频率相对较低。

在公文处理工作尤其是公文写作实践中，参与者应高度重视数字、外文字符和计量单位的作用价值，按照相关标准规范准确使用数字、外文字符和计量单位，切实防止"因小失大"，出现仅重视词语使用和标点符号使用，而忽视数字、外文字符和计量单位使用的情况。从数字、外文字符以及计量单位使用实践看，为做好数字使用规范化工作，进一步提升数字、外文字符和计量单位使用的规范性和价值性，参与者应以相关标准规范为依据，以数字使用为突破和重点，从汉字数字使用和阿拉伯数字使用两个方面着力。相对数字使用而言，外文字符和计量单位使用相对简单，参与者对照标准要求即可，故此处不再对外文字符和计量单位的实践把握展开阐释，而将阐释重点放在数字使用上。

1. 在汉字数字使用方面

汉字数字是数字的主要类型之一，在公文处理工作尤其是公文写作实践中应用十分广泛。汉字数字基本要素一般包括小写形式基本要素和大写形式基本要素，小写形式基本要素具体包括"零（〇）""一""二""三""四""五""六""七""八""九""十"等，大写形式基本要素具体包括"零""壹""贰""叁""肆""伍""陆""柒""捌""玖""拾""佰""仟"等。以下数量统计范围不包括公文的版头、版记和页码三个部分。

以部分党政机关公文为例，《决胜全面建成小康社会 夺取新时代中国特色社会主义伟大胜利——在中国共产党第十九次全国代表大会上的报告》共有330余处使用了汉字数字；《中国共产党第十九次全国代表大会关于十八届中央委员会报告的决议》（2017年10月24日中国共产党第十九次全国代表大会通过）共有50余处使用了汉字数字；《中国共产党第十九届中央委员会第五次全体会议公报》（2020年10月29日中国共产党第十九届中央委员会第五次全体会议通过）共有60余处使用了汉字数字；《国务院关于实施动产和权利担保统一登记的决定》（国发〔2020〕18号）共有19处使用了汉字数字；《中华人民共和国国务院令》（第736号）共有130余处使用了汉字数字；《工业和信息化部关于公布2020年信息消费示范城市名单的通告》（工信部信发函〔2021〕2号）共有10余处使用了汉字数字；《国务院办公厅关于推进人工影响天气工作高质量发展的意见》（国办发〔2020〕47号）共有30余处使用了汉字数字；《国务院办公厅关于进一步做好困难群众基本生活保障有关工作的通知》国办发明电〔2021〕2号共有17处使用了汉字数字；《国务院关于扩大昆山深化两岸产业合作试验区范围的批复》（国函〔2020〕168号）共有10余处使用了汉字数字；《国务院办公厅关于同意建立青少年体育工作部际联席会议制度的函》（国办函〔2020〕122号）共有4处使用了汉字数字；《继往开来，开启全球应对气候变化新征程——在气候雄心峰会上的讲话》（2020年12月12日，北京）共有10余处使用了汉字数字；等等。

在公文处理工作尤其是公文写作实践中，部分参与者对汉字数字不够重视，导致出现使用汉字数字标注公文的保密期限、使用汉字数字标注公文的发文字号、使用汉字数字标注公文的附件顺序号、使用汉字数字标注公文的成文日期、使用汉字数字标注公文的印发日期、使用汉字数字标注已定型的包含阿拉伯数字的词语、使用汉字数字与计量单位配合进行计量、使用汉字数字进行编号等不规范情况。这些情况屡见不鲜，在一定程度上影响了公文的表述准确性。为提升汉字数字使用的规范性和价值性，参与者一般可以从把握基本用法和掌握特殊用法两个方面着力。

（1）把握基本用法。

在公文处理工作尤其是公文写作实践中，汉字数字的基本用法主要包括三种，分别是用于标示概数、已定型的含汉字数字的词语和非公历纪年。

①用于标示概数。

汉字数字一般用于标示概数。

当使用汉字数字标示由两个数字组成的概数时，两个数字之间不用顿号隔开。

示例1

十几亿　几十亿　三五年　五六车　七八载　三四十圈　八九十人

五千多年　十三亿多人　九百六十多万　一千五百多项

示例2

我们搞社会主义才几十年，还处在初级阶段。巩固和发展社会主义制度，还需要一个很长的历史阶段，需要我们几代人、十几代人，甚至几十代人坚持不懈地努力奋斗，决不能掉以轻心。

②用于标示已定型的含汉字数字的词语中的数字。

汉字数字一般用于标示已定型的含汉字数字的词语中的数字。

当使用汉字数字标示含有月日的专有名词的数字时，如涉及一月、十一月、十二月，一般应使用间隔号将表示月和日的数字隔开，以免产生歧义。

示例1

一个中国　一国两制　一带一路　两个大局　两个维护　两学一做　两个务必

三会一课　三个代表　三严三实　三不机制　三重一大　四个意识　四个自信

四个全面　四个合格　四种危险　四大考验　五位一体　六项纪律　七个有之

八项规定　九二共识　十月革命

两岸一家亲　两个一百年　两个毫不动摇　二十国集团　三大攻坚战

三个区分开来　第四方面军　第二十五军　行百里者半九十

示例2

第一个　第二个　进一步　第一位

第二轮　长三角　珠三角　新一轮

第五次　第十四个五年规划

示例3

一次　十分　一切　一流　一块　一道　一些　一经　一条　一支　一样

一场　一个　一件　一年　一代　六稳　六保　一系列　一致性　一百年

三十年　十五年　三步走　十九大　一个又一个　一二三产业

"十四五"规划　二十一世纪

示例4

七七事变　九一八事变　一二九运动　四一二事变

③用于标示非公元纪年中的数字。

汉字数字一般用于标示非公元纪年中的数字。

当使用汉字数字标示非公元纪年中的数字时，一般不能对汉字数字进行简写，以防止简称后产生歧义。

示例1

二〇二〇年　二〇二七年　二〇三五年

示例2

一九二一年　一九四九年　一九七八年

（2）掌握特殊用法。

在公文处理工作尤其是公文写作实践中，汉字数字的特殊用法主要涉及两种。

①标注第一层次和第二层次序次语中的数字。

当标注第一层次和第二层次序次语中的数字时，一般应使用汉字数字。

示例

一、自2021年1月1日起，在全国范围内实施动产和权利担保统一登记。

二、纳入动产和权利担保统一登记范围的担保类型包括：

（一）生产设备、原材料、半成品、产品抵押；

（二）应收账款质押；

（三）存款单、仓单、提单质押；

（四）融资租赁；

（五）保理；

（六）所有权保留；

（七）其他可以登记的动产和权利担保，但机动车抵押、船舶抵押、航空器抵押、债券质押、基金份额质押、股权质押、知识产权中的财产权质押除外。

②汉字数字"零"或"〇"。

参与者应根据不同使用场景选择使用汉字数字"零"或"〇"。

当用于计量时，一般选择使用"零"；当用于编号时，一般选择使用"〇"。

示例

一千零一千克　公元一〇〇一年

2. 在阿拉伯数字使用方面

阿拉伯数字是数字的主要类型之一，主要包括"0""1""2""3""4""5""6""7""8""9"等基本要素，在公文排版中一般占半个汉字位置。阿拉伯数字在公文处理工作尤其是公文写作实践中应用极为广泛，比如发文字号、成文日期和页码中的数字均为阿拉伯数字。以下数量统计范围不包括公文的版头、版记和页码三个部分。

以部分党政机关公文为例，《国务院关于实施动产和权利担保统一登记的决定》（国发〔2020〕18号）共有8处使用了阿拉伯数字；《中华人民共和国国务院令》（第736号）共有40余处使用了阿拉伯数字；《陕西省人民政府关于禁止在通关河水库工程占地及淹没区范围内新增建设项目和迁入人口的通告》（陕政发〔2019〕20号）共有6处使用了阿拉伯数字；《国务院办公厅关于推动药品集中带量采购工作常态化制度化开展的意见》（国办发〔2021〕2号）共有7处使用了阿拉伯数字；《国务院办公厅关于进一步做好困难群众基本生活保障有关工作的通知》（国办发明电〔2021〕2号）共有6处使用了阿拉伯数字；《国务院安委会办公室关于近期典型事故情况的通报》（安委办明电〔2019〕18号）共有50余处使用了阿拉伯数字；《国务院关于同意设立中国（上海）自由贸易试验区临港新片区的批复》（国函〔2019〕68号）共有18

处使用了阿拉伯数字;《国务院办公厅关于扬州大运河博物馆冠名问题的函》(国办函〔2020〕106号)共有7处使用了阿拉伯数字;《在亚洲基础设施投资银行第五届理事会年会视频会议开幕式上的致辞》(2020年7月28日,北京)共有10余处使用了阿拉伯数字;《在纪念中国人民抗日战争暨世界反法西斯战争胜利70周年大会上的讲话》(2015年9月3日)共有10余处使用了阿拉伯数字;等等。

在公文处理工作尤其是公文写作实践中,部分参与者对阿拉伯数字不够重视,导致出现使用阿拉伯数字标注非公历纪年、使用阿拉伯数字标注数字连用形成的概数、使用阿拉伯数字标注已定型的包含汉字数字的词语等不规范情况。这些情况屡见不鲜,在一定程度上影响了公文的表述准确性。为提升阿拉伯数字使用的规范性和价值性,参与者一般可以从把握基本用法和掌握特殊用法两个方面着力。

(1)把握基本用法。

在公文处理工作尤其是公文写作实践中,阿拉伯数字的基本用法主要包括三种,分别是用于标示计量数值、编号和已定型的含阿拉伯数字的词语。

①用于标示计量数值。

阿拉伯数字一般用于标示计量数值。

当数值形式为多位数(4位数以上,不含4位数)时,一般可以采用"千分撇"和"千分空"两种方式进行呈现。当采用"千分撇"形式时,数值中的整数部分由右至左每三位数字一组,以","分节;如有小数,小数部分不分节。当采用"千分空"形式时,数值中的整数部分由右至左每三位数字一组,以空格分节,空格占四分之一个汉字位置(或二分之一个阿拉伯数字位置,下同);如有小数,小数部分由左至右每三位数字为一组,以空格分节,空格占四分之一个汉字位置。"千分空"形式在公文写作中的引用较少。

当数值形式为小数时,其小数点应使用实心点".",而不能采用"。"等,实心点应位于"0"或其他阿拉伯数字后并与阿拉伯数字下边缘平齐。

当使用阿拉伯数字标示数值范围时,在两个数值之间一般采用一字线"—"或者浪纹线"～"进行连接。当两个数值后附有计量单位或其他符号时,在不产生歧义情况下可以将前面数值附加计量单位或其他符号省略;但如果省略前面数值附加计量单位或其他符号后会出现歧义,则不能进行省略。

示例1

在漫漫征途中,红军将士同敌人进行了600余次战役战斗,跨越近百条江河,攀越40余座高山险峰，其中海拔4000米以上的雪山就有20余座，穿越了被称为"死亡陷阱"的茫茫草地，用顽强意志征服了人类生存极限。

示例2

14.0005亿人

70，892元

示例3

宜选用含醇速干手消毒剂，或直接用75%乙醇进行擦拭消毒；醇类过敏者，宜选择季铵盐类等有效的非醇类手消毒剂；特殊条件下，也可使用3%过氧化氢消毒剂、0.5%碘伏或0.05%含氯消毒剂等擦拭或浸泡双手，并按消毒剂说明书描述的消毒作用时间进行消毒。

示例4

派出的机动检测队伍检测能力按照以下目标确定，实现5—7天（可以写为"5天—7天"或"5天～7天"）基本完成全员核酸检测工作：检测人数在500万以下的，日检测量通过混样检测达到50万—100万人份（不能写为"50—100万人份"或"50～100万人份"）；检测人数在500万至1000万的，达到100万—150万人份（不能写为"100—150万人份"或"100～150万人份"）；检测人数在1000万以上的，达到150万人份以上。

②用于标示编号。

阿拉伯数字一般用于标示编号，比如发文字号、成文日期、序次语等内容中的编号。

示例1

联防联控机制综发〔2021〕23号

财会〔2020〕22号

发改价格〔2020〕1930号

示例2

2021年1月18日

2020年11月13日

2019年9月6日

示例3

1.7～12个月

（1）鼓励婴儿进行身体活动，尤其是地板上的游戏活动。

（2）鼓励婴儿自主探索从躺位变成坐位，从坐位转为爬行，逐渐到扶站、扶走。

（3）提供适宜的玩具，促进抓、捏、握等精细动作发育。

③用于标示已定型的含阿拉伯数字的词语中的数字。

阿拉伯数字一般用于标示已定型的含阿拉伯数字的词语中的数字。

当使用阿拉伯数字标示含有月日的专有名词的数字时，一般应在标示月日的数字之间使用间隔号"·"，同时在数字前后使用引号。

示例

5G 时代

"1+6"圆桌对话会

"1·10"爆炸事故

"12·3"污水罐体坍塌事故

"2·23"井下重大运输安全事故

（2）掌握特殊用法。

在公文处理工作尤其是公文写作实践中，阿拉伯数字的特殊用法主要涉及两种。

①用于标示特别大的计量数值。

当计量数值特别大（"万"以上，含"万"）时，可以采用阿拉伯数字与汉字数字并用的方式对数值进行标示。

示例

从最初 57 个创始成员携手起航，发展到今天的来自亚洲、欧洲、非洲、北美洲、南美洲、大洋洲六大洲的 102 个成员齐聚一堂，亚投行不断发展壮大，已经为成员提供了近 200 亿美元的基础设施投资。

②用于标示计量数值或者标号数值。

当标示计量数值或者标号数值时，阿拉伯数字和汉字数字可以通用，但需要把握以下两点：一是把握同场景同形式，在同一应用场景下一般不得混用（上述特殊用法一中的情况除外）。二是把不同形式不同效果，如突出简洁醒目的效果，一般宜用阿拉伯数字；如突出严肃庄重的效果，一般宜用汉字数字。

示例1

一米（1米） 三天（3天） 五米（5米）

七支（7支） 九个（9个） 十一项（11项）

二〇二〇年（2021年） 二〇二七年（2027年） 二〇三五年（2035年）

示例2

该部分示例出自《国务院办公厅关于进一步做好困难群众基本生活保障有关工作的通知》（国办发明电〔2021〕2号），为突出简洁醒目的效果，以下涉及数值的部分均采用了阿拉伯数字。

2020年以来，各地各有关部门克服新冠肺炎疫情、洪涝灾害、罕见低温等不利影响，扎实做好"六稳"工作，全面落实"六保"任务，广大困难群众基本生活得到了较好保障。

示例3

该部分示例出自党的十九大报告，为突出严肃庄重的效果，以下涉及数值的部分均采用了汉字数字。

以上十四条，构成新时代坚持和发展中国特色社会主义的基本方略。

第一个阶段，从二〇二〇年到二〇三五年，在全面建成小康社会的基础上，再奋斗十五年，基本实现社会主义现代化。

站立在九百六十多万平方公里的广袤土地上，吸吮着五千多年中华民族漫长奋斗积累的文化养分，拥有十三亿多中国人民聚合的磅礴之力，我们走中国特色社会主义道路，具有无比广阔的时代舞台，具有无比深厚的历史底蕴，具有无比强大的前进定力。

五、句子

基础不牢，地动山摇。一般而言，一份公文的主体部分（正文，下同）是由相互关联的若干语段（句群，下同）组成，而语段则是由相互关联的若干句子组成。句子不仅是语段的基础，也是公文的基础；句子的质量不仅决定了语段的质量，也决定着公文的主体部分的质量。正如古人所说：一句之误，通篇为之梗塞。

从构成要素看，句子（这里所述句子是指书面形式的句子，下同）是以词和词组作为基本要素，以标点符号、数字、计量单位等作为辅助要素，遵循语法构成的能够表达完整意思的语言单位。可以说，在符合语法且满足使用需求前提下，词和词组的不同搭配形成了不同的句子成分，句子成分的不同组合并配合使用辅助要素形成了不同类型的句子。

从语法角度看，句子一般是指以主语、谓语、宾语为主干，以定语、状语、补语为旁支，且能够表达完整意思的语言单位，其可以被划分为单句和复句。

（一）句子成分

1. 基本概念

句子成分，属于语法范畴的概念，一般是指句子的组成部分，主要包括主语、谓语、宾语、定语、状语、补语等。

主语、谓语、宾语是核心的句子成分，在句子中发挥主干作用。定语、状语、补语是辅助的句子成分，在句子中发挥修饰、限制或者补充作用。

2. 常见问题

在公文处理工作尤其是公文写作实践中，部分参与者不重视、不了解、不掌握各类句子成分的相关概念及其语法意义，出现混淆句子成分和错用句子成分两种主要不规范情况，以致产生大量病句，直接影响句子质量和意思表达。

3. 实践把握

了解和掌握句子成分的相关概念及其语法意义，对于公文处理工作尤其是公文写作参与者履行各自公文处理工作职责而言，具有十分重要的基础性作用。对于公文写作起草者而言，只有准确运用句子成分，才能确保写出的句子符合语法要求，才能满足公文写作表述准确的基本要求。对于公文审核者、公文审批签发者、公文收文者而言，只有了解和掌握句子成分的相关概念及其语法意义，才能辨别公文的句子是否符合语法要求，才能发挥好审核、审批或初审的基本职责。对于收文办理者（除公文收文者外）而言，只有了解和掌握句子成分的相关概念及其语法意义，才能准确理解句子尤其是复杂句子的语义，才能夯实贯彻执行公文的前提和基础。

在公文处理工作尤其是公文写作实践中，写准一句话，离不开对句子成分的了解和把握；写好一句话，也离不开对句子成分的理解和把握。各类参与者应高度重视句子成分的使用问题，不仅应规范使用句子成分，确保句子符合语法要求，而且应灵活运用句子成分，提升句子的内涵价值。做好句子成分使用工作，公文处理工作参与者应以相关语法为基本依据，重点抓好主语、谓语、宾语、定语、状语、补语等句子成分的使用，进一步提升句子成分使用的准确性和价值性。

为便于分析句子成分，在本部分示例中将使用相关符号对相关句子成分进行标示，具体为：使用双下横线"＝＝"标示主语，使用单下横线"＿"标示谓语，使用下波纹线"～～"标示宾语，使用圆括号"（）"标示定语，使用方括号"[ ]"标示状语，使用单书名号"〈 〉"标示补语。

（1）关于主语。

主语一般是指谓语的陈述对象，是用以指出谓语说的是谁或者是什么的句子成分，在句子中发挥核心作用。

从公文处理工作尤其是公文写作实践看，主语一般由词或词组构成。构成主语的词一般包括名词、动词、形容词、代词等；构成主语的词组一般包括专有名词等固定词组，也包括并列词组、偏正词组、主谓词组、动宾词组、"的"字词组等自由词组。从语法上看，主语一般位于句子前部，也可以位于句子后部（比如倒装句），但一般以位于句子前部为主。

一般而言，除了祈使句外，主语在其他句子中往往是不可或缺的。这种不可或缺性，可以体现在书面形式上，也可以体现在语义表达上。书面形式上的不可或缺性比较直观，也易于理解，一般可以通过书面上有无代表主语的文字进行判断；语义上的不可或缺性相对抽象，不容易把握，一般可以通过省略主语的方式实现。

在公文处理工作尤其是公文写作实践中，主语被广泛使用尤其是省略主语的方式被广泛使用，加之部分参与者对主语的基本概念、语法意义及其使用方法了解不够、把握不准，导致极易出现将省略主语和主语残缺混淆等不规范情况，既达不到简洁表达的目的，还容易出现语法错误。这些不规范情况屡见不鲜，直接影响了公文处理工作的表述准确性。为进一步规范主语的使用，公文处理工作参与者一般可以从把握基本用法和掌握特殊用法两个方面着力。

①把握基本用法。

在公文处理工作尤其是公文写作实践中，主语的基本用法一般包括词充当主语和词组充当主语。

a.词充当主语。

使用词充当主语。这里所说的词主要包括名词、动词、形容词、代词等。

示例1

全会高度评价决胜全面建成小康社会取得的决定性成就。（名词充当主语）

人民是我们党执政的最大底气，是我们共和国的坚实根基，是我们强党兴国的根本所在。（名词充当主语）

中国是第一个在联合国宪章上签字的国家，是联合国创始会员国，也是安理会常任理事国中唯一一个发展中国家。（名词充当主语）

示例2

发展是解决我国一切问题的基础和关键。（动词充当主语）

改革全面发力、多点突破、纵深推进。创新是一个复杂的社会系统工程，涉及经济社会各个领域。（动词充当主语）

创新是引领发展的第一动力，是建设现代化经济体系的战略支撑。（动词充当主语）

示例3

协调既是发展手段又是发展目标，同时还是评价发展的标准和尺度。（形容词充当主语）

而这个富，是共同的富，这个强，是共同的强，大家都有份。（形容词充当主语）

忠诚不是自然而然产生的，对党要有朴素的感情，更要有理性的自觉。（形容词充当主语）

示例4

明年，我们将努力实现第一个百年奋斗目标，全面建成小康社会。（代词充当主语）

那将是中国历史乃至人类发展史上一个令人激动的重大时刻。（代词充当主语）

这就是，必须坚决维护党中央权威和集中统一领导，确保全党步调一致、行动统一；必须坚持治国必先治党、治党务必从严，确保党成为中国特色社会主义事业的中流砥柱；必须坚持以人民为中心，确保立党为公、执政为民；必须坚持改革创新、艰苦奋斗作风，确保党始终走在时代前列；必须坚决同消极腐败现象作斗争，确保党永葆清正廉洁的政治本色。（代词充当主语）

b. 词组充当主语。

使用词组充当主语。这里所说的词组主要包括专有名词等固定词组，以及并列词组、主谓词组、动宾词组、介宾词组、"的"字词组等自由词组。

示例1

　　长江经济带覆盖沿江 11 省市，横跨我国东中西三大板块，人口规模和经济总量占据全国"半壁江山"，生态地位突出，发展潜力巨大，应该在践行新发展理念、构建新发展格局、推动高质量发展中发挥重要作用。（专有名词充当主语）

　　国家矿山安全监察局是应急管理部管理的国家局，为副部级。（专有名词充当主语）

　　马克思列宁主义揭示了人类社会历史发展的规律，它的基本原理是正确的，具有强大的生命力。（专有名词充当主语）

示例2

　　开放包容，筑就了日内瓦多边外交大舞台。（并列词组充当主语）

　　初心和使命是激励中国共产党人不断前进的根本动力。（并列词组充当主语）

　　各地区各部门各单位要坚持围绕中心、服务大局，把开展主题教育同完成改革发展稳定各项任务结合起来，同做好稳增长、促改革、调结构、惠民生、防风险、保稳定各项工作结合起来，同党中央部署正在做的事结合起来，使党员干部焕发出来的热情转化为攻坚克难、干事创业的实际成果。（并列词组充当主语）

示例3

　　理想信念动摇是最危险的动摇，理想信念滑坡是最危险的滑坡。（主谓词组充当主语）

　　文化自信是一个国家、一个民族发展中最基本、最深沉、最持久的力量。（主谓词组充当主语）

　　我们坚定，是因为我们追求的是真理。我们坚定，是因为我们遵循的是规律。我们坚定，是因为我们代表的是最广大人民根本利益。（主谓词组充当主语）

示例4

　　干事业不能做样子，必须脚踏实地，抓工作落实要以上率下、真抓实干。（动宾词组充当主语）

　　敢于直面问题、勇于修正错误是我们党的显著特点和优势。（动宾词组充当主语）

　　增强"四个意识"、坚定"四个自信"、做到"两个维护"，是具体的不是抽象的，领导干部特别是高级干部必须从知行合一的角度审视自己、要求自己、检查自己。（动宾词组充当主语）

示例5

<u>从现在起到本世纪中叶</u>，是我国全面建成社会主义现代化强国的30年。（介宾词组充当主语）

<u>为中国人民谋幸福，为中华民族谋复兴</u>，是中国共产党人的初心和使命，是激励一代代中国共产党人前赴后继、英勇奋斗的根本动力。（介宾词组充当主语）

<u>让和平的薪火代代相传，让发展的动力源源不断，让文明的光芒熠熠生辉</u>，是各国人民的期待，也是我们这一代政治家应有的担当。（介宾词组充当主语）

示例6

<u>还要特别强调的</u>是，今年是新中国成立70周年。（"的"字词组充当主语）

<u>出席这次全会的</u>有，中央委员198人，候补中央委员166人。（"的"字词组充当主语）

今天，<u>受到表彰的</u>还有长期给予我们支持和帮助的中国人民的老朋友、好朋友。（"的"字词组充当主语）

<u>弄虚作假、隐瞒实情给党和人民事业造成重大损失的</u>，应承担相关责任。（"的"字词组充当主语）

2019年，<u>最难忘的</u>是隆重庆祝新中国成立70周年。（"的"字词组充当主语）

群众<u>最担心的</u>是教育一阵风、雨过地皮湿，<u>最盼望的</u>是保持常态化、形成长效机制。（"的"字词组充当主语）

<u>党中央提倡的</u>坚决响应，<u>党中央决定的</u>坚决照办，<u>党中央禁止的</u>坚决杜绝，决不允许上有政策、下有对策，决不允许有令不行、有禁不止，决不允许在贯彻执行中央决策部署上打折扣。（"的"字词组充当主语）

②掌握特殊用法。

公文一般都有较为明确的授文机关和受文机关，且在大多数情况下授文机关和受文机关都充当公文当中的潜在主语，这在客观上为省略主语提供了必要的基础和条件。在上述基础上，为达到内容简洁、突出主题、文字精练的目标，公文处理工作参与者在表达中常常采用省略主语的方法。

在公文处理工作尤其是公文写作实践中，主语的特殊用法主要是指省略主语的用法，一般包括承前省略和承后省略等两种方式。

a. 承前省略。

当前文已暗含主语或前面的分句已给定主语时，可以采用省略主语的方式对后文或后面的分句进行表述。

示例1

爱国卫生运动是我们党把群众路线运用于卫生防病工作的成功实践，（<u>爱国卫生运动</u>）是贯彻预防为主方针的伟大创举。

示例2

为贯彻十八大精神，党中央召开七次全会，（<u>七次全会</u>）分别就政府机构改革和职能转变、全面深化改革、全面推进依法治国、制定"十三五"规划、全面从严治党等重大问题作出决定和部署。

示例3

根据"一老一小"人口分布和结构变化，（<u>各省、自治区、直辖市人民政府，国务院各部委、各直属机构</u>）科学谋划"十四五"养老托育服务体系，（<u>各省、自治区、直辖市人民政府，国务院各部委、各直属机构</u>）促进服务能力提质扩容和区域均衡布局。[该句出自《国务院办公厅关于促进养老托育服务健康发展的意见》（国办发〔2020〕52号），该公文主送机关为"各省、自治区、直辖市人民政府，国务院各部委、各直属机构"]

b. 承后省略。

当后文已暗含主语或者后面的分句已给定主语时，可以采用省略主语的方式对前文或前面的分句进行表述。

示例1

（<u>我们</u>）穿越历史的沧桑巨变，（<u>我们</u>）回望80年前那段苦难和辉煌，<u>我们</u>更加深刻地认识到，长征在我们党、国家、军队发展史上具有十分伟大的意义，对中华民族历史进程具有十分深远的影响。

示例2

（<u>生态环境部等</u>）要打好蓝天、碧水、净土保卫战，实现污染防治攻坚战阶段性目标。（生态环境部牵头，年内持续推进）

示例3

（<u>各地区、各部门</u>）总结推广疫情防控中服务企业的经验做法，（<u>各地区、各部门</u>）将行之有效、市场主体认可的做法规范化、制度化。（<u>各地区、各部门</u>）及时清

理取消不合时宜的管控措施和临时性审批事项。（各地区、各部门负责）

c. 文中已暗含主语或者中间的分句已给定主语。

当文中已暗含主语或者中间的分句已给定主语时，公文写作者就可以采用省略主语的方式对前后文或前后的分句进行表述。

示例

实践再次证明，有习近平同志作为党中央的核心、全党的核心领航掌舵，有全党全国各族人民团结一心、顽强奋斗，<u>我们</u>就一定能够战胜前进道路上出现的各种艰难险阻，一定能够在新时代把中国特色社会主义更加有力地推向前进。

（2）关于谓语。

谓语一般是对主语加以陈述，是用以说明主语干什么、怎么样或者是什么的句子成分，在句子中发挥核心作用。

从公文处理工作尤其是公文写作实践看，谓语一般由词或词组构成。构成谓语的词一般包括动词、形容词、数量词等；构成谓语的词组一般包括主谓词组、并列词组、固定词组等。从语法上看，谓语一般位于句子中后部，也可以位于句子前部（比如倒装句），但一般以位于句子中后部为主。

一般而言，谓语在句子中往往是不可或缺的。这种不可或缺性，不仅体现在书面形式上，而且体现在语义表达上。

在公文处理工作尤其是公文写作实践中，谓语被广泛使用，加之部分参与者对谓语的基本概念、语法意义及其使用方法了解不够、把握不准，导致极易出现谓语残缺等不规范情况。这些不规范情况屡见不鲜，直接影响了公文处理工作的表述准确性。为进一步规范谓语的使用，公文处理工作参与者一般可以从词充当谓语和词组充当谓语两个方面的基本用法着力。

①词充当谓语。

使用词充当谓语。这里所说的词主要包括动词、形容词、数量词等。

示例1

领导小组成员单位要发挥职能作用，<u>形成</u>齐抓共管合力。（动词充当谓语）

当前和今后一个时期，我国发展仍然<u>处于</u>重要战略机遇期，但机遇和挑战都<u>有</u>新的发展变化。（动词充当谓语）

"十四五"时期<u>是</u>我国全面建成小康社会、实现第一个百年奋斗目标之后，乘势而上开启全面建设社会主义现代化国家新征程、向第二个百年奋斗目标进军的第一

个五年。(动词充当谓语)

示例2

现在,外部环境复杂,风险挑战严峻,不稳定不确定因素明显增多。(形容词充当谓语)

目前,我国发展不平衡不充分问题仍然突出,重点领域关键环节改革任务仍然艰巨。(形容词充当谓语)

我为伟大的祖国和人民而骄傲,为自强不息的民族精神而自豪!(形容词充当谓语)

每个人都了不起!(形容词充当谓语)

示例3

城镇新增就业900万人以上,城镇调查失业率6%左右,城镇登记失业率5.5%左右。(数量词充当谓语)

②词组充当谓语。

使用词组充当谓语。这里所说的词组主要包括主谓词组、并列词组、介宾词组、固定词组等。

示例1

这次主题教育,时间紧、任务重、要求高。(主谓词组充当谓语)

目前,一些党员干部为民服务不实在、不上心、不尽力,脱离群众。(主谓词组充当谓语)

整个主题教育特点鲜明、扎实紧凑,达到了预期目的,取得了重大成果。(主谓词组充当谓语)

示例2

全会听取和讨论了习近平受中央政治局委托作的工作报告,审议通过了《中共中央关于制定国民经济和社会发展第十四个五年规划和二〇三五年远景目标的建议》。(并列词组充当谓语)

纪检监察机关要带头加强党的政治建设,坚定维护党中央权威和党的团结统一,围绕现代化建设大局发挥监督保障执行、促进完善发展作用,知责于心、担责于身、履责于行。(并列词组充当谓语)

党的十八大以来,尽管党风廉政建设和反腐败斗争取得了历史性成就,但形势

依然严峻复杂。(并列词组充当谓语)

示例3

全面从严治党永远在路上。(介宾词组充当谓语)

党风廉政建设永远在路上,反腐败斗争永远在路上。(介宾词组充当谓语)

示例4

百年征程波澜壮阔,百年初心历久弥坚。(固定词组充当谓语)

(3)关于宾语。

宾语一般位于谓语(仅指动词谓语)之后,属于谓语(仅指动词谓语)的连带成分,是用以回答"谁?"或"什么?"之类问题的句子成分,在句子中发挥核心作用。

从公文处理工作尤其是公文写作实践看,宾语一般由词或词组构成。构成宾语的词一般包括名词、代词、形容词、数量词等;构成宾语的词组一般包括并列词组、动宾词组、主谓词组、"的"字词组、介宾词组等。

在公文处理工作尤其是公文写作实践中,宾语被广泛使用,加之部分参与者对宾语的基本概念、语法意义及其使用方法了解不够、把握不准,导致极易出现缺失宾语等不规范情况。这些不规范情况屡见不鲜,直接影响了公文处理工作的表述准确性。为进一步规范宾语的使用,公文处理工作参与者一般可以从词充当宾语和词组充当宾语两个方面的基本用法着力。

①词充当宾语。

使用词充当宾语。这里所说的词主要包括名词、形容词、代词、数量词等。

示例1

党的力量来自组织。(名词充当宾语)

实现这个目标,中国需要付出极其艰巨的努力。(名词充当宾语)

各国历史文化和社会制度差异不是对立对抗的理由,而是合作的动力。(名词充当宾语)

示例2

回顾这一年,征途充满艰辛,奋斗成果显著。(形容词充当宾语)

只要是对全人类有益的事情,中国就应该义不容辞地做,并且做好。(形容词充当宾语)

各级党委（党组）要加强对党的建设的领导，扛起主责、抓好主业、当好主角，把每条战线、每个领域、每个环节的党建工作抓具体、抓深入。（形容词充当宾语）

示例3

历史和现实一再告诉我们，当今世界，如果走对立对抗的歧路，无论是搞冷战、热战，还是贸易战、科技战，最终将损害各国利益、牺牲人民福祉。（代词充当宾语）

领导干部要有草摇叶响知鹿过、松风一起知虎来、一叶易色而知天下秋的见微知著能力，对潜在的风险有科学预判，知道风险在哪里，表现形式是什么，发展趋势会怎样，该斗争的就要斗争。（代词充当宾语）

示例4

在风雨兼程中，我们即将送别2020年。（数量词充当宾语）

2020年，对中国人民来说是极不平凡的一年，对世界各国人民来说也是异乎寻常的一年。（数量词充当宾语）

2008年国际金融危机发生以来，中国国内需求对经济增长的贡献率有7个年份超过100%，国内消费成为经济增长的主要动力。（数量词充当宾语）

②词组充当宾语。

使用词组充当宾语。这里所说的词组主要包括并列词组、动宾词组、主谓词组、"的"字词组、介宾词组等。

示例1

人类共同经历了一场惊心动魄的风险挑战，有乌云遮天、狂风骤雨，也有云开日出、美丽彩虹。（并列词组充当宾语）

我们要坚持开放包容，不搞封闭排他。（并列词组充当宾语）

当前，国际局势正在发生深刻复杂的变化，我们面临着许多可以预料和难以预料的风险挑战。（并列词组充当宾语）

示例2

领导干部要带头联系专家，加强思想沟通和感情交流，当好"后勤部长"，为他们发挥聪明才智创造良好条件。（动宾词组充当宾语）

优秀年轻干部要强化自我修炼，正心明道，防微杜渐，做到有原则、有底线、有规矩，"心不动于微利之诱，目不眩于五色之惑"。（动宾词组充当宾语）

示例3

我们还将迎来辛亥革命110周年。（主谓词组充当宾语）

党的全面领导、党的全部工作要靠党的坚强组织体系去实现。（主谓词组充当宾语）

成长为一个好干部，一靠自身努力，二靠组织培养。（主谓词组充当宾语）

优秀年轻干部既要数量充足，又要质量优良。（主谓词组充当宾语）

这既是职责要求，也是从政本分。（主谓词组充当宾语）

示例4

好干部是选出来的，更是管出来的。（"的"字词组充当宾语）

这样的认识是很肤浅的。（"的"字词组）

李四光、钱学森等都是20世纪50年代入党的。（"的"字词组充当宾语）

斗争精神、斗争本领，不是与生俱来的。（"的"字词组充当宾语）

示例5

讲政治是具体的，"两个维护"要体现在坚决贯彻党中央决策部署的行动上，体现在履职尽责、做好本职工作的实效上，体现在党员、干部的日常言行上。（介宾词组充当宾语）

（4）关于定语。

定语一般位于名词之前，属于名词的修饰成分，与名词共同构成修饰与被修饰关系，是用以说明领属（如"谁的"）、性质（如"什么样的"）、数量（如"多少"）等一类问题的句子成分，在句子中发挥辅助作用。

从公文处理工作尤其是公文写作实践看，定语一般由词或词组构成。构成定语的词一般包括形容词、动词、名词、代词、数量词等；构成定语的词组一般包括并列词组、偏正词组、动宾词组、主谓词组、介宾词组、固定词组等。这些词和词组往往不是单独被使用，通常被叠加使用或者附加使用。此外，"的"字有时作为结构助词，用以连接定语和中心词，同时也成为定语的一个标志。

在公文处理工作尤其是公文写作实践中，定语被广泛使用，加之部分参与者对定语的基本概念、语法意义及其使用方法了解不够、把握不准，导致极易出现定语残缺等不规范情况。这些不规范情况屡见不鲜，直接影响了公文处理工作的表述准确性。为进一步规范定语的使用，公文处理工作参与者一般可以从把握基本用法和掌握特殊用法两个方面着力。

①把握基本用法。

在公文处理工作尤其是公文写作实践中，定语的基本用法一般包括词充当定语和词组充当定语。

a. 词充当定语。

使用词充当定语。这里所说的词主要包括形容词、动词、名词、代词、数量词等。

示例1

政治标准是（硬）杠杠。（形容词充当定语）

干部素质培养是一个（长期）过程，不是朝夕之功。（形容词充当定语）

党组在党的组织体系中具有（特殊）地位，要贯彻落实党中央和上级党组织决策部署，发挥好把方向、管大局、保落实的重要作用。（形容词充当定语）

示例2

这一点，从一开始就要把握好，确保（选）的苗子政治上过硬。（动词充当定语）

有的干部要从国企、教育、科研等单位选进党政班子，可以早一点过来，晚了会影响（培养）效果。（动词充当定语）

（接班）人是个整体概念，不能作机械理解，不是指某个具体的人。（动词充当定语）

示例3

（党）的力量来自组织。（名词充当定语）

（干部）业绩在实践，（干部）声名在民间。（名词充当定语）

全会提出，繁荣发展（文化）事业和（文化）产业，提高（国家文化）软实力。（名词充当定语）

示例4

（我们）党作为百年大党，要永葆先进性和纯洁性、永葆生机活力，必须一刻不停推进党风廉政建设和反腐败斗争。（代词充当定语）

我们党必须勇于进行（自我）革命，把党建设得更加坚强有力。（代词充当定语）

（这些）干部受过高等教育，思维活跃，勇于创新，为干部队伍注入了生机活力。（代词充当定语）

示例5

我们必须加快实施人才强国战略,确立人才引领发展的战略地位,努力建设(一支)矢志爱国奉献、勇于创新创造的优秀人才队伍。(数量词充当定语)

党委(党组)书记作为(第一)责任人,要牢固树立"抓好党建是本职、不抓党建是失职、抓不好党建是不称职"的观念,推动党建责任层层落实落地,把党建工作抓实、抓细、抓到位。(数量词充当定语)

组织工作是(一门)科学,专业性很强,要有过硬的专业能力、专业精神。(数量词充当定语)

b. 词组充当定语。

使用词组充当定语。这里所说的词组主要包括并列词组、偏正词组、动宾词组、主谓词组、介宾词组、固定词组。

示例1

(纪检监察)机关要带头加强党的政治建设,坚定维护党中央权威和党的团结统一,围绕现代化建设大局发挥监督保障执行、促进完善发展作用,知责于心、担责于身、履责于行。(并列词组充当定语)

(优秀年轻)干部必须对党忠诚,坚持走中国特色社会主义道路,坚定不移听党话、跟党走。(并列词组充当定语)

每个干部都有(这样那样)的缺点和不足,对此要实事求是、正确对待,不能不问青红皂白、一棍子打死。(并列词组充当定语)

示例2

民主集中制是(我们党)的根本组织制度和领导制度。(偏正词组充当定语)

(党的97周岁)生日刚过,我们就召开全国组织工作会议,目的是继续发挥党的组织优势,激发全党的奋斗精神,以更好的状态、更实的作风团结带领全国各族人民奋力谱写新时代中国特色社会主义新篇章。(偏正词组充当定语)

(这次会议)的主要任务是,分析情况,研究问题,部署当前和今后一个时期中央和国家机关党建工作,全面提高机关党的建设质量和水平。(偏正词组充当定语)

示例3

今年是(实施"十四五"规划)、(开启全面建设社会主义现代化国家新征程)的第一年,所有工作都要围绕开好局、起好步来展开。(动宾词组充当定语)

随着中国特色社会主义事业不断向前推进，专业化、专门化、精细化要求越来越高，要注意培养（有专业背景）的复合型领导干部。（动宾词组充当定语）

培养复合型领导干部，（跨领域）交流是行之有效的途径。（动宾词组充当定语）

中央和国家机关是（践行"两个维护"）的第一方阵。（动宾词组充当定语）

示例4

我们落实（党管干部）原则，强化（党组织领导和把关）作用，着力培养选拔信念坚定、为民服务、勤政务实、敢于担当、清正廉洁的好干部。（主谓词组充当定语）

实践深化了（我们对马克思主义执政党建设规律）的认识。（主谓词组充当定语）

这是（世界上任何其他政党都不具有）的强大优势。（主谓词组充当定语）

（我们党面临）的"四大考验""四种危险"是长期的、尖锐的。（主谓词组充当定语）

示例5

坚持创新（在我国现代化建设全局中）的核心地位。（介宾词组充当定语）

忠诚必须体现到（对党的信仰）的忠诚上，体现到（对党组织）的忠诚上，体现到（对党的理论和路线方针政策）的忠诚上。（介宾词组充当定语）

今天，（在全国各族人民共同庆祝中华人民共和国成立70周年）之际，我们在这里隆重举行仪式，将国家最高荣誉授予为国家建设和发展建立了卓越功勋的杰出人士和为促进中外交流合作作出杰出贡献的国际友人。（介宾词组充当定语）

示例6

党的十八大以来，我们推进全面从严治党取得了显著成效，但还远未到（大功告成）的时候。（固定词组充当定语）

管干部用干部的干部，要有（"瞻山识璞、临川知珠"）的识人慧眼，要有（"劝君参透短长理，自有人才涌似云"）的用人之道，要有（"众里寻他千百度"）的爱才之心，要有（"铁肩担道义"）的忠诚公道。（固定词组充当定语）

（"两个维护"）的内涵是特定的、统一的，全党看齐只能向党中央看齐，不能在部门打着维护党中央权威的旗号损害民主集中制。（固定词组充当定语）

②掌握特殊用法。

在公文处理工作尤其是公文写作实践中，定语的特殊用法主要是指定语后置的用法。

一般情况下，定语都是放在中心词前面，用以修饰或限制中心词。但为突出或强调定语，公文处理工作参与者有时会引用定语后置的文言文或者撰写定语后置的现代汉语句子。

示例1

马之（千里者），一食或尽粟一石。（形容词充当定语，且后置）

示例2

年轻干部（有培养前途的）要放到基层去锻炼。（动宾词组充当定语，且后置）

（5）关于状语。

状语属于以动词或形容词充当的谓语的修饰成分，与动词或形容词共同构成修饰与被修饰关系，是用以说明状态（如"怎样"）、程度（如"怎样"）、时间（如"何时"）、处所（如"何地"）等一类问题的句子成分，在句子中发挥辅助作用。

从公文处理工作尤其是公文写作实践看，状语一般由词或词组构成。构成状语的词一般包括副词、形容词、名词（表示时间或处所的名词）、数量词、代词等；构成状语的词组一般包括偏正词组、主谓词组、并列词组、介宾词组等。这些词和词组不仅可以被单独使用，也可以被附加使用。从语法上看，状语一般位于主语之后、谓语之前，有时也可位于主语之前、用逗号与主语隔开。此外，"地"或"的"字有时作为结构助词，用以连接状语和谓语，同时也成为了标示状语的一个标志。

在公文处理工作尤其是公文写作实践中，状语被广泛使用，加之部分公文写作参与者对状语的基本概念、语法意义及其使用方法了解不够、把握不准，导致极易出现状语残缺等不规范情况。这些不规范情况屡见不鲜，直接影响了公文处理工作的表述准确性。为进一步规范状语的使用，公文处理工作参与者一般可以从词充当状语和词组充当状语两个方面的基本用法着力。

①词充当状语。

使用词充当状语。这里所说的词主要包括副词、形容词、名词（表示时间或处所的名词）、数量词、代词等。

示例1

抗疫斗争伟大实践［再次］证明，中国人民所具有的不屈不挠的意志力，是战胜前进道路上一切艰难险阻的力量源泉。（副词充当状语）

一个民族之所以伟大，根本［就］在于在任何困难和风险面前［都］［从来］不

放弃、不退缩、不止步,[百折不挠]为自己的前途命运而奋斗。(副词充当状语)

胜利实现我们党确定的目标任务,[必须]发扬斗争精神,增强斗争本领。(副词充当状语)

示例2

我们要[扎实]做好"六稳"工作、[全面]落实"六保"任务,确保完成决胜全面建成小康社会、决战脱贫攻坚目标任务。(形容词充当状语)

党和国家历来[高度]重视对英雄模范的表彰。(形容词充当状语)

我们[衷心]感谢他们对中国发展作出的贡献!(形容词充当状语)

示例3

[今年],我们隆重庆祝深圳等经济特区建立40周年、上海浦东开发开放30周年。(名词充当状语)

[当前],世界百年未有之大变局加速演进,国内改革发展稳定任务艰巨繁重。(名词充当状语)

[最后],我衷心祝愿会议取得圆满成功!(名词充当状语)

示例4

[2020年],全面建成小康社会取得伟大历史性成就,决战脱贫攻坚取得决定性胜利。(数量词充当状语)

[第一],坚持创新驱动,打造富有活力的增长模式。(数量词充当状语)

示例5

在这个美好的时刻,[首先],我谨代表中央政府和全国各族人民,向全体澳门居民,致以诚挚的问候!(代词充当状语)

近年来,我们向贫困地区选派了大批干部和人才,但从长远看,无论[怎么]加强外部人才支持,派去的人总是有限的,关键还是要靠本地干部队伍和人才。(代词充当状语)

党的十八大以来我们查处了一大批高级干部,有的还是党和国家领导层的干部,[哪里]像党的高级干部?连做普通党员都不配!关键就是对党忠诚出了问题。(代词充当状语)

我们党作为百年大党,[如何]永葆先进性和纯洁性、永葆青春活力,[如何]永远得到人民拥护和支持,[如何]实现长期执政,是我们必须回答好、解决好的一个

根本性问题。（代词充当状语）

②词组充当状语。

使用词组充当状语。这里所说的词组主要包括偏正词组、主谓词组、并列词组、介宾词组等。

示例1

［去年年底］，我在亚太经合组织领导人非正式会议上提出，要让经济全球化进程更有活力、更加包容、更可持续。（偏正词组充当状语）

全党要［更加自觉］地增强道路自信、理论自信、制度自信、文化自信，既不走封闭僵化的老路，也不走改旗易帜的邪路，保持政治定力，坚持实干兴邦，始终坚持和发展中国特色社会主义。（偏正词组充当状语）

各级干部在政策制定、行政审批、资金分配等方面都有一定权力，［很容易］被别有用心的人"围猎"，必须高度警觉。（偏正词组充当状语）

示例2

［旗帜鲜明］讲政治是我们党作为马克思主义政党的根本要求，党的政治建设是党的根本性建设，决定着党的建设方向和效果。（主谓词组充当状语）

今天，中国人民的创造精神正在前所未有地迸发出来，推动［我国日新月异向前］发展，大踏步走在世界前列。（主谓词组充当状语）

示例3

［当前和今后一个时期］，我国发展仍然处于重要战略机遇期，但机遇和挑战都有新的发展变化。（并列词组充当状语）

［此时此刻］，华灯初上，万家团圆。（并列词组充当状语）

在理论学习上，一是要［自觉主动］学。（并列词组充当状语）

全党要深刻领会新时代中国特色社会主义思想的精神实质和丰富内涵，在各项工作中［全面准确］贯彻落实。（并列词组充当状语）

示例4

面对突如其来的新冠肺炎疫情，我们［以人民至上、生命至上］诠释了人间大爱，［用众志成城、坚忍不拔］书写了抗疫史诗。（介宾词组充当状语）

［在中国人民抗疫期间］，许多国家的领导人、政府、政党、社会团体和驻华使馆，联合国有关组织、有关地区组织和国际机构、外资企业以及国际友好人士，以

各种方式向中国人民表达真诚问候、提供宝贵支持。（介宾词组充当状语）

中国人民［在长期奋斗中］培育、继承、发展起来的伟大民族精神，为中国发展和人类文明进步提供了强大精神动力。（介宾词组充当状语）

（6）关于补语。

补语属于以动词或形容词充当的谓语的补充成分，与动词或形容词共同构成补充关系，是用以说明结果（如"出去"）、程度（如"怎样"）、时间（如"多久"）、处所（如"去哪"）等一类问题的句子成分，在句子中发挥辅助作用。

从公文处理工作尤其是公文写作实践看，补语一般由词或词组构成。构成补语的词一般包括动词、形容词、副词、数量词、代词等；构成补语的词组一般包括偏正词组、并列词组、主谓词组、介宾词组、动宾词组、固定词组等。这些词和词组不仅可以单独使用，也可以附加使用。从语法上看，补语一般位于动词或形容词之后。此外，"得"字有时作为结构助词，用以连接补语和谓语，同时也成为了标示补语的一个标志。

①词充当补语。

使用词充当补语。这里所说的词主要包括动词、形容词、副词、数量词、代词等。

示例1

今天，中国人民的创造精神正在前所未有地迸发〈出来〉，推动我国日新月异向前发展，大踏步走在世界前列。（动词充当补语）

新的一年，人民政协要再接再厉、团结奋进，加强专门协商机构建设，把人民政协制度优势转化为国家治理效能，把各方面智慧和力量凝聚〈起来〉，形成海内外中华儿女心往一处想、劲往一处使的强大合力，不断巩固和发展大团结大联合局面。（动词充当补语）

在新的征程上，我们要把党建设成为始终走在时代前列、人民衷心拥护、勇于自我革命、经得起各种风浪考验、朝气蓬勃的马克思主义执政党，就必须牢记初心和使命，在新时代把党的自我革命推向〈深入〉。（动词充当补语）

实施食品安全战略，让人民吃得〈放心〉。（动词充当补语）

这样的干部，真到了关键时刻能靠得〈住〉吗？（动词充当补语）

示例2

要严字当头，把纪律的螺丝拧得〈紧〉而又紧。（形容词充当补语）

我们选用的干部必须是政治上过得〈硬〉、靠得住的干部。（形容词充当补语）

唯有精神上站得住、站得〈稳〉，一个民族才能在历史洪流中屹立不倒、挺立潮头。（形容词充当补语）

做到科学决策，首先要有战略眼光，看得〈远〉、想得〈深〉。（形容词充当补语）

但是，从现实情况看，有的讲话一般性的品德要求多，理想信念强调得〈少〉；个性化表达多，党的教育主张强调得〈少〉；同国际接轨讲得〈多〉，中国特色强调得〈少〉。（形容词充当补语）

示例3

有了这些基础和条件，有了我们这支可信、可敬、可靠，乐为、敢为、有为的思政课教师队伍，我们完全有信心有能力把思政课办得〈越来越好〉。（副词充当补语）

示例4

今年，我们隆重庆祝深圳等经济特区建立〈40周年〉、上海浦东开发开放〈30周年〉。（数量词充当补语）

今年是新中国成立70周年，我们党在全国执政也〈70年〉了。（数量词充当补语）

为开展大规模经济建设，全国抽调到工业部门的干部有16万多名，其中为苏联援助的重点厂矿选调领导干部〈3000多名〉。（数量词充当补语）

示例5

不管腐败分子逃到〈哪里〉，都要缉拿归案、绳之以法。（代词充当补语）

各级党组织要旗帜鲜明坚持和加强党的全面领导，坚持党中央重大决策部署到哪里，监督检查就跟进到〈哪里〉，确保党中央令行禁止。（代词充当补语）

实际上，有时候不一定讲得〈那么〉高大全，从一个问题切入，把一个问题讲深，最后触类旁通，可以带动很多关联问题，有可能是一通百通，提纲挈领。（代词充当补语）

②词组充当补语。

使用词组充当补语。这里所说的词组主要包括偏正词组、并列词组、主谓词组、介宾词组、动宾词组、固定词组等。

示例1

对党内的一些突出问题，人民群众往往看得〈很清楚〉。（偏正词组充当补语）

中国无论发展到〈什么程度〉，永远不称霸，永远不搞扩张。(偏正词组充当补语)

我们还抵御了严重洪涝灾害，广大军民不畏艰险，同心协力抗洪救灾，努力把损失降到了〈最低〉。(偏正词组充当补语)

党要团结带领人民进行伟大斗争、推进伟大事业、实现伟大梦想，必须毫不动摇坚持和完善党的领导，毫不动摇把党建设得〈更加坚强有力〉。(偏正词组充当补语)

要清醒认识和把握打赢脱贫攻坚战面临任务的艰巨性，清醒认识把握实践中存在的突出问题和解决这些问题的紧迫性，不放松、不停顿、不懈怠，把困难估计得〈更充分一些〉，把挑战认识得〈更到位一些〉，做好应对和战胜各种困难挑战的准备。(偏正词组充当补语)

在一些国有企业，党的领导融入公司治理在总部一级做得〈比较好〉，再往下延伸则存在层层递减问题。(偏正词组充当补语)

一些地方和单位干部选得〈不准〉，有的干部"带病提拔""带病上岗"，跟考核不深、识人不准有直接关系。(偏正词组充当补语)

示例2

党员、干部初心变没变、使命记得〈牢不牢〉，要由群众来评价、由实践来检验。(并列词组充当补语)

有篇报道说，现在扶贫需要填写各种调查表、花名册、信息采集表、帮扶卡、走访记录等，驻村干部被各种报表弄得〈晕头转向〉。(并列词组充当补语)

从哲学上说，世界上没有十全十美的事物，因为事物存在优点就把它看得〈完美无缺〉是不全面的，因为事物存在缺点就把它看得一无是处也是不全面的。(并列词组充当补语)

示例3

无论我们走得〈多远〉，都不能忘记来时的路。(主谓词组充当补语)

打得〈一拳开〉，免得〈百拳来〉。(主谓词组充当补语)

示例4

这些年，我去了全国14个集中连片特困地区，乡亲们愚公移山的干劲，广大扶贫干部倾情投入的奉献，时常浮现〈在脑海〉。(介宾词组充当补语)

中华民族的面貌发生了前所未有的变化，中华民族正以崭新姿态屹立〈于世界

的东方〉。(介宾词组充当补语)

必须以党章为根本遵循,把党的政治建设摆〈在首位〉。(介宾词组充当补语)

粮食年产量连续五年稳定〈在一万三千亿斤以上〉。(介宾词组充当补语)

示例5

经济保持中高速增长,在世界主要国家中名列前茅,国内生产总值从五十四万亿元增长〈到八十万亿元〉,稳居世界第二,对世界经济增长贡献率超过百分之三十。(动宾词组充当补语)

脱贫攻坚战取得决定性进展,六千多万贫困人口稳定脱贫,贫困发生率从百分之十点二下降〈到百分之四以下〉。(动宾词组充当补语)

思政课教师只有自己信仰坚定,对所讲内容高度认同,做学习和实践马克思主义的典范,才能讲得〈有底气〉,讲深讲透,才能有效引导学生真学、真懂、真信、真用。(动宾词组充当补语)

示例6

志愿军将士面对陌生的战场、陌生的敌人,坚持"你打你的,我打我的,你打原子弹,我打手榴弹",把灵活机动战略战术发挥得〈淋漓尽致〉。(固定词组充当补语)

它用铁一般的事实告诉世人,任何一个国家、任何一支军队,不论多么强大,如果站在世界发展潮流的对立面,恃强凌弱、倒行逆施、侵略扩张,必然会碰得〈头破血流〉。(固定词组充当补语)

导致悲剧的原因很多,其中一个共同的也是极其重要的原因就是统治集团贪图享乐、穷奢极欲、昏庸无道、荒淫无耻,吏治腐败、权以贿成,又自己解决不了自己的问题,搞得〈民不聊生〉、〈祸乱并生〉,终致改朝换代。(固定词组充当补语)

(二)单句

1. 基本概念

一般而言,单句是指以主语、谓语、宾语为主干,以定语、状语、补语为旁支,且只有一套语法结构的句子。单句被广泛应用在公文处理工作尤其是公文写作之中,不仅是完整表达意思的直接方式,也是构成复句的基本要件。

依据不同的分类标准,单句可以被划分为不同类型。从用途和语气看,单句可以被划分为陈述句、祈使句、感叹句、疑问句等。从句子成分看，单句可以被划分为简单单句、复杂单句、特殊句式。

为便于分析，在本部分示例中将使用相关符号对相关句子成分进行标示，具体为：使用双下横线"＝＝"标示主语，使用单下横线"＿"标示谓语，使用下波纹线"﹏﹏"标示宾语，使用圆括号"（ ）"标示定语，使用方括号"［ ］"标示状语，使用单书名号"〈 〉"标示补语。此外，为让公文处理工作参与者更全面了解不同类型的句子，该部分在列举单句示例的同时，也一并列举了部分复句示例。

2.常见问题

在公文处理工作尤其是公文写作实践中，部分参与者不重视、不了解、不掌握单句的相关概念、分类或用法，出现缺失主语、缺失宾语、主谓搭配不当、动宾搭配不当、主宾搭配不当、逻辑不当、语义重复、语义矛盾等不规范情况，以致产生大量病句，直接影响句子质量和意思表达。

示例1

［通过扎根一线的广大扶贫干部］，谱写了（人类脱贫史上）的光辉篇章。（缺失主语）

（扎根一线）的（广大）扶贫干部，谱写了（人类脱贫史上）的光辉篇章。（正确）

示例2

（这位曾经）的驻村干部［都］会想起（与老乡们共同奋斗）。（缺失宾语）

（这位曾经）的驻村干部［都］会想起（与老乡们共同奋斗）的火热场景。（正确）

示例3

（年轻干部们）的能力受到洗礼。（主谓搭配不当）

（年轻干部们）的思想受到洗礼。（正确）

示例4

我们［比任何时候都更加深切］体会到人类命运共同体。（动宾搭配不当）

我们［比任何时候都更加深切］体会到（人类命运共同体）的意义。（正确）

示例5

发展是（解决一切问题）的观点。（主宾搭配不当）

发展是（解决一切问题）的关键。（正确）

示例6

全会［重点］提出（"十四五"规划）建议并研究问题。（逻辑不当）

全会［重点］研究（"十四五"规划）问题并提出建议。（正确）

示例7

工作责任制［已］成为（做好党建工作）的关键要害。（语义重复）

工作责任制［已］成为（做好党建工作）的关键。（正确）

示例8

［在我国现代化建设全局中］，能否坚持创新［无疑］是（破局）的密钥。（语义矛盾）

［在我国现代化建设全局中］，坚持创新［无疑］是（破局）的密钥。（正确）

3. 实践把握

深入了解和准确掌握单句的相关概念、分类或用法，对于公文处理工作尤其是公文写作参与者履行各自公文处理工作职责而言，具有十分重要的基础性作用。

对于公文写作者而言，只有全面掌握单句的相关概念、分类或用法，并准确撰写单句，才能确保写出的句子符合语法要求，才能满足公文写作表述准确的基本要求。

对于公文审核者、公文审批签发者、公文收文者而言，只有了解和掌握单句的相关概念、分类或用法，才能辨别公文的单句是否符合语法和表意要求，才能发挥好审核、审批或初审的基本职责。

对于收文办理者（除公文收文者外）而言，只有了解和掌握单句的相关概念、分类或用法，才能准确理解单句尤其是复杂单句的语义，才能夯实贯彻执行公文的前提和基础。

在公文处理工作尤其是公文写作实践中，参与者应高度重视单句的使用问题，不仅应规范使用单句，确保单句符合语法要求；而且应灵活运用单句，提升单句内涵价值。为做好单句使用工作，进一步提升使用单句的准确性和价值性，公文处理工作参与者应以相关语法为基本依据，结合表达需求，重点把握单句的正确用法和常见不规范使用情况，一般可以从陈述句、祈使句、感叹句、疑问句、简单单句、复杂单句、特殊句式七个方面着力。

（1）关于陈述句。

在公文处理工作尤其是公文写作实践中，陈述句是应用最为广泛的单句类型。陈述句一般是指述说一件事情的单句。根据陈述语气的不同，陈述句可以被划分为肯定型陈述句、否定型陈述句、双重否定型陈述句。

在书面形式中，陈述句的陈述语气一般是通过标点符号体现出来的。在单句中，陈述句末尾使用句号"。"表示停顿和陈述语气；在复句中，作为分句的陈述句末尾使用顿号"、"、逗号"，"、分号"；"或句号"。"等表示停顿和陈述语气。

①肯定型陈述句。

肯定型陈述句一般是指不在谓语前使用表示否定意思的副词的陈述句，包括是字句和一般肯定陈述句。

示例

我们共产党人的斗争，从来都是奔着矛盾问题、风险挑战去的。（单句）

我国的综合国力进入世界前列。（单句）

坚持党的领导、加强党的建设，是我国国有企业的光荣传统，是国有企业的"根"和"魂"，是我国国有企业的独特优势。（复句）

②否定型陈述句。

否定型陈述句一般是指使用一个表示否定意思的副词的陈述句。在该类型陈述句中，常用表示否定意思的副词，一般包括"不""没""没有"等。

示例

房子［不］是用来炒的。（单句）

过度的痕迹管理［没有］产生提升管理质量的效果。（单句）

有些问题的整改还［没有］到位，一些深层次矛盾和问题还［没有］从根本上破解。（复句）

③双重否定型陈述句。

双重否定型陈述句一般是指使用两个表示否定意思的副词的陈述句。在该类型陈述句中，常用表示否定意识的副词，一般包括如"非""无不""无非""未必不""非……不""不……不""没……不"等。

示例

  作为党员干部，他［非］参加此次任务。（单句）

  当听到张桂梅的感人事迹后，与会党员［无不］动容。（单句）

  弘扬社会主义新风尚［无非］是构建文化自信的有效渠道之一。（单句）

  系统观念［未必不］是一种推进改革的好方式。

  提高政治理论素养，［非］下苦功［不］可。（单句）

  党员领导干部［不］能［不］注重家风建设。（单句）

  ［没］什么困难是［不］能被克服的。（单句）

  广大市民［非］必要［不］出京，［非］必要［不］出境。（复句）

  （2）关于祈使句。

  在公文处理工作尤其是公文写作实践中，祈使句是应用较为广泛的句子类型之一。祈使句一般是指要求或者希望对方做或不做某事的句子，也称命令句。根据做与不做，祈使句可以被划分为要求型祈使句和禁止型祈使句。

  在书面形式中，祈使句的祈使语气一般是通过标点符号体现出来的。在句子中，祈使句末尾使用叹号或者句号表示停顿和祈使语气。当语气强烈时，祈使句使用叹号"！"结尾；当语气缓和时，祈使句使用句号"。"结尾。

  ①要求型祈使句。

  要求型祈使句一般是指要求或希望对方做某事的祈使句，有命令、催促等强语气，也有请求、希望等缓和语气。

  在公文处理工作尤其是公文写作实践中，由于要求型祈使句的语气通常较为缓和，所以要求型祈使句通常使用句号"。"结尾。

示例

  让我们向着未来前进。（单句）

  让我们携起手来，让多边主义火炬照亮人类前行之路，向着构建人类命运共同体不断迈进！（复句）

  ②禁止型祈使句。

  禁止型祈使句一般是指要求或希望对方不做某事的祈使句，有命令、劝阻等不同语气。在这类祈使句中，常见标志性词汇包括"严禁""禁止""不准""不许""绝不能""绝不允许"等。

  在公文处理工作尤其是公文写作实践中，尽管禁止型祈使句的语气较为强烈，但禁止型祈使句通常使用句号"。"结尾。

示例

严禁领导干部违规干预和插手司法活动。（单句）

坚决禁止跑官要官、买官卖官、拉票贿选等行为，坚决禁止向党伸手要职务、要名誉、要待遇行为，坚决禁止向党组织讨价还价、不服从组织决定的行为。（复句）

（3）关于感叹句。

在公文处理工作尤其是公文写作实践中，特别是在报告、贺词、贺信、贺电、讲话稿、演讲词等公文中，感叹句是应用较为广泛的句子类型之一。感叹句一般是指带有浓厚感情的句子。根据具体用途差异，感叹句可以被划分为价值型感叹句、祝福型感叹句、口号型感叹句、祝词型感叹句、称谓型感叹句等。

在书面形式中，感叹句的感叹语气一般是通过标点符号体现出来的，感叹句末尾使用叹号"！"表示停顿和感叹语气。

①价值型感叹句。

价值型感叹句一般是指用以强调价值意义的感叹句。

示例

中国人民抗日战争的伟大胜利，将永远铭刻在中华民族史册上！（单句）

中国共产党人勇敢战斗在抗日战争最前线，支撑起中华民族救亡图存的希望，成为全民族抗战的中流砥柱！（复句）

②祝福型感叹句。

祝福型感叹句一般是指用以问候、祝福或关怀的感叹句。

示例

大家新年好！（单句）

最后，祝大家身体健康、工作顺利、阖家幸福、万事如意、牛年大吉！（单句）

③口号型感叹句。

口号型感叹句一般是指用以突出纲领性和发挥鼓动性的感叹句。

示例

伟大的中华人民共和国万岁！（单句）

伟大的中国共产党万岁！（单句）

伟大的中国人民万岁！（单句）

④祝词型感叹句。

祝词型感叹句一般是指用于典礼或会议的表示良好愿望或庆贺的感叹句。

示例

祝愿祖国明天会更好！（单句）

希望人民政协在党中央坚强领导下，坚定不移沿着中国特色社会主义道路前进，为实现"两个一百年"奋斗目标、实现中华民族伟大复兴的中国梦、实现人民对美好生活的向往而继续奋斗！（复句）

只要坚持走和平发展道路，同各国人民一道推动构建人类命运共同体，就一定能够迎来人类和平与发展的美好未来！（复句）

⑤称谓型感叹句。

称谓型感叹句一般是指用以突出对陈述对象情感的感叹句。

示例

同胞们、同志们、朋友们！

女士们、先生们、朋友们！

（4）关于疑问句。

在公文处理工作尤其是公文写作实践中，疑问句的使用频率相对较低。疑问句一般是指提出问题的句子。根据提问目的不同，疑问句可以被划分为询问句、反问句、设问句。

在书面形式中，疑问句的疑问语气一般是通过标点符号体现出来的，疑问句末尾使用问号"？"表示停顿和疑问语气。

①询问句。

询问句一般是指用以有疑而问的疑问句。其又可被细分为特指问、选择问、是非问、正反问等。

示例

世界到底怎么了？（单句）

党章要放在床头，经常对照检查，看看自己做到了没有？看看自己有没有违背初心的行为？（复句）

②反问句。

反问句一般是指用以无疑而问且自身含有答案的疑问句。

示例

这哪还有共产党人的样子？！（单句）

如果不是有家难归，谁会颠沛流离？（复句）

③设问句。

设问句一般是指用以无疑而问且后附答案的疑问句。因为问号"？"为句末点号，故有问有答的设问句一般为复句。

示例

谁使长征胜利的呢？是共产党。（复句）

什么是共产党？共产党就是自己有一条被子，也要剪下半条给老百姓的人。（复句）

（5）关于简单单句。

一般而言，简单单句是指由主语、谓语、宾语组成的单句。

在公文处理工作尤其是公文写作实践中，尽管直接使用简单单句的情况不算多，但其重要性却不容忽视。简单单句有着十分重要的标尺作用，即将通过将复杂单句还原成简单单句的方式，公文写作参与者可以判断复杂单句是否符合语法要求。

示例

<u>人民</u> 幸福。

<u>技术</u> 迭代。

<u>劳动</u> 最美。

<u>实干</u> 兴邦。

<u>来信</u> 收悉。

<u>谢谢</u> 大家。

<u>团结</u> 就是 <u>力量</u>。

<u>创新</u> 带来 <u>活力</u>。

<u>奋斗</u> 书写 <u>未来</u>。

（6）关于复杂单句。

一般而言，复杂单句是指以简单单句为基础，并辅以定语、状语或补语，组成的单句。

在公文处理工作尤其是公文写作实践中，复杂单句的应用较为广泛，是公文写作的重要表达方式之一。根据不同的表意需求，复杂单句有多种表现形式：有的是简单单句加上定语，有的是简单单句加上状语，有的是简单单句加上补语，有的是简单单句加上定语和状语，有的是简单单句加上定语和补语，有的是简单单句加上状语和补语，有的是简单单句加上定语、状语和补语。

示例1

人民 是（历史的）创造者。（加定语）

（理想信念）的坚定，来自（思想理论）的坚定。（加定语）

示例2

长征［永远］在路上。（加状语）

［在干部干好工作所需的各种能力中］，政治能力 是 第一位的。（加状语）

示例3

党员领导干部 要管理〈好〉身边人。（加补语）

党组 要［将全面从严治党］推向〈深入〉。（加补语）

示例4

（我们共产党人）的斗争，［从来都］是奔着矛盾问题、风险挑战去的。（加定语和状语）

示例5

（伟大）的中国人民 富裕〈起来〉了。（加定语和补语）

示例6

政策与实践结合得［更加］〈紧密〉。（加状语和补语）

示例7

［自从加入WTO之后］，（我国在国际贸易中）的价值 体现得〈越来越大〉。（加定、状、补语）

（7）关于特殊句式。

从语法结构看，除了简单单句和复杂单句外，单句还包括一些特殊句式，其主要涉及主谓句、非主谓句、"把"字句、被动句、连动句、兼语句等。这些特殊句式的存在，在丰富单句形式的同时，也更好地满足了表意需求。

①主谓句。

一般而言，主谓句是指由主语和谓语组成的单句。在主谓句中，谓语可以是动词、形容词、名词等。

示例1

自我革命。

示例2

劳动光荣。

示例3

今年春节。

②非主谓句。

一般而言，非主谓句是指无主语的单句，也称无主句。

非主谓句同省略主语的句子存在两个较为明显的区别：一是非主谓句一般不能补出明确的主语，省略主语的句子则可以补出明确的主语。二是非主谓句本身可以表达完整意思，省略主语的单句则需在一定语境下才能表达完整意思。

示例1

回顾过去。

示例2

铭记历史。

示例3

浪费〈可耻〉。

③"把"字句。

"把"字句一般是指以介词"把"为标志将谓语（动词）所支配的对象前置于谓语之前、"把"字之后的句子，其意在突出或强调"把"字附带的内容。

在"把"字句中，谓语后一般不带宾语，但有时也带。

示例1

各级党委要把力戒形式主义、官僚主义作为重要任务。

示例2

党组织书记要把每条战线、每个领域、每个环节的党建工作抓具体、抓深入。

示例3

做好疫情防控工作应把人民生命安全和身体健康放在第一位。

④被动句。

被动句一般是指主语所表示的人或事物是谓语的承受对象的句子。

被动句一般包括两种形式，一种是无形式上的标志的被动句，另一种是以介词"被"作为标志的被动句。

示例1

马克思主义不能被边缘化。

示例2

中国人民不会被任何困难压倒。

示例3

红军穿越了被称为"死亡陷阱"的茫茫草地。

⑤连动句。

连动句一般是指谓语由两个（含）以上紧密相关的动词组成的句子。

谓语动词之间紧密相关的关系一般包括媒介关系和先后关系。

示例1

我们党是用马克思主义武装起来的政党。

示例2

国有企业党委（党组）研究讨论企业重大经营管理事项。

示例3

党组必须深入分析和准确把握机关党建的规律和特点。

⑥兼语句。

兼语句一般是指宾语为一般单句或主谓句的句子。

兼语句的谓语一般包括有、请、派、使、激励、号召、依靠、发动、促进、禁止、任命等。

示例1

在红一方面军二万五千里的征途上，平均每300米就有一名红军牺牲。

示例2

强化先锋模范作用使每名党员都成为一面鲜红的旗帜。

示例3

伟大长征精神激励青年一代创造新的辉煌。

（三）复句

1. 基本概念

作为常用的语言单位，复句不仅是完整表达意思的重要方式之一，也是构成语段的重要成分之一。一般而言，复句是指具有两套（含）以上语法结构的句子。复句可以被拆分为两个（含）以上相当于单句的分句，且上述分句之间在语义上或逻辑上存在紧密关系。依据分句之间的层次关系，复句一般可以被划分为基本复句和多重复句。

从关联词汇看，不同类型的复句往往对应使用不同的关联词语。在复句中，常见关联词语包括"既是……也是……""不但……而且……""虽然……但是……""或者……或者……""刚……就……""因为……所以……""如果……那么……""只要……就……"等。需要指出的是，关联词语是复句的一个重要标志，但并不是唯一标志，有的复句不使用关联词语。

从标点符号看，一个复句通常只有一个句末点号且位于复句末尾，分句之间一般使用逗号或分号隔开。

为便于分析，本部分使用部分符号对相关句子成分进行标示，具体为：使用双下横线"＿＿"标示主语，使用单下横线"＿"标示谓语，使用下波纹线"～～"标示宾语，使用圆括号"（）"标示定语，使用方括号"［］"标示状语，使用单书名号"〈〉"标示补语。与此同时，本部分使用相关符号对复句层次进行划分，具体为：使用单竖线"｜"划分第一层次，使用双竖线"‖"划分第二层次，使用三竖线"‖｜"划分第三层次。

2. 常见问题

在公文处理工作尤其是公文写作实践中，部分参与者不重视、不了解、不掌握复句的相关概念、分类或用法，时常出现缺失主语、缺失宾语、主谓搭配不当、动宾搭配不当、主宾搭配不当、逻辑不当、语义矛盾、缺少密切联系、结构层次混乱、关联词汇使用不当等不规范情况，以致产生大量病句，直接影响句子质量和意思表达。

示例1

［通过（这次）（主题）教育］，总结历次党内集中教育经验，对新时代开展党内集中教育进行了新探索、积累了新经验。（缺失主语）

（这次）（主题）教育，总结历次党内集中教育经验，对新时代开展党内集中教育进行了新探索、积累了新经验。（正确）

示例2

（一个）（忘记来路）的民族［必定］是（没有出路），（一个）（忘记初心）的政党［必定］是（没有未来）。（缺失宾语）

（一个）（忘记来路）的民族［必定］是（没有出路）的民族，（一个）（忘记初心）的政党［必定］是（没有未来）的政党。（正确）

示例3

（党员）、（干部）的思想要［经常］重温党章，重温（自己）的（入党）誓言，重温（革命烈士）的家书。（主谓搭配不当）

党员、干部要［经常］重温党章，重温（自己）的（入党）誓言，重温（革命烈士）的家书。（正确）

示例4

［党的十八大以来］，（草原保护修复）工作得到（显著）成效。（动宾搭配不当）

［党的十八大以来］，（草原保护修复）工作取得（显著）成效。（正确）

示例5

领导机关是（国家）（治理体系）（中）的重要机关，领导干部是（党和国家）（事业发展）的"关键少数"，［对全党全社会］［都］具有风向标。（主宾搭配不当）

领导机关是（国家）（治理体系）（中）的重要机关，领导干部是（党和国家）（事业发展）的"关键少数"，［对全党全社会］［都］具有（风向标）作用。（正确）

示例6

全会［就制定国民经济和社会发展"十四五"规划和二〇三五年远景目标］提

出 建议，[深入] 分析（国际国内）形势。(逻辑不当)

全会 [深入] 分析（国际国内）形势，[就制定国民经济和社会发展"十四五"规划和二〇三五年远景目标] 提出 建议。(正确)

示例7

[在选干部、配班子时]，(各级) 组织部门 [不] 能 [只] 看年轻干部"有没有"，[更] 要看年轻干部突出的工作成绩。(语义矛盾)

[在选干部、配班子时]，(各级) 组织部门 [不] 能 [只] 看年轻干部"有没有"，[更] 要看年轻干部工作成绩"好不好"。(正确)

示例8

中华民族伟大复兴，[绝不] 是轻轻松松、敲锣打鼓就能实现的，实现伟大梦想 [必须][同推进伟大斗争、伟大工程、伟大事业] 统一 〈起来〉。(缺少密切联系)

中华民族伟大复兴，[绝不] 是轻轻松松、敲锣打鼓就能实现的，实现伟大梦想 [必须] 进行伟大斗争。(正确)

示例9

理论上 清醒，政治上 能坚定，斗争起来 有底气、有力量。(结构层次混乱)

理论上 清醒，政治上 才能 坚定，斗争起来 才有底气、才有力量。(正确)

示例10

只有坚持思想建党、理论强党，不忘初心就能 [更加] 自觉，担当使命就能 [更加] 坚定。(关联词汇使用不当)

只有坚持思想建党、理论强党，不忘初心才能 [更加] 自觉，担当使命才能 [更加] 坚定。(正确)

3. 实践把握

深入了解和准确掌握复句的相关概念、分类或用法，对于公文处理工作尤其是公文写作参与者履行各自公文处理工作职责而言，具有十分重要的基础性作用。

对于公文写作者而言，只有全面掌握复句的相关概念、分类或用法，并准确撰写复句，才能确保所写复句符合语法要求，才能满足公文写作表述准确的基本要求。

对于公文审核者、公文审批签发者、公文收文者而言，只有了解和掌握复句的相关概念、分类或用法，才能辨别公文的复句是否符合语法和表意要求，才能发挥好审核、审批或初审的基本职责。

对于收文办理者（除公文收文者外）而言，只有了解和掌握复句的相关概念、分类或用法，才能准确理解复句尤其是多重复句的语义，才能夯实贯彻执行公文的前提和基础。

在公文处理工作尤其是公文写作实践中，参与者应高度重视复句的使用问题，不仅应规范使用复句，确保复句符合语法要求；而且应灵活运用复句，提升复句内涵价值。为做好复句使用工作，进一步提升使用复句的准确性和价值性，公文处理工作参与者应以相关语法为基本依据，结合表达需求，重点把握复句的正确用法和常见不规范使用情况，一般可以从基本复句和多重复句两个方面着力。

（1）基本复句。

基本复句一般是指由两个（含）以上且处于同一层次的分句组成的复句。依据分句之间的关系，基本复句一般可以被划分为并列复句、递进复句、转折复句、选择复句、承接复句、因果复句、假设复句、条件复句等。

①并列复句。

一般而言，并列复句是指各分句之间属于并列关系的基本复句。

在并列复句中，各分句之间可以使用关联词汇，也可以不使用关联词汇。常用的关联词汇包括"又""还""也""同时""此外""既……又……""既……也……""既……又……""一方面……另一方面……""不是……而是……"等。

示例1

不忘初心，牢记使命。

示例2

中国共产党是（为中国人民谋幸福）的政党，也是（为人类进步事业而奋斗）的政党。

示例3

中国共产党［从成立之日起］，既是（中国先进文化）的（积极）引领者和践行者，又是（中华优秀传统文化）的（忠实）传承者和弘扬者。

②递进复句。

一般而言，并列复句是指各分句之间属于递进关系的基本复句。

在递进复句中，各分句之间一般应使用关联词汇。常用的关联词汇包括"更""尤其""甚至""不但……而且……""不但……还……""不仅……而且……""不仅……还……""不单……还……""不只……还……"等。

示例1

<u>中国梦</u>是我们这一代的，<u>更</u>是青年一代的。

示例2

［在前进道路上］（我们面临）的<u>风险考验</u>［只］会〈越来越复杂〉，<u>甚至</u>会遇到（难以想象）的惊涛骇浪。

示例3

<u>这样的话</u>，<u>不仅</u>会跟〈不上〉时代、做〈不好〉工作，<u>而且</u>会贻误时机、耽误工作。

③转折复句。

一般而言，转折复句是指各分句之间属于转折关系的基本复句。

在转折复句中，各分句之间一般应使用关联词汇。常用的关联词汇包括"而""但""可""却""然而""但是""不过""虽然……但是……""尽管……然而……""固然……却……"等。

示例1

<u>历史</u>［只］会眷顾坚定者、奋进者、搏击者，<u>而</u>［不］会等待犹豫者、懈怠者、畏难者。

示例2

<u>各部门各单位</u>职责分工不同，<u>但</u>［都不］是（单纯）的业务机关。

示例3

<u>达沃斯</u><u>虽然</u>［只］是（阿尔卑斯山上）的（一个）小镇，<u>却</u>是（一个）（观察世界经济）的重要窗口。

④选择复句。

一般而言，选择复句是指各分句之间属于选择关系的基本复句。选择复句包括有取舍型选择复句和非取舍型选择复句两种类型。

在选择复句中，各分句之间一般应使用关联词汇。取舍型选择复句常用的关联词汇包括"不如""倒不如""与其……还不如……""宁愿……也不……""宁可……不……"等；非取舍型选择复句常用的关联词汇包括"或者""是……还是……""要么……要么……""或……或……""也许……也许……"等。

示例1

与其坐而论道，不如起而行之。

示例2

宁愿少出显绩，也不搞形象工程。

示例3

要么选择封闭，要么选择开放。

⑤承接复句。

一般而言，承接复句是指各分句之间属于承接关系的基本复句。

在承接复句中，各分句之间可以使用关联词汇，也可以不使用关联词汇。常用的关联词汇包括"便""又""再""接着""于是""继而""然后""刚……便……""先……而后……"等。

示例1

经济全球化［曾经］［被人们］视为（阿里巴巴）的山洞，［现在］又被不少人看作（潘多拉）的盒子。

示例2

［在全面建成小康社会基础上］，再奋斗三十年，［到新中国成立一百年时］［基本］实现现代化。

示例3

［2021年］，我们［将］宣告全面建成小康社会，继而开启全面建设社会主义现代化国家新征程。

⑥因果复句。

一般而言，因果复句是指各分句之间属于因果关系的基本复句。

在因果复句中，各分句之间一般应使用关联词汇。常用的关联词汇包括

"故""因""因而""因此""以致""所以""之所以""从而""可见""因为""由于""因为……所以……""之所以……是因为……""既然……就……"等。

示例1

因为我们追求真理，所以我们坚定。

示例2

（违纪违法）的党员领导干部之所以跌入腐败陷阱，［从根本上讲］是理想信念出了问题。

示例3

年轻干部既然选择了扎根基层，就要立志［在基层这个广阔天地中］大有作为。

⑦假设复句。

一般而言，假设复句是指各分句之间属于假设关系的基本复句。假设复句包括一致型假设复句和让步型假设复句两种类型。

在假设复句中，各分句之间一般应使用关联词汇。一致型假设复句常用的关联词汇包括"如果……就……""倘若……便……""假如……则……"等；让步型假设复句常用的关联词汇包括"即使……也……""哪怕……也……""就算……也……"等。

示例1

如果没有全面从严治党，就［不可能］有（党和国家）（今天）（这样）的大好局面。

示例2

要是（法治）的堤坝［被］冲破了，（权力）的滥用［就］会［像洪水一样］成灾。

示例3

［在选不准科研方向的情况下］，科技工作者即使花费（很大）精力，也［很难］做出成果。

⑧条件复句。

一般而言，条件复句是指各分句之间属于条件关系的基本复句。条件复句包括充分型条件复句、必要型条件复句、无条件型条件复句。

在条件复句中，各分句之间一般应使用关联词汇。充分型条件复句常用的关联词汇包括"只要……就……""只需……就……""一旦……就……"等；必要型条件复句常用的关联词汇包括"只有……才……""除非……才……""唯有……才……"等；无条件型条件复句常用的关联词汇包括等"不管……还……""无论……都……""不论……总……"等。

示例1

只要青年［都］［勇］挑重担、［勇］克难关、［勇］斗风险，中国特色社会主义就能充满活力、充满后劲、充满希望。

示例2

只有敢于创新、勇于变革，才能突破（世界经济增长和发展）的瓶颈。

示例3

无论我们走得〈多远〉，都［不］能忘记（来时）的路。

（2）多重复句。

多重复句一般是指由三个（含）以上且存在两层（含）以上层次关系的分句组成的复句。依据层次关系数量，多重复句一般可以被划分为二重复句、三重复句、四重复句等。

示例1

如果任由这些行为滋生蔓延，‖积少成多，｜不仅会使脱贫成效大打折扣，‖而且将严重损害党和政府在群众心目中的形象。

示例2

青少年阶段是人生的"拔节孕穗期"，‖这一时期心智逐渐健全，‖‖思维进入最活跃状态，｜最需要精心引导和栽培。

示例3

我国拥有数量众多的科技工作者、规模庞大的研发投入，‖初步具备了在一些领域同国际先进水平同台竞技的条件，｜关键是要改善科技创新生态，‖‖激发创新创造活力，‖‖给广大科学家和科技工作者搭建施展才华的舞台，‖让科技创新成果源源不断涌现出来。

第三节　公文写作校对符号

公文写作校对符号，是公文处理工作参与者校对公文的重要工具，也是公文处理工作参与者修改公文的重要抓手。公文写作校对符号的规范使用，不仅有助于提升公文校对工作效率，也有助于提高公文写作质量。尽管伴随公文电子化快速发展，公文写作校对符号的使用范围已经大幅收窄，使用频率也已经大幅降低。但从公文处理工作实践看，尤其是从涉密公文处理工作实践看，公文写作校对符号在校对公文和修改公文方面仍然发挥着十分重要的作用。目前，对公文处理工作参与者而言，学习、掌握和运用公文写作校对符号仍然是十分必要的。

（一）基本概念

从目前相关制度规定看，公文写作乃至公文处理工作并无专用的校对符号。该部分所述公文写作校对符号主要是指《校对符号及其用法》（GB/T14706—93）所给出的术语"校对符号"。

校对符号一般是指以特定图形为主要特征的，表达校对要求的符号。

校对符号主要包括改正符号、删除符号、增补符号、改正上下角符号、转正符号、对调符号、接排符号、另起段符号、转移符号、上下移符号、左右移符号、排齐符号、排阶梯形符号、正图符号、加大空距符号、减小空距符号、空1（1/2、1/3、1/3）字距符号、分开符号、保留符号、代替符号、说明符号21项。

（二）常见问题

在公文处理工作实践中，部分参与者不重视、不了解、不掌握公文写作校对符号的基本概念、符号形态、符号作用以及适用场景等，出现校对符号使用错误、符号形态书写不规范、改正的字符不准确、改正的字符书写不清晰、校改外文未使用印刷体、颜色相同的校对引线交叉等情况，直接导致公文写作校对质量的下降，进而影响公文写作的基本质量。

（三）实践把握

校对符号主要适用于字符的改动、字符方向位置的移动、字符间空距的改动以及其他四个方面。在字符的改动方面，校对符号主要发挥改正、删除、增补、改正上下角四项作用。在字符方向位置的移动方面，校对符号主要发挥转正、对调、接排、另起段、转移、上下移、左右移、排齐、排阶梯形、正图十项作用。在字符间空距的改动方面，校对符号主要发挥加大空距、减小空距、空1（1/2、1/3、1/3）字距、分开四项作用。在字符的改动方面，校对符号主要发挥保留、代替、说明三项作用。

符号作用与符号形态存在对应关系，24项符号作用就对应24种符号形态（详见校对符号及用法示例）。在公文处理工作实践中，常用的公文写作校对符号一般包括改正符号、删除符号、增补符号、对调符号、接排符号、转移符号、左右移符号、空1（1/2、1/3、1/3）字距符号8种。

需要指出的是，《条例》并未就校对符号的使用作出规定，也未将《校对符号及其用法》（GB/T14706—93）纳入其相关规定当中；《格式》未就校对符号的使用提出规范标准，也未将《校对符号及其用法》（GB/T14706—93）纳入其规范性引用文件部分以及其他相关规范标准当中，故作为推荐性国家标准,《校对符号及其用法》（GB/T14706—93）在公文处理工作实践中并无强制约束力。加之,《校对符号及其用法》（GB/T14706—93）是于1993年11月16日由原国家技术监督局批准，并于1994年7月1日实施的，其实施距今已有近30年时间，相关标准要求与当下的公文处理工作实践存在一些不相适应的情况。综上所述，在公文处理工作实践中，参与者可以将《校对符号及其用法》（GB/T14706—93）作为参考性标准，加以借鉴使用。

第三章　公文写作之术

工欲善其事，必先利其器。

不发掘、不提炼、不运用公文写作之术，无疑是导致在公文写作实践中存在领会意图不到位、破题立意不精准、素材收集不全面、框架（也为提纲，下同）搭建不合理、标题拟制不规范、文首表意不聚焦、主体层次不分明、文尾表意不贴题、文风不务实、语言不凝练、表达不得当等情况的关键因素。因此，只有不断挖掘、反复提炼、务实运用公文写作之术，才能更好的破解上述问题、弥补上述不足，持续提升公文写作质量。

公文写作之术，主要涉及公文写作思维、公文写作路径、公文写作实用等方面，具体包括领受任务、领会意图、破题立意、素材选用、框架搭建、标题拟制、内容撰写、语言运用、表达方式等内容，在公文写作实践中发挥路径作用，体现并影响着公文写作之道和公文写作之法。

在公文写作实践中，公文处理工作各个参与主体，尤其是专（兼）职文秘人员和各级领导干部，均宜了解、掌握、遵循公文写作之术，以确保公文写作破题立意到位、谋篇布局合理、语言表达恰当，切实为公文写作之道的遵循和公文写作之法的严守提供实现路径。

对于公文写作者特别是公文写作初学者而言，公文写作不能唯"术"，但不能无"术"。公文写作不是一个从无"术"到无"术"的虚无过程，而是一个从无"术"到有"术"、再从有"术"到无"术"的递进循环的实践过程。公文写作者只有在上述实践过程中反复磨炼，才能系统掌握和熟练运用公文写作之术，才能实现从写得出到写得准再到写得好的公文写作能力迭代，才能创作出更多有思想、有温度、有力量的好公文，进而更好体现和发挥公文的重要价值。

第一节　公文写作思维

系统思维在广泛应用于经济社会的各个领域,并发挥着十分重要的作用。公文写作概莫能外。作为公文写作之术的"魂",公文写作思维主要是指系统思维,是公文写作之术的重要组成部分之一,在公文写作之术中居于核心地位。

了解、掌握、运用公文写作思维,是提升公文写作质量的基本前提。公文写作思维主要包括公文写作基本思维、公文写作时间思维、公文写作空间思维等方面内容。公文写作基本思维、公文写作时间思维、公文写作空间思维相互影响、相互作用,共同构成了公文写作之术的核心要义。

一、公文写作基本思维

(一) 基本概念

公文写作基本思维是指以公文写作为研究对象,借助公文写作基本知识和丰富经验,对公文写作本质和规律的深刻认识和客观反映。

公文写作基本思维是将公文内容有序衔接、紧密组织在一起的最基本的方式方法,主要包括"是什么""为什么"和"怎么办"三个基本要素。这三个基本要素紧密联系、相互作用,共同形成一个相对完整的意思表达,共同构成了公文写作基本思维的核心要义,贯穿并作用于公文写作的各个方面和各个环节。

(二) 常见问题

在公文处理工作尤其是公文写作实践中,部分参与者不重视、不了解、不掌握公文写作基本思维的基本概念、价值意义和实践应用,导致出现公文整体表意重叠或公文整体表意残缺等不规范情况。这些不规范情况的出现,不仅会直接影响公文写作逻辑严谨性,也会影响公文内容表达的完整性;不仅不利于发文机关的对外形象,也不利于收文机关的收文办理。

以起草请示类公文为例,公文写作参与者如果不能同时运用以"是什么""为什么"和"怎么办"为核心的公文写作基本思维,可能就会出现只写请示事项(即请示事项是什么)、不写请示理据(即为什么请示)的情况,有时也会出现使用大篇幅来阐释请示理据(即为什么请示)、一笔带过请示事项(即请示事项是什么)的情况。前一种情况不能或不能充分体现出该请示必要性，待批示内容缺乏理据或理据不足，导致上级机关批准的可能性就会大幅降低；后一种情况不能详细说明请示事项的具体内容，导致待批示内容过于笼统，也会导致上级机关批准的可能性大幅降低。

（三）实践把握

作为公文写作系统思维的核心要素，公文写作基本思维既是一种写作思维，也是一种工作思维；不仅应用于公文写作本身，也应用于公文写作之外。公文写作基本思维的价值不仅体现在公文写作本身，也体现在公文写作之外。从公文写作实践看，公文写作基本思维一般会在公文写作和日常工作的交互过程中，突出出来、强化起来、运用开来。

"是什么""为什么"和"怎么办"三者本质上都是围绕"问题"展开的，即围绕特定工作事项提出问题、分析问题和解决问题，最终解决问题、推动工作、实现目标。作为公文写作基本思维的基本要素，"是什么""为什么"和"怎么办"共同构成了公文写作的思维线索，回答了公文写作的根本性问题，即特定工作事项是什么、特定工作事项为什么、特定工作事项怎么办。在公文写作实践中，"是什么""为什么"和"怎么办"各自在公文中所占分量或者比重如何，主要依据公文写作需求进行选择或调整。

综上所述，了解和掌握公文写作基本思维的基本概念、价值意义和实践应用，对于各类公文写作参与者特别是公文写作者而言，具有十分重要的基础性作用。从公文处理工作尤其是公文写作实践看，为更好掌握公文写作基本思维的基本常识、提升公文写作基本思维的使用质量，参与者一般可以"是什么""为什么"和"怎么办"这三个根本性问题着力。

需要特别指出的是，"是什么""为什么"和"怎么办"这三个根本性问题并不是绝对泾渭分明的，不同分析视角可以产生不同认识和理解，且在一定条件下是可以实现相互转化。比如：当"是什么"阐释的是特定工作事项的作用价值或者存在问题时，可以将其看作特定工作事项存在或者实施的理据，即"为什么"；又如："为什么"可以被看作特定工作事项存在或者实施的理据"是什么"；再如："怎么办"可以被看作实施特定工作事项的对策措施"是什么"；等等。

1. 关于"是什么"

一般而言，公文都会涉及"是什么"，或详细、或简略、或直接、或间接。"是什么"在公文写作基本思维中居于核心地位，"为什么"和"怎么办"都要围绕"是什么"展开。

"是什么"主要是指特定工作事项的基本信息或基本情况，包括特定工作事项的历史、现状或愿景，作用、价值和意义，目标、任务或打算，优势、短板或困难，成绩和问题，经验或教训，好处或弊端，等等。"是什么"一般应具备客观性、准确性、概括性、代表性等特点。

（1）就其客观性而言。

以联合行文为例，"是什么"是否具备客观性，很大程度上影响着联合行文的质量和作用。各起草机关尤其是主办（牵头）机关切不可把是否更有利于本机关作为依据，选择性的写出"是什么"，导致所写在公允性上有所折扣；而应保持中立态度、做到统筹考量，确保"是什么"的客观性。

再以阶段性报告为例，公文写作者切不可作选择、打埋伏，只报"喜"不报"忧"，导致上级机关无法掌握相关事项的总体情况；而应坚持有什么写什么，全面反映相关事项的进展情况，确保"是什么"的客观性，为上级机关实施指导帮助或作出相关决策提供有力依据。

（2）就其准确性而言。

以纪要为例，"是什么"是否具备准确性，很大程度上影响着纪要的质量和作用。公文写作者在撰写会议基本情况或议定事项时，切不可碍于外部压力或自身原因，去"钻空子"或"搞变通"，枉顾会议基本事实，随意调整甚至臆造会议内容，导致纪要的凭证或依据作用削弱甚至消失；而应忠于会议基本事实，真实反映会议时间、会议地点、会议议题、出席人员、列席人员等基本情况，真实反映表决情况、议定结果、不同意见等核心内容，确保"是什么"的准确性。

（3）就其概括性而言。

以表彰类通报为例，"是什么"是否具备概括性，很大程度上影响着表彰类通报的质量和作用。在内容上，公文写作者切不可将所表彰的具体事项全面铺开，事无巨细的一并呈现出来，导致公文冗长且重点不突出；而应对所表彰的具体事项进行梳理归纳，把蕴含其中的重点亮点或精神内涵总结提炼出来，确保"是什么"的概括性。在表述上，公文写作者切不可"无病呻吟"或以长为美，导致公文拖泥带水、啰里啰唆；而应凝练表述、精而又精，能短则短，力求用最少的字表达最多的意，确保"是什么"的概括性。

（4）就其代表性而言。

以调研类报告为例，"是什么"是否具备代表性，很大程度上影响着调研类报告的质量和作用。在调研过程中,公文写作者会收集到很多素材且这些素材都很鲜活,在选用时会遇到取舍问题,经验不足者往往进退两难,有的捡了芝麻丢了西瓜,有的眉毛胡子一把抓,导致最终采用素材偏离主题或淡化主题。面对丰富的写作素材,公文写作者应懂得做筛选、学会做减法,好中选优、优中选特,把最具典型性和价值性的素材选取出来,防止出现"乱花渐欲迷人眼"的情况,确保"是什么"的代表性。

2. 关于"为什么"

一般而言,大多数公文都会涉及"为什么",或详细、或简略、或直接、或间接。"为什么"是公文写作基本思维的重要组成部分,在一定条件下可以转化为"是什么",同时也是"怎么办"的思维起点。

"为什么"主要是指实施特定工作事项的原因、理由或者依据等。"为什么"一般具有重要性、必要性、迫切性等特点。在公文处理工作实践中,公文写作者通常会使用一些标志性词汇用以标示"为什么",比如"为""为了""依据""根据""经……同意""经……批准""经……授权"等。

(1)就其重要性而言。

以执行类通知为例,"为什么"是否具备重要性,很大程度上影响着执行类通知的质量和效果。公文写作者特别是公文写作初学者切不可忽视"为什么"的重要性,撰写执行事项的目的或理据不充分、不到位甚至忽略不写,一定程度上将增加执行机关的目标缺失感,进而削弱执行机关的执行动力,影响特定工作事项的贯彻落实;而应以事实为基础,把执行事项的意义、作用或者影响写充分写到位,充分阐明特定工作事项的特殊性,将执行事项与其他一般工作事项明显地区别开来,确保"为什么"的重要性。

(2)就其必要性而言。

以请求批准类请示而言,"为什么"是否具备必要性,很大程度上影响着请求批准类请示的质量和效果。公文写作者特别是公文写作初学者切不可忽视"为什么"的必要性,撰写请示事项的目的或者理据不充分、不到位甚至忽略不写,客观上削弱了请求批准的决心和信心,同时强化了一种模糊态度(即"批准也行、不批准也行"或"可批可不批"),最终影响请示的批复结果;而应以事实为基础,把请示事项的不可或缺性或非此不行性写充分写到位,充分阐明请示事项获批的意义、作用和价值,或阐明请示事项被否的危害性,确保"为什么"的必要性。

（3）就其迫切性而言。

以防灾类通告为例，"为什么"是否具备迫切性，很大程度上影响着防灾类通告的质量和效果。公文写作者特别是公文写作初学者切不可忽视"为什么"的迫切性，撰写防灾工作迫切的理据不充分、不到位甚至忽略不写，给执行机关或人员留出了缓办空间和可能，势必影响到防灾工作的迅速展开；而应以事实为基础，把防灾工作迫切的理据写充分、写到位，充分阐明防灾工作急迫到不可再等的程度，确保"为什么"的迫切性。

3. 关于"怎么办"

一般而言，大多数公文都会涉及"怎么办"，或详细、或简略，或直接、或间接。"怎么办"是公文写作基本思维的重要组成部分之一，在一定条件下可以转化为"是什么"，同时也是"为什么"的思维归宿。

"怎么办"主要是指完成特定工作事项的对策、措施、办法或要求等。"怎么办"一般具有针对性、可操作性、可检查性和可评测性、合规性等特点。

（1）就其针对性而言。

以批复为例，"怎么办"是否具备针对性，很大程度上影响着批复的质量和效果。公文写作者特别是公文写作初学者切不可忽视"怎么办"的针对性，出现超出下级机关请示事项范围进行答复或超出本机关审批权限进行答复等不规范情况；而应以职能权限为依据，以请示事项为对照，做到职权范围内的可以批，超出职权范围的不能批，保证批复事项的合规性，确保"怎么办"的针对性。

（2）就其可操作性而言。

以方案类通知为例，"怎么办"是否具备可操作性，很大程度上影响着方案类通知的质量和效果。公文写作者特别是公文写作初学者切不可忽视"怎么办"的可操作性，脱离方案实施主体、实施环境、实施条件等具体情况，制定方案泛泛而谈、不接地气，或制定方案超越人员能力、物质保障、技术手段等现实情况，导致方案效用降低甚至"中看不中用"；而应综合考量方案相关各方情况，区分层次、区分地域、区分领域，因地施策、一事一策，让方案程序走得顺，让方案措施行得通，确保"怎么办"的可操作性。

（3）就其可检查性和可评测性而言。

以计划类通知为例，"怎么办"是否具备过程可检查性和结果可评测性，很大程度上影响着计划类通知的质量和效果。公文写作者特别是公文写作初学者切不可忽视"怎么办"的过程可检查性和结果可评测性，只重视事前工作，轻视或忽视事中、事后工作，丧失过程管理和效果评价主动权，降低计划的作用和价值；而应以结果为导向，不仅让计划本身各流程在形式上构成闭环，而且在管理上尤其是在事中和事后管理上形成闭环，能定量分析的尽量定量、不能定量分析的则要定性，夯实过程检查和结果评测的前提基础，确保"怎么办"的过程可检查性和结果可评测性。

（4）就其合规合法性而言。

以意见为例，"怎么办"是否具备合规合法性，很大程度上影响着意见的质量和效果。公文写作者特别是公文写作初学者切不可忽视"怎么办"的合规合法性，把精力都放在提升针对性、可操作性、可检查性和可评测性等其他方面，在意见同其他公文的衔接上、与相关法规制度的适配上着力不够，一定程度上会增加违规违法可能性，导致意见的正当性出现问题；而应以法规制度为准绳，以现有相关公文为参照，在确保意见的针对性、可操作性、可检查性和可评测性等基础上，在意见的制定依据、制定程序、具体内容等方面做到合规合法，确保"怎么办"的合规合法性。

二、公文写作时间思维

（一）基本概念

公文写作时间思维是指以公文写作为研究对象，借助公文写作基本知识和丰富经验，对公文写作时间的深刻认识和客观反映。

公文写作时间思维是将公文内容有序衔接、紧密组织在一起的极其重要的方式方法之一，也是公文写作持续性、顺序性的重要表现，主要包括系统时间、片段时间、节点时间三个基本要素。这三个基本要素紧密联系、相互作用，共同形成了一个由时间要素构成的复杂系统，共同搭建起一个相对完整的时间架构，共同构成了公文写作时间思维的核心要义，贯穿并作用于公文写作的各个方面和各个环节。

在公文处理工作尤其是公文写作实践中，参与者通常会使用一些标志性词汇用以标示时间思维。这些词汇主要包括时间词和副词两个类型，比如"过去""现在""将来""去年""今年""明年""昨天""今天""明天""事前""事中""事后""首先""其次""再次""最后""历史""以往""以前""不久前""当下""当前""目前""今后""未来""同时""2021年"" '十四五'时期""第一个五年""五年来""100年前"等。

（二）常见问题

在公文处理工作尤其是公文写作实践中，部分参与者不重视、不了解、不掌握公文写作时间思维的基本概念、价值意义和实践应用，出现公文写作思路狭窄、公文写作内容单薄、公文写作内容跳跃等不规范情况。这些不规范情况的出现，不仅直接影响公文写作逻辑严谨性，也会影响公文内容表达的完整性；不仅不利于发文机关的对外形象，也不利于收文机关的收文办理。

以起草工作报告为例，起草该类公文往往需要参与者同时运用系统时间、片段时间、节点时间等公文写作时间思维要素。但由于部分公文写作者尤其是公文写作初学者在时间思维方面认识不到位、把握不得当，不同程度的影响着所起草报告的质量和作用。

一方面，只撰写了"过去"和"将来"两个时间维度的内容，未撰写"现在"这一时间维度的内容，一定程度上破坏了工作报告系统时间的完整性，导致公文写作会出现时间跳跃。

另一方面，虽然公文内容涉及了"过去""现在""将来"三个时间维度，但各维度对应内容在全文中的比例不合适，一定程度上破坏了工作报告系统时间的协同性，导致公文结构出现"头太重""脖太粗"或"脚太轻"的情况。

（三）实践把握

作为公文写作系统思维的基础要素，公文写作时间思维既是一种写作思维，也是一种工作思维；不仅应用于公文写作本身，也应用于公文写作之外。公文写作时间思维的价值不仅体现在公文写作本身，也体现在公文写作之外。从公文写作实践看，公文写作时间思维一般会在公文写作和日常工作的交互过程中，突出出来、强化起来、运用开来。

系统时间、片段时间、节点时间三者是围绕"系统"展开的，是要素与系统的关系，共同构成了公文写作的时间线索，是公文写作的一种重要存在方式，同时也是公文写作持续性和顺序性的集中表现，回答了如何拓展公文写作思路、增加公文写作厚度、确保公文写作完整度等重要问题。在公文写作实践中，系统时间、片段时间、节点时间各自对应的内容在公文中所占分量或者比重如何，主要依据公文写作需求进行确定或调整。

综上所述，了解和掌握公文写作时间思维的基本概念、价值意义和实践应用，对于各类公文写作参与者特别是公文写作者而言，具有十分重要的基础性作用。从公文处理工作尤其是公文写作实践看，为更好掌握公文写作时间思维的基本常识、提升公文写作时间思维的使用质量，参与者一般可以系统时间、片段时间、节点时间等方面着力。

需要特别指出的是：系统时间、片段时间、节点时间三者并不是绝对泾渭分明的，不同分析视角可以产生不同认识和理解，且在一定条件下是可以实现相互转化。以"2021年"为例，当从第一个百年的视角分析时，它是作为节点时间词汇出现的；当从"十四五"时期的视角分析时，它是作为阶段时间词汇出现的；当从开局之年的视角分析时，它是作为系统时间词汇出现的。

1. 关于系统时间

一般而言，公文都会涉及系统时间，或显性、或隐性、或一次运用、或多次运用。系统时间在公文写作时间思维中居于核心地位；节点时间和片段时间一般都是作为系统时间的要素存在的，往往服务和服从于系统时间。

系统时间主要是指按照一定的关系组成的具有完整性的时间过程，有时有相对明确的起点和终点，主要包括宏观系统时间、中观系统时间、微观系统时间三个类型，一般具备完整性、延续性、发展性等特点。

在公文写作实践中，系统时间往往被一些标志性词汇标示出来，比如，使用"'过去''现在''将来'""'历史''当下''未来'""'昨天（过去）''今天（现在）''明天（未来）'"等标示宏观系统时间，使用"'去年''今年''明年'"等标示中观系统时间，使用"'事前''事中''事后'"等标示微观系统时间。

以《政府工作报告》（2020年5月22日在第十三届全国人民代表大会第三次会议上）为例，系统时间的整体性、联系性和发展性在该报告中得到全面体现，且这三个特点紧密联系。

（1）就其完整性而言。

该报告在其正文的第一层次标题中使用了"2019年和今年以来（即过去）""今年（即现在）""下一阶段（即未来）"等时间词，这些词汇共同构建出全文的完整性时间脉络，并作为显性的时间线索出现，更有利于读者从总体上理解和把握工作报告。

（2）就其延续性而言。

从整体看，该报告中的"2019年和今年以来（即过去）""今年（即现在）""下一阶段（即未来）"等时间要素环环相扣、无缝衔接，写作时间上的延续性确保了工作内容上的延续性，有效确保了工作报告内容完整性。

从局部看，该报告并未简单的将"2019年"作为"过去"，而是结合2020年两会时间推迟的现实情况，科学地将"2019年和今年以来"作为"过去"，在防止机械地划分系统时间的同时，保持了局部时间的延续性。

（3）就其发展性而言。

从报告本身看，重点是看量的变化。总结过去、立足当下是为了更好的未来，这一点可以从不同时间要素对应的内容在全文中的占比体现出来。比如：该报告"下一阶段（即未来）"对应的内容在全文中的占比超过六成。

从历年报告看，重点是看质的变化，该报告中"2019年和今年以来（即过去）""今年（即现在）""下一阶段（即未来）"等时间要素代表的意义是处于变化之中的。在上一年度报告中，上述时间要素对应的是"现在"和"未来"；在这个报告中，上述时间要素则对应的是"过去"和"现在"。

2. 关于片段时间

一般而言，公文都会涉及片段时间，或显性、或隐性、或一次运用、或多次运用。片段时间在公文写作时间思维中居于承接地位，影响着节点时间和系统时间；节点时间是作为片段时间的要素出现的，系统时间则是以片段时间这一要素对应的系统出现的。

片段时间主要是指作为要素构成系统时间的阶段性时间过程，一般都有相对明确的起点和终点，主要包括宏观片段时间、中观片段时间、微观片段时间三个类型，一般具备阶段性、衔接性、独立性等特点。

在公文写作实践中，片段时间往往被一些标志性词汇标示出来，比如，使用"过去""历史""昨天（表示过去）""现在""现实""今天（表示现在）""未来""明天（表示未来）""将来""一百年来""70年来""30年来"等标示宏观片段时间，使用"五年来""三年来""一年来""去年""今年""明年"等标示中观片段时间，使用"事前""事中""事后""昨天（表示一天）""今天（表示一天）""明天（表示一天）"等标示微观片段时间。

以党的十九大报告为例，片段时间的阶段性、衔接性和独立性在该报告中得到全面体现，且这三个特点紧密联系。

（1）就其阶段性而言。

阶段性是片段时间的基本特征，比如："从现在到二〇二〇年""从十九大到二十大""二〇二〇年到本世纪中叶"等表示时间的词汇，均是作为该报告写作系统时间中的一个区间段落出现的。片段时间的阶段性特点，不仅有助于公文写作者划分公文的层次结构，也有助于公文阅读者更好把握不同阶段的不同内容。

（2）就其独立性而言。

尽管片段时间属于系统时间的组成要素，但其并不完全依附于系统时间，且其具备一定的独立性，能够独立的表达相对完整的语义、发挥相对完整的功能，这也是其存在的基本价值。比如："从现在到二〇二〇年"作为"全面建成小康社会决胜期"的时间区间出现，具备显著的独立性。

（3）就其衔接性而言。

一方面，片段时间可以与其所在系统时间中的其他时间要素相互衔接，构成系统时间，比如"从二〇二〇年到二〇三五年"与"从二〇三五年到本世纪中叶"相互衔接构成"从二〇二〇年到本世纪中叶"。

另一方面，片段时间本身就是由两个（含）以上节点时间衔接构成，比如："从二〇二〇年到本世纪中叶"由"二〇二〇年""二〇三五年""本世纪中叶"三个节点时间按照一定的顺序衔接而成。

3. 关于节点时间

一般而言，公文都会涉及节点时间，或显性、或隐性，或一次运用、或多次运用。节点时间在公文写作时间思维中居于基础地位，既可以作为构成片断时间的直接要素，也可以作为构成系统时间的直接要素，支撑着片段时间和系统时间。

节点时间主要是指作为要素构成系统时间或片段时间的关键性时间点，主要包括宏观节点时间、中观节点时间、微观节点时间三个类型，一般具备关键性和顺序性两个特点。

在公文写作实践中，节点时间往往被一些标志性词汇标示出来，比如，使用"去年""今年""明年""2021年""2035年""2049年"等标示宏观节点时间，使用"十八大""十八届三中全会""十一""五一""昨天（具体指上一天）""今天（具体指这一天）""明天（具体指下一天）"等标示中观节点时间，使用"现在""当下""此时""此刻"等标示微观节点时间。

以《在浦东开发开放30周年庆祝大会上的讲话》（2020年11月12日）为例，节点时间的关键性和顺序性在该讲话中得到全面体现。

（1）就其关键性而言。

该公文中存在大量具有关键意义或作用的时间点，这些时间点可以被划分为起点时间、终点时间、转折点时间等，其中：转折点时间具有一定特殊性，可以同时作为起点时间和终点时间，其既是上一个片段时间的终点，也是下一个片段时间的起点。

以该讲话中的"1990年"为例,其既是浦东开发开放前的历史阶段的终点,也是浦东开发开放后的历史阶段的起点,在浦东发展史上具有重大转折意义,是浦东发展的转折点时间。

(2)就其顺序性而言。

时间一维性这一本质特征,决定了节点时间的顺序性特点。在时间维度里,一个节点时间不在其他节点时间之前,就在其他节点时间之后,不会出现第三种位置。

以该讲话中的"2019年"为例,其只能居于"1990年"与"今天(2020年11月12日)"之间,且只能位于"1990年"之后、"今天(2020年11月12日)"之前。

三、公文写作空间思维

(一)基本概念

公文写作空间思维是指以公文写作为研究对象,借助公文写作基本知识和丰富经验,对公文写作本质和规律的深刻认识和客观反映。

公文写作空间思维是将公文内容有序衔接、紧密组织在一起的极其重要的方式方法之一,主要包括上下空间、左右空间、前后空间、内外空间四组基本要素。这些基本要素紧密联系、相互作用,共同形成了一个由空间要素构成的复杂系统,共同搭建起一个相对完整的空间架构,共同构成了公文写作空间思维的核心要义,贯穿并作用于公文写作的各个方面和各个环节。

在公文处理工作实践中,公文写作者有时会使用一些标志性词汇用以标示空间思维,这些词汇主要包括单纯方位词、合成方位词、方位词组等。

示例1

东 西 南 北 中 上 下 左 右 前 后 内 外 里 间 旁

示例2

以上	以下	之上	之下	前面	后面	上下	左右	前后	内外
城市	乡村	城镇	农村	地区	领域	林区	湖区	库区	外地
本地	东部	南部	西部	北部	中部	东北	西北	西南	华南
华东	华中	上游	下游	地面	空中	地下	地上	房前	屋后
田间	地头	沿海	近海	远海	低空	高空	太空	地球	极地

北极　南极　温带　热带

内因　外因　现象　本质　国际　国内　世界　民族　我国　各国

中央　地方　机关　单位　企业　片面　全面　局部　全局　上级

下级　平级

长三角　珠三角　京津冀　粤港澳　高新区　开发区　自贸区

临港区　免税区　隔离区　测温区　检测区

示例3

革命老区　边远地区　发达地区　欠发达地区　落后地区　经济组织

文化组织　社会组织　上级机关　下级机关　平级机关　经济建设

政治建设　文化建设　社会建设　生态文明建设

（二）常见问题

在公文处理工作尤其是公文写作实践中，部分参与者不重视、不了解、不掌握公文写作空间思维的基本概念、价值意义和实践应用，习惯于单一运用点式思维、线式思维或面式思维等，缺乏对空间思维的系统运用，在公文写作的思路和内容方面不同程度出现深度不够、高度不够、广度不够等情况。这些情况的出现，不仅会直接影响公文写作逻辑严谨性，也会影响公文内容表达的完整性；不仅不利于发文机关的对外形象，也不利于收文机关的收文办理。

以起草意见为例，起草该类公文往往需要参与者同时运用上下空间、左右空间、前后空间、内外空间等公文写作空间思维要素。但由于部分公文写作者尤其是公文写作初学者在空间思维方面认识不到位、把握不得当，不同程度的影响着所起草意见的质量和作用。

一方面，思考片面、胸无全局，忽视或遗漏重要空间要素。比如，在落实上级决策部署上，简单机械地执行上级要求，忽视或超越了本地发展实际，搞成"上下一般粗"，导致起草的意见脱离实际、落地难；又如，在推动经济发展上，过度追求经济发展，忽视或超出了本地环境承载能力，导致起草的意见存在卯吃寅粮或严重破坏生态环境的可能；再如，在房地产市场调控上，出现"一刀切"政策，忽视了各地区各城市差异，导致起草的意见缺乏针对性、管"东"不管"西"。

另一方面，平均发力、面面俱到，抓不住重点或主要矛盾。比如：基层机关在起草意见时，简单罗列各层上级机关的工作要求，看似空间思维连续，实则抓不住重点或关键，导致层层"穿鞋戴帽"，甚至滑向形式主义。

（三）实践把握

作为公文写作系统思维的基础要素，公文写作空间思维既是一种写作思维，也是一种工作思维；不仅应用于公文写作本身，也应用于公文写作之外。公文写作空间思维的价值不仅体现在公文写作本身，也体现在公文写作之外。从公文写作实践看，公文写作空间思维一般会在公文写作和日常工作的交互过程中，突出出来、强化起来、运用开来。

上下空间、左右空间、前后空间、内外空间四者共同构成了公文写作的空间线索，是公文写作的一种重要存在方式，同时也是公文写作广延性和伸张性的集中表现，回答了如何拓展公文写作思路、增加公文写作深度、确保公文写作完整度等重要问题。在公文写作实践中，上下空间、左右空间、前后空间、内外空间四者各自对应的内容在公文中所占分量或者比重如何，主要依据公文写作需求进行确定或调整。

综上所述，了解和掌握公文写作空间思维的时间概念、价值意义和实践应用，对于各类公文写作参与者特别是公文写作者而言，具有十分重要的基础性作用。从公文处理工作尤其是公文写作实践看，为更好掌握公文写作空间思维的基本常识、提升公文写作空间思维的使用质量，参与者一般从上下空间、左右空间、前后空间、内外空间四个方面着力。

需要特别指出的是：上下空间、左右空间、前后空间、内外空间四者可以单独使用，可以搭配使用，也可以同时作用。这些空间要素，可以是抽象的，比如：党中央、省委、市委、县委等；也可以是具象的，比如：东部、南部、西部、北部、中部等。以《国务院关于新时代支持革命老区振兴发展的意见》（国发〔2021〕3号）为例，该公文同时使用了抽象空间要素和具象空间要素，比如：欠发达地区、革命老区、中央苏区等抽象空间要素，大别山、井冈山、左右江以及等具象空间要素。

1. 关于上下空间

一般而言，许多公文都会涉及上下空间，或显性、或隐性，或一次运用、或多次运用。上下空间在公文写作空间思维中居于基础地位，是决定公文写作高度和深度的关键因素。

上下空间主要是指以不同的抽象或具象高度位置为标准划分而成的空间，一般被划分为上位空间、同位空间、下位空间三个类型，也可以被划分为抽象上下空间和具象上下空间两种类型。上下空间一般具备并存性、层次性、固定性等特点。在公文写作实践中，上位空间、同位空间、下位空间的划分通常以公文写作主体为基准，并随着公文写作主体的调整而变化。

在公文写作实践中，上下空间往往被一些标志性词汇标示出来，比如，使用"上""高"等标示上位空间，以及使用"平""中"标示同位空间，使用"下""初"等标示下位空间。

以《国务院办公厅印发关于加快中医药特色发展若干政策措施的通知》（国办发〔2021〕3号）为例，上下空间的共生性、层次性和固定性在该通知中得到全面体现，且这三个特点紧密联系。

（1）就其共生性而言。

在公文写作实践中，构成上下空间的具体要素一般不能独立存在，而是同时存在并共同作用，进而构成了上下空间这一系统，比如"下级机关"都有对应的"上级机关"，有时还会出现相应的"平级机关"。在上述通知中，通过《关于加快中医药特色发展的若干政策措施》已经国务院同意""各省、自治区、直辖市人民政府，国务院各部委、各直属机构""国务院办公厅"等信息反映出上级机关、下级机关以及平级机关等上下空间的具体要素，并共同体现出了上下空间的共生性。

（2）就其层次性而言。

在公文写作实践中，处于不同的抽象或具象高度位置的空间形成了不同的层次。在上述通知中，"国务院"是最高层次的国家行政机关，居于国家行政体系中的第一层次；"各省、自治区、直辖市人民政府"是省级行政机关，居于国家行政体系中的第二层次。

（3）就其固定性而言。

在上述通知中，以"各省级人民政府"为例，从市（非直辖市）级人民政府视角看，其作为上级机关；从国务院视角看，其作为下级机关。尽管在不同视角下，"各省级人民政府"既可以作为上级机关，也可以作为下级机关，似乎具有可变性；但在一定时期内，其在整个国家行政体系中所处的层次具有固定性，即始终处于第二层次。

2. 关于左右空间

一般而言，许多公文都会涉及左右空间（或前后空间，下同），或显性、或隐性、或一次运用、或多次运用。左右空间在公文写作空间思维中居于基础地位，是决定公文写作饱满度的关键因素。

左右空间（或前后空间）主要是指以不同的抽象或具象长度（或宽度）位置为标准划分而成的空间，一般可以被划分为排序性左右空间和方向性左右空间两种类型，也可以被划分为抽象左右空间和具象左右空间两种类型。左右空间一般具备方向性和顺序性两个特点。在公文写作实践中，排序性左右空间和方向性左右空间的划分通常以公文写作主体为基准，并随着公文写作主体的调整而变化。

在公文写作实践中，左右空间往往被一些标志性词汇标示出来，比如使用"前""后""左""右"等标示顺序性左右空间，以及使用"东""西""南""北""中"等标示方向性左右空间。

以《国务院办公厅关于在防疫条件下积极有序推进春季造林绿化工作的通知》（国办发明电〔2020〕7号）为例，左右空间的顺序性和方向性在该通知中得到全面体现。

（1）就其顺序性而言。

在公文写作实践中，左右空间的具体要素有时会依照编制序列等进行编排使用，此时这些具体要素就带有了显著的顺序性。在上述通知中，"各省、自治区、直辖市人民政府""国务院各部委、各直属机构""发展改革委、财政、自然资源、住房城乡建设、交通运输、水利、农业农村等部门"等内容，其各自内容编排均是按照编制序列进行的；"在做好疫情防控工作的同时，低风险地区要抢抓当前造林黄金时节，加快造林绿化进度；中风险地区要合理安排造林任务，错时开工、错峰作业、分散施工，安全有序开展春季造林绿化"，其内容编排是按照疫情风险等级进行的。

（2）就其方向性而言。

在公文写作实践中，左右空间的具体要素有时会依照地理方位等进行编排使用，此时这些具体要素就带有了显著的方向性。在上述通知中，"因疫情影响错过春季造林季节的部分南方地区，要加大秋冬季造林任务安排；北方地区在积极有序推进春季造林的同时，要密切关注长期气象趋势预测，提前谋划，合理确定雨季、秋季造林任务"，其内容编排是按照地理位置进行的。

3. 关于内外空间

在公文写作实践中，许多公文都会涉及内外空间，或显性、或隐性，或一次运用、或多次运用。内外空间在公文写作空间思维中居于基础地位，是决定公文写作广度的关键因素。

内外空间主要是指以不同的抽象或具象内外位置为标准划分而成的空间，一般被划分为内部空间和外部空间两种类型，也可以被划分为抽象内外空间和具象内外空间两种类型。内外空间一般具备共生性和衔接性两个特点。在公文写作实践中，内部空间和外部空间的划分通常以公文写作主体为基准，并随着公文写作主体的调整而变化。

在公文写作实践中，内外空间往往被一些标志性词汇标示出来，比如，使用"内"等标示内部空间，以及使用"外"等标示外部空间。

以《国务院办公厅关于以新业态新模式引领新型消费加快发展的意见》（国办发〔2020〕32号）为例，内外空间的共生性和衔接性在该意见中得到全面体现。

（1）就其共生性而言。

在公文写作实践中，构成内外空间的具体要素一般不能独立存在，而是同时存在并共同作用，进而构成了内外空间这一系统。在上述意见中，"机关内部"都对应着"该机关外部"，"国务院各部委、各直属机构"属于国务院内部的部门或机构，"各省、自治区、直辖市人民政府"则属于国务院外部的机关，但二者同时作为该意见的主送机关出现，这就体现出了内外空间的共生性。

（2）就其衔接性而言。

在公文写作实践中，内部空间和外部空间之间具有相互连接性，并共同构成一个相对完整的内外空间系统。在上述意见中，"国内"作为内部空间，"国际"作为外部空间，二者共同构成了我国的发展环境；"线上""线下"互为内外部空间，共同构成了融合消费模式。

第二节　公文写作路径

作为公文写作之术的"骨"，公文写作路径主要是指公文写作的门路，是公文写作之术的重要组成部分之一，在公文写作之术中居于支撑地位。公文写作路径在提供解决公文写作问题基本途径的同时，也提供了提升公文写作质量的基本诀窍。公文写作路径不仅适用于公文全文写作，也适用于公文段落写作。

了解、掌握、运用公文写作路径，是提升公文写作质量的基本方法。公文写作路径主要包括公文写作基本路径和公文写作提升路径。这两种公文写作路径相互影响、相互作用，共同构成了公文写作之术的骨架和枝干。

特别需要指出的是：公文写作有路径、无捷径。

公文写作者尤其是公文写作初学者没有一定的写作路径肯定是不行的，但有了写作路径也并不代表就能够写好公文。路径只是提供了公文写作的抓手，绝不是公文写作的捷径。

公文写作者特别是公文写作初学者切不可抱有"毕其功于一役"的速成想法，误以为读几本写作方面的书籍、掌握一些公文写作路径或写几篇关于日常工作的公文就能够胜任公文写作工作、就能够写好公文。从公文写作实践看，即使是公文写作高手，在撰写公文尤其是重要文稿时，也很难达到或常常达到"一气呵成、一字不改、一遍成稿"的水平，往往需要经过反复修改、精心打磨，才能写出一篇高质量高水平的公文。

一、公文写作基本路径

在公文写作实践中，每个写作者一般都有一套属于自己的写作路径，往往各具特点。但在这些特点各异的写作路径中，一般都蕴藏着一条具有共性特点的公文写作基本路径。这条公文写作基本路径一般包括破题立意、处理素材、搭建提纲、展开写作四个环节。这四个环节相互联系、共同作用，为公文写作者特别是公文写作初学者写作公文提供了直接且有力的抓手。

（一）破题立意

破题立意不仅是公文写作基本路径的首要环节，也是整个公文写作的首要环节。如果将公文写作基本路径比作建造房屋的过程，那么破题立意就可以看作是厘清房屋设计理念的环节。破题立意是悉心领会把握机关或领导决策意图和工作思路的重要过程，也是全面准确把握机关或领导决策意图和工作思路的关键所在，是厘清公文写作的方向和目标的第一关口，是公文写作基本路径中其他环节的基础前提。因此，公文写作者应高度重视破题立意，并切实发挥这一环节的作用和价值。

需要指出的是：在公文写作实践中，有时还存在领受任务的说法。从本质上看，领受任务既是机关或领导在授予任务过程中的一次自我破题立意，又是公文写作者在受领任务过程中的一次破题立意。

在公文写作实践中，部分公文写作者特别是公文写作初学者不重视或不理解破题立意的重要作用，不时出现破题立意不全面、不准确的情况。与此同时，部分人员因担心挨批评、害怕丢面子，在明知首次破题立意存在问题的情况下，依然不懂装懂，出现破题立意效果不佳的情况。如果在破题立意环节上出现偏差或效果不佳，即使在其后环节中下再大功夫、花再多力气也是徒劳无益的，公文写作者就不能全面准确地把握组织或领导的意图和思路，所写公文就难以全面准确体现公文写作既定的方向和目的。

为全面提升破题立意的质量和效率，公文写作者应围绕实现破题立意的目标，针对破题立意环节存在的问题，坚持全面、准确、聚焦的标准要求，一般可以从认真听、重点记、及时问、全维思四个方面着力。

1. 认真听

就"认真听"而言，在破题立意环节上，公文写作者应严肃对待，来不得半点马虎，不仅要精力集中，而且要全神贯注，确保大脑能够高质量高效率接收到破题立意相关的各类信息，尤其是来自交办写作任务的组织或领导的信息。

2. 重点记

就"重点记"而言，在破题立意环节上，对于所接收到的相关信息，公文写作者应把握重点、全面记录。

一方面，公文写作者全面记录是要记录任务各方面的要点，而不是把任务的全部信息记录下来；在确保全面记录的同时，还应预留部分时间对任务信息进行辨识、判断或思考。

另一方面，在布置任务时，有的领导习惯提纲挈领叙述，有的领导则喜欢娓娓道来；有的领导采用粗线条方式，有的领导则是采用精细化方式。作为公文写作者，应积极适应领导的工作思路、工作习惯、表达逻辑、语言习惯等，确保能够快速精准的捕捉到任务信息的重点。

此外，在记录任务时，公文写作者不仅要用心记，更要用笔记，防止出现错、漏、忘等情况，导致所记录的任务信息不全或不准。

3. 及时问

就"及时问"而言，在破题立意环节上，在"认真听"和"重点记"的基础上，公文写作者应做到事中、事后及时问。

一方面，在领受任务过程中或破题立意后，当遇到不清楚的问题或者不理解的情况时，公文写作者应选择合适时机，及时向领导请示求教，不可因怕丢"面子"而失了"里子"。

另一方面，在首次破题立意后，当工作实际出现新变化或者上级提出新要求时，公文写作者也应及时请示领导，以确认是否需要对既定主题进行调整或改变。

4. 全维思

就"全维思"而言，在破题立意环节上，公文写作者应立足于组织或领导的思路和意图，综合运用理论运用能力、政策把控能力、逻辑思维能力，对现有公文写作主题或立意进行再理解、深加工，推进公文写作主题或立意从散到聚、从有到优的转变，使得公文写作主题或立意更加趋向合理化、规范化、完善化。

在这一过程中，公文写作者应力求做到"三个结合"，具体为：坚持理论思维和实践思维相结合，在确保有道理的同时，锚定办实事；坚持领导视角和基层视角相结合，在确保站位高的同时，做到接地气；坚持问题导向和结果导向相结合，在确保对症准的同时，聚焦求实效。

（二）处理素材

作为公文写作基本路径的第二步骤，处理素材的过程，不仅是对公文写作主题或立意的延伸，同时也是公文写作主题或立意的印证。处理素材不仅需要公文写作者对公文写作主题或立意进行全面准确的把握，还需要公文写作者具备素材获取能力、素材识别能力、素材加工能力、素材信息输出能力等基本能力。

如果将公文写作基本路径比作建造房屋的过程，那么处理素材就可以看作是配置房屋建筑材料的环节。处理素材不仅可以为搭建提纲创造更多灵感来源，还可以为展开写作提供了足够信息支撑。因此，公文写作者应高度重视处理素材，并切实发挥这一环节的作用和价值。

在公文写作实践中，部分公文写作者特别是公文写作初学者，不重视或不理解处理素材的重要作用，不时出现覆盖面不全、客观度不高、重点性不彰等情况。与此同时，部分人员因责任心不够或害怕吃苦，满足于差不多、过得去，在处理素材不愿花心思、不愿下苦功，所收集的材料代表性不强、翔实性不够、鲜活性不足，不能较好满足公文写作基本需求。

为全面提升处理素材的质量和效率，公文写作者应围绕实现处理素材的目标，针对处理素材阶段存在的问题，坚持覆盖面全、客观度高、重点性彰、代表性强、翔实性够、鲜活性足等标准要求，一般可以从围绕主题、明确思路、丰富方法、讲求效率四个方面着力。

1. 围绕主题

就围绕主题而言，在处理素材环节上，公文写作者应紧紧围绕写作主题，并将这一要求贯穿于收集、梳理、加工、输出等处理素材的各个阶段。

以素材收集为例，公文写作者应时时聚焦主题，既要防止素材范围缩小化，增加遗漏关键素材的可能性；也要防止素材范围扩大化，徒增素材梳理的工作量；还要防止素材范围出圈，造成时间精力的浪费。

2. 明确思路

就明确思路而言，在处理素材环节上，公文写作者应拓展处理思路，不单单追求高大全，也要注重小精美；既要通过做加法，提升写作素材的丰富性和可选性；也要通过做减法，提升写作素材的代表性和简约性；还要通过做乘法，提升写作素材的附加值和叠加值。

3. 丰富方法

就丰富方法而言，在处理素材环节上，公文写作者应强化日常积累，并根据处理素材的现实需要，选择使用调研走访、座谈交流、查阅资料等不同方法，融合使用线上和线下两种方式，多措并举、构建处理素材的方法体系，为处理素材提升工作灵活高效的方法支撑。

4. 讲求效率

就讲求效率而言，言当其时，一字千金；言过其时，一文不值。在处理素材环节上，公文写作者应树立强烈的时间观念，在确保处理素材基本质量基础上，防止出工不出活甚至磨洋工的情况，做到迅速、及时、不误事，着力提升处理素材的工作效率。

（三）搭建提纲

作为公文写作基本路径的第三步骤，搭建提纲前承接破题立意工作、是承接破题立意工作的细化分解，后接展开写作工作、是指导展开写作工作的方案图纸，在公文写作基本路径中居于承上启下的中枢位置。搭建提纲的具体工作一般涉及标题、开头、小标题（段落主题）、结尾等方面。或形成在大脑中、或落实到纸面上，尽管呈现方式有所不同，但搭建提纲都是不可或缺的一个环节。对于重要公文而言，搭建提纲作用和价值更是不可替代。

如果将公文写作基本路径比作建造房屋的过程，那么搭建提纲就可以看作搭建房屋四梁八柱的环节。搭建提纲工作做得如何，不仅关系到破题立意的深化，也影响到展开写作的转化，会对公文写作整体质量产生较大影响。因此，公文写作者应高度重视搭建提纲，并切实发挥这一环节的作用和价值。

在公文写作实践中，部分公文写作者特别是公文写作初学者，不重视或不理解搭建提纲的重要作用，不时出现不写提纲或提纲质量差的情况，不同程度影响着公文写作质量的提升。一方面，如果不写提纲，公文写作者在展开写作尤其是展开重要公文写作过程中，就可能出现偏离主题、不知所云、逻辑混乱、内容杂糅、结构残缺、层次重叠等一系列问题，这些问题将直接导致公文质量下降。另一方面，如果提纲质量差，其不仅不能充分发挥承上启下的作用价值，而且会成为全面准确反映公文主题或立意的直接障碍。

为全面提升搭建提纲的质量和效率，公文写作者应围绕实现搭建提纲的目标，针对搭建提纲阶段存在的问题，坚持精准、严密、凝练以及主题鲜明、逻辑清晰、要素齐备的标准要求，一般可以从聚焦主题、聚焦逻辑、聚焦要素三个方面着力。

1. 聚焦主题

就聚焦主题而言，在搭建提纲环节上，公文写作者应紧紧围绕写作主题，并将这一要求贯穿于拟制提纲各组成要素的过程中，切不可随意压缩主体或延伸主题，更不能偏离主题、变更主题，以确保所拟制的提纲承接公文写作主题，并服从和服务于公文写作主题，并确保在展开写作环节能够依据提纲始终锚定公文写作主题。

2. 聚焦逻辑

就聚焦逻辑而言，在搭建提纲环节上，公文写作者应运用工作逻辑，特别是应运用好公文写作基本思维、公文写作时间思维、公文写作空间思维等思维方法，以严密的逻辑、缜密的思维提升所拟制提纲的逻辑严密性和思维缜密性，进而确保公文写作主题得到全面系统准确的解析，并确保展开写作环节能得到全面系统准确的指引。

3. 聚焦要素

就聚焦要素而言，在搭建提纲环节上，公文写作者应用好提纲要素这个具体抓手，聚焦提纲要素构成和作用，从其全面性、概括性、简短性三个方面着力。

一方面，标题、开头、小标题（段落主题）、结尾等提纲构成要素是否齐备、是否能够在提纲中得到全面体现，是能否确保公文结构和内容完整的关键所在。因此，在搭建提纲环节上，公文写作者应落实提纲要素的全面性要求，切实防止在提纲要素撰写上出现"丢三落四"的情况。

另一方面，作为公文内容的要点，提纲的重要作用就是将公文内容简明扼要的呈现出来。在搭建提纲环节上，公文写作者应落实提纲要素的概括性和简短性要求，既不能在表述上拖泥带水、啰里啰唆，也不能把搭建提纲和展开写作融在一起、同步实施撰写。需要指出的是，在搭建提纲环节上，公文写作者可以将适合素材的关键词或主题标记在提纲相应的要素当中，但不能细化展开。这一点与概括性和简短性的要求并不相悖，在实践中是可行的。

（四）展开写作

作为公文写作基本路径的最后一个步骤，展开写作既是对破题立意、处理素材和搭建框架三个阶段进行承载、转化和输出的综合性过程和全方位支撑，也是对公文写作者政策把控能力、理论运用能力、逻辑思维能力、信息处理能力、文字表达能力等综合素质的集中性体现和全维度考验。

如果将公文写作基本路径比作建造房屋的过程，那么，展开写作就可以看作搭建房屋具体施工的环节。在做好前三个环节工作基础上，展开写作质量高，公文质量就有保障，公文写作意图落地或实现就会更顺畅；反之，展开写作质量差，就会导致公文质量低，那就谈不上工作写作意图的落地或实现了。因此，公文写作者应高度重视展开写作，并切实发挥这一环节的作用和价值。

在公文写作实践中，部分公文写作者特别是公文写作初学者，不重视或不理解展开写作的重要作用，片面认为展开写作仅仅是对文字能力的要求甚至将展开写作同前述三个环节杂糅起来或者割裂开来，加之在政策把控能力、理论运用能力、逻辑思维能力、信息处理能力、文字表达能力等综合素质还有待提升，不时出现政策理解不到位、理论运用不得当、公文逻辑不严密、公文内容不典型、语言文字不凝练等情况，影响和制约着公文质量的提升和公文写作意图的实现。

为全面提升展开写作的质量和效率，公文写作者应围绕实现展开写作的目标，针对展开写作阶段存在的问题，坚持政策把控到位、理论运用得当、逻辑思维严密、信息处理有效、文字准确凝练等标准要求，一般可以从标题、开头、结尾、中间部分四个方面着力。

1. 标题

题好一半文。公文标题不仅是公文的"门面"，也是公文起草机关的"形象"，还是公文管理的重要抓手，其重要性不言自喻。

公文标题是用来标明公文内容的简短语句，是公文主要内容的浓缩，一般包括法定文种公文标题和非法定文种公文标题两种类型。不同类型的公文标题，一般都对应着不同的拟制要求。

如有附件，附件标题参照公文标题相关要求。

（1）法定文种公文标题。

就法定文种公文标题而言，其一般由发文机关名称、事由和文种三个部分组成。

法定文种公文标题的拟制应当符合相关要求，这些要求主要包括构成要素、标点符号、编排位置等公文格式方面的相关规范（这部分内容已在本书"公文格式"部分进行了详细阐释，此处不再详述）。

①发文机关名称使用。

发文机关名称使用规范化全称或简称，是相对固定的。

②文种选用。

文种则应根据发文需求，在给定的15个法定文种中选择使用，也是相对固定的。

③事由拟制。

事由拟制没有明确且具体限定，可以作为变量进行处理，这也给公文写作者留出了一定的发挥空间。从公文写作实践看，事由部分一般介宾词组充当，介词部分常用"关于"一词；宾语部分一般由动宾短语充当，有时也用主谓短语或句子充当。

在事由拟制方面尽管没有明确且具体的限定，但这并不等于完全没有要求。除了应遵循公文格式方面的相关规范外，在公文写作实践中，事由拟制还是有一些其他要求需要遵循，比如：在语言上，应使用规范的书面用语；在语法上，应符合语法基本要求；在内容上，应符合准确要求；在表述上，应符合凝练要求，等等。

示例（事由部分由下划线标示）

《中国共产党第十九次全国代表大会关于十八届中央委员会报告的决议》
《中共中央　国务院关于表彰全国脱贫攻坚先进个人和先进集体的决定》
《工业和信息化部关于深化信息通信领域"放管服"改革的通告》
《中共中央　国务院关于全面推进乡村振兴加快农业农村现代化的意见》
《国务院办公厅印发关于加快中医药特色发展若干政策措施的通知》
《交通运输部关于命名石家庄市等12个城市国家公交都市建设示范城市的通报》
《政府工作报告》
《南京市人民政府关于2018年度法治政府建设工作的报告》
《天津市滨海新区人民政府关于审批天津航空物流区总体规划（2015—2030年）的请示》
《国务院关于国家基本公共服务标准（2021年版）的批复》
《国务院关于提请审议国务院机构改革方案的议案》

需要特别指出的是：在拟制法定文种公文标题时，公文写作者应当处理好双标题和无标题两种特殊情况。

第一，关于双标题的情况。

在公文写作实践中，部分法定文种公文同时拥有两个标题，即一个主标题、一个副标题。主标题一般用于标示公文主题，副标题一般用于标示公文的文种、使用场景等信息。

以《决胜全面建成小康社会　夺取新时代中国特色社会主义伟大胜利——在中国共产党第十九次全国代表大会上的报告》（2017年10月18日）为例，该报告有两个标题，其中"决胜全面建成小康社会　夺取新时代中国特色社会主义伟大胜利"为主标题，"在中国共产党第十九次全国代表大会上的报告"为副标题。

第二，关于无标题的情况。

在公文写作实践中，部分法定文种公文没有拟制标题的明确要求，可以拟制标题，也可以不拟制标题。比如命令、会议纪要等。

在上述公文中，如需添加标题，建议从其他法定文种公文标题的相关拟制要求。

（2）非法定文种公文标题。

就非法定文种公文标题而言，非法定文种不仅包括法规制度、工作计划、工作总结、会议记录、工作简报、调研报告、讲话发言、公务书信等，还包括不少在特定机关中使用的特定文书，这在客观上导致了非法定文种公文标题的多样性特点。

①法规制度类公文标题。

对于法规制度类公文而言，其标题一般由制定主体、事由、文种等部分组成。

②工作计划类公文标题。

对于工作计划类公文而言，其标题一般由事由、文种等部分组成，有时也会加上制定或实施主体。

③工作总结类公文标题。

对于工作总结类公文而言，其标题一般由事由、文种等部分组成，有时也会加上制定或实施主体。

④法规制度类公文标题。

对于会议类公文而言，其标题一般由会议名称、文种等部分组成。

⑤法规制度类公文标题。

对于工作简报类公文而言，其标题一般由实施主体、事由、文种等部分组成。

⑥调研报告类公文标题。

对于调研报告类公文而言，其标题一般由调研主题、文种等部分组成。

⑦讲话发言类公文标题。

对于讲话发言类公文而言，其标题一般由使用场景、文种等部分组成。

⑧公务书信类公文标题。

对于公务书信类公文而言，一般无标题。但为便于学习，有时会为其后加其标题。后加标题一般由作者、事由、文种等部分组成。

除法规制度类和特定机关特定文书外，在其他非法定文种公文标题的拟制方面，并无明确且具体的限定，这就给公文写作者留出了较多的发挥空间。但这并不代表非法定文种公文标题的拟制完全没有要求。在拟制过程中，公文写作者应确保所拟标题在语言、语法、内容、表达等方面符合基本要求，比如：在语言上，应以规范书面用语为主；在语法上，应符合语法基本要求；在内容上，应符合准确要求；在表述上，应符合凝练要求，等等。

示例

《中国共产党章程》
《关于新形势下党内政治生活的若干准则》
《中国共产党基层组织选举工作条例》
《中华人民共和国立法法》
《中华人民共和国预算法实施条例》
《浙江省民营企业发展促进条例》
《"健康中国 2030"规划纲要》
《全国尾矿库综合治理行动 2013 年工作总结和 2014 年重点工作安排》
《××××省委常委会会议记录》
《科技部"幸福工程"捐款活动简报》
《北京市党建引领"街乡吹哨、部门报到"改革情况的调研报告》
《在全国脱贫攻坚总结表彰大会上的讲话》（2021 年 2 月 25 日）
《在 2021 年春节团拜会上的讲话》（2021 年 2 月 10 日）
《在深圳经济特区建立 40 周年庆祝大会上的讲话》（2020 年 10 月 14 日）
《在二十国集团领导人利雅得峰会"守护地球"主题边会上的致辞》（2020 年 11 月 22 日，北京）
《正确认识和把握中长期经济社会发展重大问题》（习近平总书记 2020 年 8 月 24 日在经济社会领域专家座谈会上的讲话）
《共同构建人类命运共同体》（习近平主席在联合国日内瓦总部的演讲）

需要特别指出的是：在拟制非法定文种公文标题时，公文写作者应当处理好双标题和无标题两种特殊情况。

第一，关于双标题的情况。

在公文写作实践中，部分非法定文种公文同时拥有两个标题，即一个主标题、一个副标题。主标题一般用于标示公文的主题，副标题一般用于标示公文的文种、使用场景等信息。

以《继往开来，开启全球应对气候变化新征程——在气候雄心峰会上的讲话》（2020年12月12日，北京）为例，该讲话有两个标题，其中"继往开来，开启全球应对气候变化新征程"为主标题，"在气候雄心峰会上的讲话"为副标题。

第二，关于无标题的情况。

在公文写作实践中，部分法定文种公文没有拟制标题的明确要求，比如贺电、贺信、回信等。

2. 开头

立片言以居要，乃一篇之警策。作为公文关键要紧之处，公文正文开头不单单是公文正文形式上的开端，同时也是公文正文逻辑上的起点，其质量的优劣，直接关系到公文正文的展开效果。

公文正文开头位于公文正文之首，主要用于概要阐释或引出公文主题，用来标明公文内容的相对简短的句子或段落，是公文主要内容的浓缩，一般包括法定文种公文正文开头和非法定文种公文正文开头两种类型。不同类型的公文正文开头，一般都对应着不同的拟制要求。

如有附件，附件正文开头的主要作用、基本内容、表现形式同公文正文相关要求。

（1）法定文种公文正文开头。

理解和把握法定文种公文正文开头，公文写作者一般可以从主要作用、基本内容、表现形式三个方面着力。

①主要作用。

就主要作用而言，公文正文开头的主要作用一般包括两个方面：一是作为标题和正文的纽带，公文正文开头发挥着上承标题、下启后文的作用；二是作为公文正文的开端，公文正文开头发挥着开宗明义、统领全文的作用。

在公文写作实践中，公文写作者应把握这些主要作用，既要防止乱发感慨、无病呻吟，也要防止无头无脑，确保公文正文开头主要作用充分发挥。

示例

你们关于扩大昆山深化两岸产业合作试验区范围的请示收悉。现批复如下：

该示例出自《国务院关于扩大昆山深化两岸产业合作试验区范围的批复》（国函〔2020〕168号），是该批复的正文开头（即该批复的正文首段），与该批复标题形成呼应同时，也起到引出下文的作用。

②基本内容。

就基本内容而言，公文正文开头的基本内容是有一定范围要求和指向性的，即围绕特定工作事项，根据实现公文写作意图需求，或单一阐释开展特定工作事项的意义、背景、原因（目的）、依据、决定、答复或要求等，或兼而有之。

在公文写作实践中，公文写作者应把握这些基本内容，既要防止贪大求全，也要防止缺项跑偏，确保公文正文开头基本内容聚焦主题。

示例1

《关于切实解决老年人运用智能技术困难的实施方案》已经国务院同意，现印发给你们，请结合实际认真贯彻落实。

该示例出自《国务院办公厅印发关于切实解决老年人运用智能技术困难实施方案的通知》（国办发〔2020〕45号），是该通知的正文开头（即该通知的正文首段），阐明了印发方案的依据及落实要求等内容。

示例2

你委关于报送国家基本公共服务标准的请示收悉。现批复如下：

该示例出自《国务院关于国家基本公共服务标准（2021年版）的批复》（国函〔2021〕20号），是该批复的正文开头（即该批复的正文首段），阐明了批复缘由等内容。

示例3

药品集中带量采购是协同推进医药服务供给侧改革的重要举措。党的十九大以来，按照党中央、国务院决策部署，药品集中带量采购改革取得明显成效，在增进民生福祉、推动三医联动改革、促进医药行业健康发展等方面发挥了重要作用。为推动药品集中带量采购工作常态化制度化开展，经国务院同意，现提出如下意见。

该示例出自《国务院办公厅关于推动药品集中带量采购工作常态化制度化开展的意见》（国发〔2021〕2号），是该意见的正文开头（即该意见的正文首段），阐明了药品集中带量采购的意义作用、取得成效、意见依据等内容。

③表现形式。

就表现形式而言，公文正文开头的表现形式不是单一的，而是灵活多样的。公文正文开头可以独立的形式存在，也可以联合的形式存在。具体来说，就是其可以是一段话，也可以是几段话；可以是一句话，也可以是几句话。

在公文写作实践中，公文写作者应把握这些表现形式，既要防止刻板呆滞，也要防止随意创新，确保公文正文开头表现形式灵活适用。

示例1

为贯彻落实党的十九届四中全会和中央经济工作会议精神，根据《中华人民共和国土地管理法》相关规定，在严格保护耕地、节约集约用地的前提下，进一步深化"放管服"改革，改革土地管理制度，赋予省级人民政府更大用地自主权，现决定如下：

该示例出自《国务院关于授权和委托用地审批权的决定》（国发〔2020〕4号），且为该决定正文的第一段，即该决定正文的开头。

示例2

《中华人民共和国行政处罚法》已由中华人民共和国第十三届全国人民代表大会常务委员会第二十五次会议于2021年1月22日修订通过，现予公布，自2021年7月15日起施行。

该示例出自《中华人民共和国主席令》（第七十号），且为该令的正文的全部内容，该令正文的开头蕴含其中。

示例3

现在，我代表第十八届中央委员会向大会作报告。

中国共产党第十九次全国代表大会，是在全面建成小康社会决胜阶段、中国特色社会主义进入新时代的关键时期召开的一次十分重要的大会。

大会的主题是：不忘初心，牢记使命，高举中国特色社会主义伟大旗帜，决胜全面建成小康社会，夺取新时代中国特色社会主义伟大胜利，为实现中华民族伟大复兴的中国梦不懈奋斗。

不忘初心，方得始终。中国共产党人的初心和使命，就是为中国人民谋幸福，为中华民族谋复兴。这个初心和使命是激励中国共产党人不断前进的根本动力。全党同志一定要永远与人民同呼吸、共命运、心连心，永远把人民对美好生活的向往作为奋斗目标，以永不懈怠的精神状态和一往无前的奋斗姿态，继续朝着实现中华民族伟大复兴的宏伟目标奋勇前进。

当前，国内外形势正在发生深刻复杂变化，我国发展仍处于重要战略机遇期，前景十分光明，挑战也十分严峻。全党同志一定要登高望远、居安思危，勇于变革、勇于创新，永不僵化、永不停滞，团结带领全国各族人民决胜全面建成小康社会，奋力夺取新时代中国特色社会主义伟大胜利。

该示例出自党的十九大报告，且为该报告正文的第一段至第五段，即该报告正文的开头。

（2）非法定文种公文正文开头。

在公文体系中，作为法定文种公文的重要补充，非法定文种公文的使用场景同法定文种公文相比显得更加广泛、更加多变、更加灵活。这就决定着非法定文种公文正文开头的主要作用、基本内容、表现形式等方面在同法定文种公文正文开头具备部分相似之处的同时，还具备依据一些独特的特点。

①法规制度类公文正文开头。

就法规制度类公文正文开头而言，其主要发挥承上启下、统领全文的作用，以制定法规制度的目的和依据为基本内容，一般以独立的形式存在，具有显著的格式化特点。

示例

第一条　为了完善公务员领导职务、职级与级别设置和管理制度，健全公务员激励和保障机制，建设信念坚定、为民服务、勤政务实、敢于担当、清正廉洁的高素质专业化公务员队伍，根据《中华人民共和国公务员法》等有关法律法规和《公务员职务与职级并行规定》，制定本办法。

该示例出自《公务员职务、职级与级别管理办法》，且为该办法的首条，即该办法正文的开头。

②工作计划类公文正文开头。

就工作计划类公文正文开头而言，其主要发挥承上启下、统领全文的作用，以制定规划、计划或方案的目的、意义或背景等为基本内容，一般以独立的形式存在。

示例

为贯彻落实党中央、国务院关于推进运输结构调整的决策部署，打赢蓝天保卫战、打好污染防治攻坚战，提高综合运输效率、降低物流成本，制定本行动计划。

该示例出自《推进运输结构调整三年行动计划（2018—2020年）》，且为该计划的首段，即该计划正文的开头。

③工作总结类公文正文开头。

就工作总结类公文正文开头而言，其主要发挥承上启下、统领全文的作用，以开展特定工作事项的背景、总体完成情况、意义等为基本内容，一般以独立的形式存在。

示例

2019年是新时代医疗保障事业全面启程、整体发力的第一年，也是全区医保系统牢记初心使命、为民砥砺奋进的一年。在自治区党委、政府的坚强领导下，全区各级医保部门克服人员少、任务重等困难，攻坚克难，真抓实干，圆满完成了年度目标任务，为推动医疗保障事业高质量发展奠定了坚实的基础。

该示例出自《内蒙古自治区医疗保障局2019年工作总结》，且为该总结的首段，即该总结正文的开头。

④工作简报类公文正文开头。

就工作简报类公文正文开头而言，其主要发挥承上启下、统领全文的作用，以开展特定工作事项的依据（背景）、措施、目标、效果等为基本内容，一般以独立的形式存在。

示例

南昌大学认真贯彻党中央、国务院关于稳就业的重要决策部署，深入落实教育部和江西省有关工作要求，着力强化就业服务、就业宣传和就业指导三个全覆盖，不断拓宽就业渠道，优化网络招聘流程，加强特殊困难群体帮扶，千方百计把疫情对毕业生就业的影响降到最低，努力确保毕业生更充分更高质量就业。

该示例出自《教育部简报（〔2020〕第14期）》，且为该简报的首段，即该简报正文的开头。

⑤调研报告类公文正文开头。

就调研报告类公文正文开头而言，其主要发挥承上启下、统领全文的作用，以调研目的、调研时间、调研对象、调研方式等为基本内容，一般以独立的形式存在。

示例

为贯彻落实中共中央办公厅、中宣部、教育部等部门关于培育和践行社会主义核心价值观的相关文件精神，落实《中共北京市委关于培育和践行社会主义核心价值观的实施意见》《北京市人民政府办公厅关于印发〈北京市中小学培育和践行社会主义核心价值观实施意见〉的通知》等文件要求，发挥教育督导优势，全面了解全市中小学校培育和践行社会主义核心价值观工作情况，深入推进中小学校核心价值观教育工作的落实，引导学校坚持社会主义办学方向，落实立德树人根本任务，北京市政府教育督导室于2015年至2017年连续三年组织了对全市16个区（含燕山地区）中小学校培育和践行社会主义核心价值观工作的督导调研。

该示例出自《北京市中小学校培育和践行社会主义核心价值观督导调研报告（2015—2017）》，且为该调研报告的首段，即该调研报告正文的开头。

⑥讲话发言类公文正文开头。

就讲话发言类公文正文开头而言，其主要发挥承上启下、统领全文的作用；以会议或活动的时间、任务、内容或意义等为基本内容，以问候、致敬、感谢等为辅助内容；存在方式比较灵活，可以独立存在，也可以联合存在。

示例

今天，我们隆重召开大会，庄严宣告，经过全党全国各族人民共同努力，在迎来中国共产党成立一百周年的重要时刻，我国脱贫攻坚战取得了全面胜利，现行标准下9899万农村贫困人口全部脱贫，832个贫困县全部摘帽，12.8万个贫困村全部出列，区域性整体贫困得到解决，完成了消除绝对贫困的艰巨任务，创造了又一个彪炳史册的人间奇迹！这是中国人民的伟大光荣，是中国共产党的伟大光荣，是中华民族的伟大光荣！

在这里，我代表党中央，向受到表彰的先进个人和先进集体，表示热烈的祝贺！向为脱贫攻坚作出贡献的各级党政军机关和企事业单位，农村广大基层组织和党员、干部、群众，驻村第一书记和工作队员、志愿者，各民主党派、工商联和无党派人士，人民团体以及社会各界，致以崇高的敬意！向积极参与和支持脱贫攻坚的香港特别行政区同胞、澳门特别行政区同胞、台湾同胞以及海外侨胞，向关心和帮助中国减贫事业的各国政府、国际组织、外国友人，表示衷心的感谢！

该示例出自《在全国脱贫攻坚总结表彰大会上的讲话（2021年2月25日）》，且为该讲话的前两段，即该讲话正文的开头。

⑦公务书信类公文正文开头。

就公务书信类公文正文开头而言，其主要发挥统领全文、引出下文的作用；以对象来信处理情况、对象所作贡献以及问候、祝贺、致敬或感谢等为基本内容；存在方式比较灵活，可以独立存在，也可以联合存在。

示例

你们好！来信收悉。70年来，人民教育出版社在基础教育教材和教育图书编研出版上辛勤耕耘、接续奋斗，为我国教育事业发展作出了积极贡献，我谨向你们和全社员工致以诚挚的问候！

该示例出自习近平总书记给人民教育出版社老同志的回信，且为该回信的首段，即该回信正文的开头。

⑧会议记录类公文正文开头。

就会议记录类公文正文开头而言，其主要发挥统领全文、引出下文的作用；以会议时间、地点、主持人、会议议题等为基本内容，一般以独立的形式存在。因会议记录类公文多为机关内部信息，故此处不再列举示例。

3. 结尾

编筐织篓，全在收口。作为公文关键要紧之处，公文正文结尾不单是公文正文形式上的末端，同时也是公文正文逻辑上的终点。公文正文结尾质量的优劣，直接关系到公文内容的落实效果。公文正文结尾位于公文正文之末，主要用于回扣公文主题，一般包括法定文种公文正文结尾和非法定文种公文正文结尾两种类型。不同类型的公文正文结尾，一般都对应着不同的拟制要求。

如有附件，附件正文结尾的主要作用、基本内容、表现形式同公文正文相关要求。

（1）法定文种公文正文结尾。

理解和把握法定文种公文正文结尾，公文写作者一般可以从主要作用、基本内容、表现形式三个方面着力。

①主要作用。

就主要作用而言，作为公文正文的末端，公文正文结尾的主要作用一般包括三个方面：一是起到承接上文的作用；二是起到标示结束的作用；三是起到指引未来的作用。

在公文写作实践中，公文写作者应把握这些主要作用，既要防止乱发感慨、无病呻吟，也要防止有头无尾，确保公文正文结尾主要作用充分发挥。

示例

各地区、各相关部门要相互协作、密切配合，认真落实本决定部署的各项工作，努力优化营商环境。

该示例出自《国务院关于实施动产和权利担保统一登记的决定》（国发〔2020〕18

号），为该决定正文的最后一段，即该决定正文的结尾，回扣该决定主题，并从总体上提出落实该决定的要求和目标。

②基本内容。

就基本内容而言，公文正文结尾的基本内容是有一定范围要求和指向性的，即围绕特定工作事项，根据实现公文写作意图需求，或单一提出要求（或请求）、发出号召或给出建议等，或兼而有之。

在公文写作实践中，公文写作者应把握这些基本内容，既要防止贪大求全，也要防止缺项跑偏，确保公文正文结尾基本内容聚焦主题。

示例

让我们紧密团结在以习近平同志为核心的党中央周围，开拓进取，真抓实干，全面推进乡村振兴，加快农业农村现代化，努力开创"三农"工作新局面，为全面建设社会主义现代化国家、实现第二个百年奋斗目标作出新的贡献！

该示例出自《中共中央　国务院关于全面推进乡村振兴加快农业农村现代化的意见》（2021年1月4日），且为该意见的正文的最后一段，即该意见正文的结尾，发出号召并提出相关工作要求和目标。

③表现形式。

就表现形式而言，公文正文结尾的表现形式不是单一的，而是灵活多样的。公文正文结尾可以独立的形式存在，也可以联合的形式存在。具体来说，就是其可以是一段话，也可以是几段话；可以是一句话，也可以是几句话。此外，公文正文结尾有时是显性的，有时则是隐性的。

在公文写作实践中，公文写作者应把握这些表现形式，既要防止刻板呆滞，也要防止随意创新，确保公文正文结尾表现形式灵活适用。

示例1

请予审议。

该示例出自《北京市人民政府关于提请审议批准2019年市级预算调整方案的议案》，且为该议案正文的最后一段，即该议案正文的结尾。

示例2

各地区、各相关部门要相互协作、密切配合，认真落实本决定部署的各项工作，努力优化营商环境。

该示例出自《国务院关于实施动产和权利担保统一登记的决定》(国发〔2020〕18号），且为该决定正文的最后一段，即该决定正文的结尾。

示例3

你部关于申请设立"中国人民警察节"的请示收悉。同意自2021年起，将每年1月10日设立为"中国人民警察节"。具体工作由你部商有关部门组织实施。

该示例出自《国务院关于同意设立"中国人民警察节"的批复》（国函〔2020〕98号），且为该批复的全文，该批复正文的结尾蕴含其中。

（2）非法定文种公文正文结尾。

在公文体系中，作为法定文种公文的重要补充，同法定文种公文相比，非法定文种公文的使用场景显得更加广泛、更加多变、更加灵活。这就决定着非法定文种公文正文结尾的主要作用、基本内容、表现形式等方面在同法定文种公文正文结尾具备部分相似之处的同时，还具备依据一些独特的特点。

①法规制度类公文正文结尾。

就法规制度类公文正文结尾而言，其主要发挥承接上文、标示结束、补充说明的作用，一般以法规制度的实施时间为基本内容，有时也会增加相关法规制度的废止说明，一般以独立的形式存在。

示例

第二十三条　本办法自发布之日起施行，2006年4月9日中共中央、国务院印发的《〈中华人民共和国公务员法〉实施方案》附件三《公务员职务与级别管理规定》同时废止。

该示例出自《公务员职务、职级与级别管理办法》，且为该办法的末条，即该办法正文的结尾。

②工作计划类公文正文结尾。

就工作计划类公文正文结尾而言，其主要发挥承接上文、标示结束、补充说明的作用，一般以工作规划、计划或方案的组织实施、责任分工、督促检查、相关保障等落实要求或说明为基本内容，一般以联合的形式存在。

示例

十、营造良好发展环境

（二十八）保障行业健康稳定发展。加强部门协同联动，强化货运市场和重点企业监测，及时掌握行业动态，加大政策支持力度，完善从业人员社会保障、职业培训等服务，积极培育拓展新兴市场，推动货运行业创新稳定发展和转型升级。（交通运输部牵头，各有关部门参与）

（二十九）做好政策宣传和舆论引导。加大对运输结构调整工作的宣传报道力度，加强正面引导，及时回应社会关切，为运输结构调整工作营造良好舆论氛围。（交通运输部、发展改革委牵头，各有关部门参与）

该示例出自《推进运输结构调整三年行动计划（2018—2020年）》，且为该计划的结束部分，即该计划正文的结尾。

③工作总结类公文正文结尾。

就工作总结类公文正文结尾而言，其主要发挥承接上文、标示结束、启示未来的作用；一般以某项特定工作存在问题或下一步工作计划、工作建议、努力方向等为基本内容，有时也以工作完成情况为基本内容；可以以独立的形式存在，也可以以联合的形式存在。

示例

2021年，市交通委将以习近平新时代中国特色社会主义思想为指导，全面贯彻落实党的十九大和十九届二中、三中、四中、五中全会精神，中央经济工作会议精神，以及市委、市政府和交通运输部工作部署，按照立足新发展阶段、贯彻新发展理念、构建新发展格局的要求，以推动高质量发展为主题，坚持"以人为本"的发展思想和"慢行优先、公交优先、绿色优先"的发展理念，坚持"交通先行官"战略定位，落实"优供、控需、强治"工作方针，实现标本兼治、融合发展、提质扩容，打造一流设施、一流技术、一流管理、一流服务，加快构建综合、绿色、安全、智能的立体化、现代化城市交通系统。

该示例出自《北京市交通委员会2020年工作总结》，且为该总结的末段，即该总结正文的结尾。

④工作简报类公文正文结尾。

就工作简报类公文正文结尾而言，其主要发挥承接上文、标示结束、启示未来的作用；一般以开展某项特定工作的举措、成绩、经验等为基本内容，一般以独立的形式存在。

示例

重推普，夯实语言根基。落实《西藏自治区推普脱贫攻坚行动计划（2018—

2020年）实施方案》，投入培训资金600万元，用于44个深度贫困县开展青壮年农牧民普通话培训，累计培训10.4万人次，确保贫困家庭新增劳动力人口具有国家通用语言文字沟通交流和应用能力，为提升"造血"能力打好语言基础。每年积极开展推普周宣传活动和普通话水平测试员培训班，对区内高校的农牧民贫困家庭大学生提供免费普通话测试，累计受益11832人。有序开展学校语言文字工作达标建设，388所学校完成达标验收。开展语言文字规范化示范校创建工作，创建国家级示范校12所、自治区级示范校80所，圆满完成全区城市语言文字工作评估，有力促进了学校语言文字工作水平的整体提升。

该示例出自《教育部简报〔2020〕第54期》，且为该总结的末段，即该简报正文的结尾。

⑤调研报告类公文正文结尾。

就调研报告类公文正文结尾而言，其主要发挥承接上文、标示结束、启示未来的作用，一般以某项特定工作的意见、建议、对策等为基本内容，一般以联合的形式存在。

示例

五、工作建议

…………

（四）进一步强化学科育人，发挥课堂教学主渠道作用 教研部门和学校加强社会主义核心价值观融入课堂教学的策略和方法研究，有效落实《学科德育指导纲要》的要求。根据各学科的特点制定学科教学评价标准，要求课堂价值观教育做到目标有体现，过程有落实。重点关注情感态度价值观教育目标的落实情况，发挥并提升课堂教学的育人功能。

该示例出自《北京市中小学校培育和践行社会主义核心价值观督导调研报告（2015—2017）》，且为该调研报告的最后部分，即该调研报告正文的结尾。

⑥讲话发言类公文正文结尾。

就讲话发言类公文正文结尾而言，其主要发挥承接上文、标示结束、启示未来的作用；一般以就某项特定工作提出的要求、提出希望、发出的号召、展望未来或者祝福、祝愿、致谢等为基本内容；可以以独立的形式存在，也可以以联合的形式存在。

示例

女士们、先生们、同志们！

明年是中国共产党成立100周年。上海是中国共产党诞生地。要传承红色基因、践行初心使命，不断提升党的建设质量和水平，确保改革开放正确方向。广大党员、干部要勇于担当、敢为先锋，奋力创造新时代新奇迹。

女士们、先生们、同志们！

"装点此关山，今朝更好看。"上海是一座光荣的城市，是一个不断见证奇迹的地方。浦东开发开放30年的历程，走的是一条解放思想、深化改革之路，是一条面向世界、扩大开放之路，是一条打破常规、创新突破之路。展望未来，我们完全有理由相信，在新时代中国发展的壮阔征程上，上海一定能创造出令世界刮目相看的新奇迹，一定能展现出建设社会主义现代化国家的新气象！

该示例出自《在浦东开发开放30周年庆祝大会上的讲话》（2020年11月12日），且为该讲话的最后部分，即该讲话正文的结尾。

⑦公务书信类公文正文结尾。

就公务书信类公文正文结尾而言，其主要发挥承接上文、标示结束、启示未来的作用；一般以就某项特定工作提出的要求、提出希望、发出的号召、展望未来或者祝福、祝愿、致谢等为基本内容；一般以独立的形式存在。

示例

百年大计，教育为本。希望人民教育出版社紧紧围绕立德树人根本任务，坚持正确政治方向，弘扬优良传统，推进改革创新，用心打造培根铸魂、启智增慧的精品教材，为培养德智体美劳全面发展的社会主义建设者和接班人、建设教育强国作出新的更大贡献。

该示例出自习近平总书记给人民教育出版社老同志的回信，且为该回信的末段，即该回信正文的结尾。

⑧会议记录类公文正文结尾。

就会议记录类公文正文结尾而言，其主要发挥承接上文、标示结束、启示未来的作用；一般以某项议题的落实要求等为基本内容；可以以独立的形式存在，也可以以联合的形式存在。因会议记录类公文多为机关内部信息，故此处不再列举示例。

4.过渡

过渡，作为公文正文的重要组成部分，是标示公文的逻辑、结构或内容从一个层次转化到另一个层次的内容，承接或归纳其上内容，提示或引领其下内容，在公文写作实践中发挥承上启下的关键作用。在公文写作实践中，过渡是绕不开的，也是不可或缺的。过渡质量的优劣，对于公文写作在逻辑、结构、内容等方面的连贯性和严谨性有着直接的影响。

依据不同的视角，过渡可以被划分为不同的类型。

从写作思维看，过渡一般包括基本思维过渡、时间思维过渡、空间思维过渡等，具体包括"是什么""为什么""怎么办"等之间的过渡，过去、现在、将来等之间的过渡，以及上、中、下等之间的过渡，等等。在同一份公文中，上述过渡类型，有时单一存在，有时兼而有之。

从存在方式看，过渡一般包括显性过渡和隐性过渡两种类型。显性过渡一般是指公文写作系统思维（即基本思维、时间思维、空间思维，下同）的外化，通常以过渡词、过渡句、过渡段等形式表现出来，在公文正文中占据一定的空间位置；隐性过渡是指公文写作系统思维的内在过渡，通常暗含在公文内容之中，没有明确表现形式和空间位置。在同一份公文中，上述过渡类型，有时单一存在，有时兼而有之。

从基本语法看，过渡一般包括过渡词汇、过渡句子、过渡段落等。过渡词汇一般指具有承上启下作用的词或词组；过渡句子一般指具有承上启下作用的句子，包括单句或复句；过渡段落是具有承上启下作用的段落，是特殊的过渡句子，即过渡句群。在同一份公文中，上述过渡类型，有时单一存在，有时兼而有之。

因前文已对写作思维进行了较为详细的阐释；加之，同其他两个视角相比，对于公文写作者而言，基本语法视角更为直接和直观。所以，该部分将从基本语法视角切入，一般可以从主要作用、基本内容、表现形式三个方面着力，对过渡这一公文正文的关键部分进行解析，以期帮助公文写作者更好对过渡进行理解、把握和运用。

（1）关于过渡词汇。

在公文写作实践中，过渡词汇主要是指在公文正文中承担过渡作用的词汇，是公文正文过渡的辅助形式，一般包括过渡词和过渡词组两种类型，可以被用于句与句之间，也可以被用于段与段之间，有机地将前后内容连接起来。

无论是法定文种公文正文中的过渡词汇，还是非法定文种公文正文中的过渡词汇，二者之间没有本质区别。理解、把握和运用过渡词汇，一般可以从过渡词和过渡词组两个方面着力。

如有附件，附件正文过渡词汇运用同公文正文相关要求。

①关于过渡词。

在公文写作实践中，常见过渡词包括因果关系过渡词、递进关系过渡词、转折关系过渡词、次序关系过渡词等类型。

a.因果关系过渡词。

为、因、故、为了、因而、因此、以致、所以、从而、可见、因为、由于、之所以、是因为、"既然……就……"等。

b.递进关系过渡词。

更、尤其、甚至、"不但……而且……""不但……还……""不仅……而且……""不仅……还……""不单……还……""不只……还……"等。

c.转折关系过渡词。

而、但、可、却、然而、但是、不过、"虽然……但是……""尽管……然而……""固然……却……"等。

d.次序关系过渡词。

第一、第二、第三、第四、首先、其次、最后、同时、与此同时、当前、昨天、今天、明天、去年、今年、明年等。

示例1

建立健全绿色低碳循环发展经济体系，促进经济社会发展全面绿色转型，是解决我国资源环境生态问题的基础之策。为贯彻落实党的十九大部署，加快建立健全绿色低碳循环发展的经济体系，现提出如下意见。

该示例出自《国务院关于加快建立健全绿色低碳循环发展经济体系的指导意见》（国发〔2021〕4号）。

示例2

任何国家都没有包揽国际事务、主宰他国命运、垄断发展优势的权力，更不能在世界上我行我素，搞霸权、霸凌、霸道。

该示例出自《在联合国成立75周年纪念峰会上的讲话》（2020年9月21日）。

示例3

新中国成立之初，百废待兴，百业待举，中国人民无比渴望和平安宁。但是，中国人民的这个愿望却受到了粗暴挑战，帝国主义侵略者将战争强加在了中国人民头上。

该示例出自《在纪念中国人民志愿军抗美援朝出国作战 70 周年大会上的讲话》（2020 年 10 月 23 日）。

示例4

历史总在不断前进，世界回不到从前。我们今天所作的每一个抉择、采取的每一项行动，都将决定世界的未来。我们要解决好这个时代面临的四大课题。

第一，加强宏观经济政策协调，共同推动世界经济强劲、可持续、平衡、包容增长。人类正在遭受第二次世界大战结束以来最严重的经济衰退，各大经济板块历史上首次同时遭受重创，全球产业链供应链运行受阻，贸易和投资活动持续低迷。各国出台数万亿美元经济救助措施，但世界经济复苏势头仍然很不稳定，前景存在很大不确定性。我们既要把握当下，统筹疫情防控和经济发展，加强宏观经济政策支持，推动世界经济早日走出危机阴影，更要放眼未来，下决心推动世界经济动力转换、方式转变、结构调整，使世界经济走上长期健康稳定发展的轨道。

…………

第四，携手应对全球性挑战，共同缔造人类美好未来……

该示例出自《让多边主义的火炬照亮人类前行之路——在世界经济论坛"达沃斯议程"对话会上的特别致辞》（2021 年 1 月 25 日）。

②关于过渡词组。

在公文写作实践中，常见过渡词组包括 9 年前、不久前、数百年前，9 年来、近年来、今年以来、党的十八大以来，从成立之日起、回首过去、回首过去一年、回首最近 100 多年的历史，去年 9 月、这一年、新的一年、今年起、从 2021 年开始，值此之际、新形势下，在这里、在中华文化里、在脱贫攻坚斗争中、在新发展格局下，事实充分证明、实践再次证明等。

示例1

中国—中东欧国家合作已经走过 9 年历程。9 年前，本着合作共赢、共谋发展的初心，怀着共同开创美好未来的决心，我们顺应时代潮流和发展大势，联合倡议建立中国—中东欧国家合作机制，开启中国同中东欧国家关系发展新阶段。

该示例出自《凝心聚力，继往开来 携手共谱合作新篇章——在中国—中东欧国家领导人峰会上的主旨讲话》（2021 年 2 月 9 日）

示例 2

回首过去一年，既有惊心动魄的风云突变，又有豪情万丈的砥砺前行。一年来，我们党团结带领全国各族人民众志成城、迎难而上，战疫情、抗洪涝、促改革、推开放，抓脱贫、惠民生、保增长、稳大局，在世界上率先控制住疫情蔓延，在全球主要经济体中率先实现经济正增长，全面建成小康社会取得伟大历史性成就，脱贫攻坚目标任务如期完成，重大科技创新成果捷报频传，共建"一带一路"扎实推进，"十三五"规划圆满收官，构建人类命运共同体得到国际社会广泛认同，各项事业取得新的重大成就！

该示例出自《在 2021 年春节团拜会上的讲话》（2021 年 2 月 10 日）。

示例 3

即将到来的 2021 年，我们将隆重庆祝中国共产党成立 100 周年，制定和实施"十四五"规划，开启全面建设社会主义现代化国家新征程。

该示例出自《在全国政协新年茶话会上的讲话》（2020 年 12 月 31 日）。

示例 4

在新发展格局下，中国市场潜力将充分激发，为世界各国创造更多需求。

该示例出自《构建新发展格局 实现互利共赢——在亚太经合组织工商领导人对话会上的主旨演讲》（2020 年 11 月 19 日）。

示例 5

事实充分证明，做好党和国家各项工作，必须把实现好、维护好、发展好最广大人民根本利益作为一切工作的出发点和落脚点，更加自觉地使改革发展成果更多更公平惠及全体人民。

该示例出自《在全国脱贫攻坚总结表彰大会上的讲话》（2021 年 2 月 25 日）。

（2）关于过渡句子。

在公文写作实践中，过渡句子主要是指在公文正文中承担过渡作用的句子，是公文正文过渡的主要形式，一般包括过渡单句、过渡复句、过渡句群（过渡段落），可以被用于句与句之间，也可以被用于段与段之间，有机的将前后内容连接起来。

无论是法定文种公文正文中的过渡句子，还是非法定文种公文正文中的过渡句子，二者之间没有本质区别。理解、把握和运用过渡句子，一般可以从主要作用、基本内容、表现形式三个方面着力。

如有附件，附件正文过渡句子的主要作用、基本内容、表现形式同公文正文相关要求。

①主要作用。

就主要作用而言，公文正文过渡句子一般在正文中发挥承上启下的作用，使得公文正文逻辑、结构、内容的层次更加清晰。

在公文写作实践中，公文写作者应把握这一主要作用，确保公文正文过渡句子主要作用不缺位、用得足。

示例

革命老区是党和人民军队的根，是中国人民选择中国共产党的历史见证。……为深入贯彻落实党中央、国务院决策部署，支持革命老区在新发展阶段巩固拓展脱贫攻坚成果，开启社会主义现代化建设新征程，让革命老区人民逐步过上更加富裕幸福的生活，现提出以下意见。

（一）总体要求

1.指导思想。……

该示例出自《国务院关于新时代支持革命老区振兴发展的意见》（国发〔2021〕3号），其首段末句作为过渡句子，承接上文、引出下文。

②基本内容。

就基本内容而言，公文正文过渡句子的基本内容是有一定范围要求和指向性的，即围绕特定工作事项，根据实现公文写作意图需求，主要包括阐释承接（或总结）上文的内容和引出下文的内容，有时仅单一阐释引出下文的内容。

在公文写作实践中，公文写作者应把握这些基本内容，确保公文正文过渡句子基本内容不缺项、不跑偏。

示例1

全面加强新时代少先队工作，强化对少年儿童的政治启蒙和价值观塑造，引导少年儿童时刻准备着为共产主义事业而奋斗，对于全面建设社会主义现代化国家、实现中华民族伟大复兴的中国梦，对于确保党和人民事业薪火相传、后继有人，对于红色基因代代相传，具有重大而深远的意义。现就全面加强新时代少先队工作提出如下意见。

（一）总体要求

1.指导思想。……

该示例出自《中共中央关于全面加强新时代少先队工作的意见》(2021年1月31日)，其首段末句作为过渡句子，在承接上文内容的同时，引出下文内容。

示例2

《生态环境保护综合行政执法事项指导目录》（以下简称《指导目录》）是落实统一实行生态环境保护执法要求、明确生态环境保护综合行政执法职能的重要文件，2020年版《指导目录》已经国务院原则同意。根据深化党和国家机构改革有关部署，经国务院批准，现就有关事项通知如下：

一、《指导目录》实施要以习近平新时代中国特色社会主义思想为指导，全面贯彻党的十九大和十九届二中、三中、四中全会精神，按照党中央、国务院决策部署，扎实推进生态环境保护综合行政执法改革，统筹配置行政执法职能和执法资源，切实解决多头多层重复执法问题，严格规范公正文明执法。

该示例出自《国务院办公厅关于生态环境保护综合行政执法有关事项的通知》（国办函〔2020〕18号)，其首段末句作为过渡句子，在承接上文内容的同时，引出下文内容。

示例3

你们关于扩大昆山深化两岸产业合作试验区范围的请示收悉。现批复如下：

一、同意扩大昆山深化两岸产业合作试验区（以下简称昆山试验区）范围至昆山全市。

该示例出自《国务院关于扩大昆山深化两岸产业合作试验区范围的批复》（国函〔2020〕168号)，其首段末句作为过渡句子，引出下文内容。

③表现形式。

就表现形式而言，公文正文过渡句子的表现形式不是单一的，而是灵活多样的。公文正文过渡句子可以独立的形式存在，也可以联合的形式存在。具体来说，就是其可以是单句，或位于段首、或位于段尾、或位于段中、或独立成段；也可以是复句，或位于段首、或位于段尾、或位于段中、或独立成段；还可以是句群（段落)，独立成段。

在公文写作实践中，公文写作者应把握这些表现形式，确保公文正文过渡句子表现形式不走样、不呆滞。

示例1

国家发展改革委《关于报送〈虹桥国际开放枢纽建设总体方案（送审稿）〉的请示》（发改地区〔2021〕10号）收悉。现批复如下：

一、原则同意《虹桥国际开放枢纽建设总体方案》（以下简称《方案》），请认真组织实施。

该示例出自《国务院关于虹桥国际开放枢纽建设总体方案的批复》（国函〔2021〕21号），其首段末句作为过渡句子且为单句，引出下文内容。

示例2

去年以来经济社会发展和今年疫情防控取得的成绩，是以习近平同志为核心的党中央坚强领导的结果，是习近平新时代中国特色社会主义思想科学指引的结果，是全党全军全国各族人民团结奋斗的结果。……

在肯定成绩的同时，我们也清醒看到面临的困难和问题。受全球疫情冲击，世界经济严重衰退，产业链供应链循环受阻，国际贸易投资萎缩，大宗商品市场动荡。国内消费、投资、出口下滑，就业压力显著加大，企业特别是民营企业、中小微企业困难凸显，金融等领域风险有所积聚，基层财政收支矛盾加剧。政府工作存在不足，形式主义、官僚主义仍较突出，少数干部不担当、不作为、不会为、乱作为。……

该示例出自《政府工作报告》（2020年5月22日在第十三届全国人民代表大会第三次会议上），其第二段首句作为过渡句子且为单句，承接上文内容、引出下文内容。

示例3

你局关于建立反不正当竞争部际联席会议制度的请示收悉。经国务院同意，现函复如下：

国务院同意建立由市场监管总局牵头的反不正当竞争部际联席会议制度。联席会议不刻制印章，不正式行文，请按照《中华人民共和国反不正当竞争法》相关规定和有关文件精神，认真组织开展工作。

该示例出自《国务院办公厅关于同意建立反不正当竞争部际联席会议制度的函》（国办函〔2020〕107号），其首段末句作为过渡句子且为复句，引出下文内容。

示例4

党的十九大决定，以县处级以上领导干部为重点，在全党开展"不忘初心、牢记使命"主题教育。今年是中华人民共和国成立70周年，也是我们党在全国执政第70个年头，在这个时刻开展这次主题教育，正当其时。党中央已经印发了关于在全党开展"不忘初心、牢记使命"主题教育的意见。今天会议就是对全党开展这次主题教育进行动员部署。

下面，我讲3个问题。

该示例出自《在"不忘初心、牢记使命"主题教育工作会议上的讲话》（2019年5月31日），其第二段作为过渡段且为复句，引出下文内容。

需要特别指出的是，公文正文各层级标题，有时也称小标题，是一种特殊的过渡句子，常见于法定文种公文正文之中，有时也存在于非法定文种公文正文之中。这些小标题在主要作用、基本内容、表现形式等方面同公文正文的其他类型过渡句子的要求大致相同，同时也具备一些独特的特点和要求。

a. 在基本内容方面。

这些小标题内容较为单一，主要是阐释引出下文的内容，主要包括两种模式：一种模式是仅仅阐释措施或目的，有时仅仅阐释时间、范围或阶段划分等单一事项；另一种模式为同时阐释措施和目的。

b. 在表现形式方面。

这些小标题表现形式，可以是单句，也可以是复句；可以独立存在，也可以作为段落的首句存在。尽管同层级小标题之间没有对称要求（如字数一致要求），公文写作者也不能刻意或者强求同层级小标题形成对称，但从公文写作实践看大部分同层级小标题之间还是存在基本对称的关系。一方面，这是由同层级小标题的性质和作用决定的；另一方面，形式上的对称有助于读者对公文正文的理解和记忆。

二、公文写作提升路径

公文写作本身是一件苦事、难事，写好公文更是一件苦上加苦、难上加难。写好公文，非下苦功夫、花大力气不可。公文写作者从公文写作入门到具备一定水平需要一个相对漫长的过程，往往需要几年乃至十几年的艰辛磨砺、经验积累和能力沉淀。

理解和掌握了公文写作基本路径，仅仅能够帮助公文写作者解决"无路可循、无处下笔"的问题。如果要实现公文写作质量和水平的提升，公文写作者就应在理解和掌握公文写作基本路径基础上，理解和掌握公文写作提升路径。

公文写作提升路径聚焦解决的是"能力跃升、提质增效"的问题，一般包括多阅读、善调研、深思考、勤练笔四个环节。以上四个环节相互联系、共同作用，为公文写作者特别是公文写作初学者写好公文提供了直接且有力的抓手。

（一）多阅读

1. 提升阅读价值，夯实多阅读的认识基础

巧妇难为无米之炊。有输入，才能有输出；有丰富的输入，才能有丰富的输出。公文写作同样如此。写好一份公文，往往需要公文写作者占有丰富的写作信息。

在公文写作实践中，获取写作信息的途径有很多，但阅读无疑是其中最直接、最便利、最高效的方式之一。阅读不仅是收集公文写作素材的基本方式，也是获取公文写作经验的主要途径，还是探索公文写作规律的重要来源。

以《中共中央关于制定国民经济和社会发展第十四个五年规划和二〇三五年远景目标的建议》为例，在其拟制过程中，文件起草组成员夙兴夜寐，研读了海量素材，比如：整理汇编并深入学习领会习近平总书记有关重要讲话，深入研读中央财办等形成的"十四五"规划前期重大课题研究报告200余份，统筹吸收各地区各部门向中央提交的关于"十四五"规划的意见和建议109条，等等。由此可见，阅读对公文写作具有十分重要的基础作用。

读书破万卷，下笔如有神。作为公文写作者尤其是公文写作初学者，不仅要阅读，还要多阅读。多阅读不仅是指阅读领域多，也指阅读数量多，还指阅读次数多。多阅读是重要的，但坚持多阅读是一件苦事，也是一件难事，提高阅读质量、转化阅读成效更是苦中之苦、难上加难。这在客观上导致部分公文写作者或望而却步，或半途而废。

在公文写作实践中，部分公文写作者特别是公文写作初学者，因不重视或不理解多阅读的重要作用，不时出现不愿意投入时间精力去阅读，更不愿意多阅读的情况，导致常常陷入"书到用时方恨少"的后悔；因不了解或不清楚多阅读的基本范围，不时出现阅读方向模糊甚至混乱阅读的情况，导致常常陷入"泥沙俱下"或者"眉毛胡子一般抓"的混乱；因不掌握或不使用多阅读的有效方式，不时出现方法失当甚至方法错误的情况，导致常常陷入"费力不讨好"的尴尬。凡此种种，在一定程度上都会降低阅读价值，削弱阅读的认识基础；同时也在客观上提醒和要求公文

写作者应更加重视阅读的价值和作用，着力提升阅读的质量和效果。

2. 厘清阅读范围，锚定多阅读的目标方向

在完成工作任务基础上，能够留给公文写作者用于阅读的时间实际上是很有限的，大段时间更是少之又少。如何在有限的且略显碎片化的时间内提高阅读数量和阅读质量，是每一名公文写作者都遇到过或面临着的问题。厘清阅读范围，无疑是破解这一问题的"先手棋"。要下好这步"先手棋"，公文写作者还应把握聚焦这一基本原则，即"干什么学什么、缺什么补什么"。

在公文写作实践中，公文写作者应坚持聚焦原则，立足本职岗位、紧盯工作需要，强化对阅读内容的梳理，全面厘清适合自身的阅读范围。一般而言，公文写作者应把政治理论、政策制度、业务知识作为阅读的重点范围，并结合自身情况确定阅读的重点内容，逐渐形成系统全面、动态更新的阅读内容体系，做到阅读有高度、阅读有广度、阅读有深度。

（1）在政治理论方面。

公文写作应以导向为魂，坚持正确的政治方向，即坚持马克思主义。为做到这一点，公文写作者应将马克思主义特别是习近平新时代中国特色社会主义思想这一马克思主义中国化的最新成果纳入阅读范围。

这些内容通常以经典著作的形式出现，具体包括《共产党宣言》《资本论》和《毛泽东选集》(第一至四卷)、《习近平谈治国理政》(第一至三卷)等。

通过多阅读，公文写作者可以学习、掌握和运用蕴含其中的马克思主义立场、观点、方法，用以武装头脑、指导实践、推动工作。

（2）在政策制度方面。

公文写作应以规矩为先，坚持合规的规范要求，即合政策、合法规、合制度。为做到这一点，公文写作者应将与公文写作相关的党的路线方针政策、国家法律法规以及机关内部管理制度等纳入阅读范围。

这些内容通常以单行本或公文形式出现，具体包括党章党规、党的十九大报告、党的十九届中央历次全会公报、党中央重大决策部署、宪法、行政法、经济法、社会法等。

通过多阅读，公文写作者可以熟悉内容、吃透精神、领会实质，用以规范公文写作内容、确保所写公文的合规性。

（3）在业务知识方面。

公文写作应以业务为基，坚持专业的质量标准，即专业思维、专业视角、专业

技能、专业标准、专业术语。为做到这一点，公文写作者应将业务知识以及与业务紧密相关的科学知识、文化知识等纳入阅读范围。

这些内容通常以图书、电子、网络以及公文等形式出现，具体包括政治、经济、军事、文化、科技、卫生等领域的各类专业知识。

通过多阅读，公文写作者可以当内行人、做专业事，用以提升公文写作品质、确保所写公文的专业性。

3.明确阅读方法，搭建多阅读的实现路径

在有限且宝贵的阅读时间内，如何高质量高效利率完成阅读范围内的阅读内容，既是公文写作者面临的一道必答题，也是一个必须战胜的困难和挑战。这个问题解决不好，势必影响阅读目标的实现。明确阅读方法，无疑是战胜这一困难和挑战的"关键一招"。要用好这个"关键一招"，公文写作者还应当把握实效这一基本原则，即"在阅读的全流程中求实务实落实"。

在公文写作实践中，公文写作者应坚持实效原则，以提升阅读质量为牵引，以阅读计划为抓手，强化对阅读方法的创新，逐渐形成适合自身的阅读方法。一般而言，公文写作者应强化阅读的全流程管理，从阅读的事前、事中、事后三个方面着力，并结合自身情况确定阅读的管用方法，逐渐形成切实可行、管用好用的阅读方法体系，做到读前有计划、读中有方法、读后有落实。

（1）在事前管理方面。

增强阅读计划管理的结合性，是提升阅读实效的重要前提。在制定阅读计划过程中，公文写作者应坚持做好"三个结合"：

一是长短结合，即将五年阅读计划、三年阅读计划、年度阅读计划等长期计划与月阅读计划、周阅读计划、日阅读计划等短期计划有机结合起来。

二是难易结合，即将难度较大、篇幅较长的阅读内容与相对简单、篇幅较短的阅读内容有机结合起来。

三是静动结合，将工作之余的专门阅读与工作当中的穿插阅读结合起来。

（2）在事中管理方面。

丰富阅读过程管理的层次性，是提升阅读实效的关键一环。在实施阅读过程管理时，公文写作者应坚持联系实际读、全面系统读、日积月累读、多措并举读。

一是既要做好问题导向的被动阅读，也要做好目标牵引的主动阅读，确保阅读有的放矢。

二是既要做好阅读内容的精读，也要兼顾阅读内容的略读，确保阅读有收有放。

三是既要用好阅读的集中时间，也要抓住阅读的碎片时间，确保阅读时间充足。

四是既要坚守阅读的传统媒介，也要适应阅读的创新载体，确保阅读方式灵活。

（3）在事后管理方面。

确保阅读过程管理的完整性，是提升阅读实效的最后关口。在实施阅读事后管理时，公文写作者应做好整理归档和盘活存量两个方面工作。

一方面，好记性不如烂笔头。公文写作者应对已阅读的具备价值的内容进行有序梳理并分类归档，建立属于自身特色的资料库，在积累写作素材的同时，切实提升查询和选用效率。

另一方面，旧书不厌百回读，熟读深思子自知。公文写作者还应在盘活归档资料下功夫，对重点内容、经典内容要经常读、反复读，在常学常新中获取新经验、新规律、新启发。

以《共产党宣言》为例，毛泽东同志曾说："《共产党宣言》，我看了不下一百遍，遇到问题我就翻阅马克思的《共产党宣言》，有时只阅读一两段，有时全篇都读，每阅读一次，我都有所启发。我写《新民主主义论》时，《共产党宣言》被翻阅过多次，读马克思主义理论在于应用，要应用就要经常读、重点读，读些马列主义经典著作，还可以从中了解马克思主义发展过程，在各种理论观点的争论和批判中，加深对马克思主义普遍真理的认识。"

（二）善调研

1. 重视调研作用，用好调研机会

纸上得来终觉浅，绝知此事要躬行。调研是调查研究的简称，是一种为了解情况进行考察（多指到现场），以探求事物的真相、性质、规律等的活动。调研不仅是一种重要的工作方法，更是提升公文写作质量的重要途径。

在公文写作实践中，调研与阅读互为补充、互相支撑。相对阅读时间的有限性和宝贵性，调研机会更为稀缺，调研时间更为珍贵。调研是成事之基，谋事之道。通过调研，公文写作者不仅可以获取大量一手的鲜活的真实的写作基础素材，还可以发现主要问题、找到根源所在、梳理总结经验、探索呈现规律、形成对策建议等。

以《中共中央关于制定国民经济和社会发展第十四个五年规划和二〇三五年远景目标的建议》为例，在其拟制过程中，起草组扎实开展调研、广泛听取意见，习近平总书记主持召开企业家座谈会、扎实推进长三角一体化发展座谈会、经济社会领域专家座谈会、科学家座谈会、基层代表座谈会、教育文化卫生体育领域专家代表座谈会，当面听取各方面对制定"十四五"规划的意见和建议；中央财办等形成的"十四五"规划前期重大课题研究报告200余份；开展网上征求意见，从中整理出1000余条建议。由此可见，调研对公文写作具有十分重要的基础作用。

不做调查没有发言权，不做正确的调查同样没有发言权。作为公文写作者尤其是公文写作初学者，不仅要调研，还要善调研。善调研是取得优秀调研成果的关键所在，但做到善调研并非易事。作为一项综合性工作，及各个环节，任何一个方面或者环节考虑不周或者出现问题，都有可能影响调研成果甚至导致调研失败。

在公文写作实践中，部分公文写作者特别是公文写作初学者，因忽视调研或者不会调研，出现"闭门造车"或者调研质量差的情况，进而在公文写作上出现"情况不明决心大，心中无数点子多"的情况，导致公文写作质量大打折扣。这些情况主要表现在三个方面：一是在调研准备上，不时出现调研目标不清晰、调研对象不明确、调研内容不合理等情况；二是在调研实施中，不时出现调研路线不接地、调研方法不灵活、调研过程走过场等情况；三是在调研结束后，不时出现只"调"不"研"、重"调"轻"研"、转化不够等情况。凡此种种，在一定程度上都会降低调研价值，影响公文写作质量；同时也在客观上提醒和要求公文写作者应更加重视调研的价值和作用，着力提升调研的质量和效果。

2.做好调研准备，夯实调研过程

凡事预则立，不预则废。只有准备充分，在调研过程中公文写作者才能有条不紊、忙而不乱、游刃有余。与此同时，天下大事必作于细，古今事业皆成于实。千条万条，不抓落实都是白条。调研准备再充分，如果调研过程不扎实甚至走过场，调研效果也就难以保证了，甚至根本谈不上调研效果了。因此，准备充分和过程扎实既是做好调研工作的两个关键点，也是开展调研工作的两个薄弱处，应引起公文写作者尤其是公文写作初学者的高度重视，并加以预防和把握。

（1）在调研准备上。

公文写作者应坚持实事求是，立足调研各参与方的实际情况，以问题为导向，以目标为牵引，从调研思想、调研方案、调研沟通三个方面着力，全面做好调研准备工作，切实夯实调研工作基础。

（2）在调研思想上。

思想是行动的先导。调研思想是否端正，会对调研准备工作产生较大影响。公文写作者应端正调研思想。

首先，位置要摆正，态度要谦虚。要甘当小学生、扑下身子去，主动向基层学习、拜群众为师，从调研源头上避免官僚主义、形式主义的出现。

其次，作风要务实。要明确调研是为发现问题、解决问题而开展的，切实防止出现"为了调研而调研"的思想，既要摒弃"仅仅满足于完成调研任务"思想，也要摒弃"敷衍了事、走马观花"的思想。

最后，态度要客观。要明确调研是"带着问题找答案"，切不可搞成了"带着答案找问题"；要客观看待自身、客观看待问题、客观看待基层，切不可"先入为主"，更不能在调研准备阶段就"盖棺定论"，否则就会失去了调研的存在价值。

（3）在调研方案上。

调研方案是调研准备工作的主要载体和呈现方式。调研方案质量如何，直接关系到调研实施效果。拟制一份高质量的调研方案，公文写作者一般可以从调研材料、调研主题、调研范围、调研方法、调研时间五个方面着力。

①调研材料。

就调研材料而言，围绕调研事项，公文写作者应广泛收集材料，包括相关政策法规、上级决策部署、外部经验做法、本机关工作信息等，进而吃透上情、了解外情、掌握内情，做到调研背景做到心中有数。

②调研主题。

就调研主题而言，调研主题是调研准备工作的基准所在，调研的范围、方法、时间等要素都要围绕调研主题确定或展开。调研主题一般是由工作需要、领导意图、调研材料等因素共同决定的，宜小不宜大，但能够小中见大；宜实不宜虚，但可以虚实结合；宜新不宜旧，但应当新旧衔接。

③调研范围。

就调研范围而言，公文写作者应围绕调研主题确定调研范围，其基本要求是全面、系统，既要涉及成绩和经验，也要包含问题和不足，既要涉及机遇和优势，也要包括挑战和劣势，既要涉及"面子"，也要包含"里子"，既要涉及领导干部和机关，也要包括职工群众和基层，等等。

④调研方法。

就调研方法而言，公文写作者应围绕调研主题，结合调研范围，灵活确定调研方法，坚持动静结合、新老结合、上下结合、质量结合，既要用足用好座谈交流、查阅资料、实地走访等传统式调研方法，也要大胆尝试联合调研、委托调研、网络调研等创新性调研方法，在方法融合中为提高调研质量提供有力支撑。

⑤调研时间。

就调研时间而言，调研时间的合理安排，事关调研任务的顺利完成、调研工作效率提升。

就总时间而言，调研时间既不能过短、导致"赶场子"，也不能太长、导致"绕圈子"，其长短应因需而定，当长则长、当短则短。

就阶段时间而言，在划分合理基础上，公文写作者应应留有适当余量，且作出动态调整，以适应调研实施阶段的情况变化。

做好调研沟通，既是改进工作作风的要求，也是做好调研工作的需要。在调研准备阶段，尤其是在调研方案拟制过程中，公文写作者不仅应就相关事项及时与领导沟通，做好请示汇报工作；还应就相关安排及时与调研对象沟通，做好调研对接工作。在此基础上，确保调研准备工作，特别是调研方案能够得到相关各方的认可、理解。

（4）在调研实施上。

针对调研实施过程中存在的不务实、不精准、不深入、不广泛等情况，公文写作者应坚持"实""准""深""广"的标准要求，统筹推进、抓好落实，以获取真实、准确、系统、全面的第一手情况，为形成高质量调研成果夯实素材基础。

①在"实"上下功夫。

落实调研方案要实，公文写作者既不能随意删减既定方案，也不能出现"错""忘""漏"的情况，应确保方案中的规定动作要到位。同时，不能局限于查资料、听汇报，还要走出去，走到基层、群众身边去，实地查看情况，实打实地摸清底数。

②在"准"上下功夫。

行程落实要准，调研行程尤其是下基层调研行程牵一发而动全省，在无特殊情况或特别需要时，原则上公文写作者应准确按照时间节点推进调研工作，防止给调研对象带来不便，影响其正常工作的开展。同时，收集素材要准，既不能出现"也许""大概""差不多"的情况，更不能出现信息错误甚至弄虚作假的情况，确保相关信息准确无误。

③在"深"上下功夫。

具体事项了解要深，公文写作者应依托调研提纲，但不能局限于调研提纲，要运用"解剖麻雀"的方法，善于"刨根问底"，不仅要了解其取得成绩、经验做法，也要了解其存在问题、面临困难，还要了解其决策背景、重要节点等，尽力还原工作事项的流程信息和关键信息。同时，调研对象层次要深，公文写作者应尽量做到纵向贯通，涵盖单位领导层、中层和基层，有效防止调研层次单薄、"蜻蜓点水"，确保多层次的意见建议。

④在"广"上下功夫。

调研手段运用要广，公文写作者应综合运用传统手段和创新方式，特别是大数据、云计算、人工智能等信息技术手段，让定性分析更全面，让定量分析更精准，切实防止因手段单一导致调研结果依据不足的情况出现，确保调研成果扎实有效。同时，调研对象范围要广，公文写作者应坚持开门搞调研，不能刻意回避矛盾问题，在调研对象选取上建议采取"固定＋随机"的方式进行确定，切实防止调研"被安排"，确保调研情况更加全面。

3. 强化成果转化，提升调研质效

调研成果转化，是调研全流程的最后一环，决定着调研工作的质量和效益。调研成果转化主要包括两种情形：一是作为重要素材纳入相关公文的写作之中，用于指导或推动特定工作事项；二是形成专门的调研报告，成为服务决策的重要信息支撑。

如果重调研实施、轻成果转化，或只调研实施、无成果转化，调研主要价值就难以得到充分体现。在调研实践中，部分公文写作者在完成调研准备和调研实施两个阶段性工作后会出现"停停脚、缓缓气"的心态，以致错失成果转化的最佳时机，甚至出现"马放南山、刀枪入库"的情况，以致调研工作成了"半拉子"工程。因此，公文写作者尤其是公文写作初学者应重视调研成果转化工作，走好调研工作的"最后一公里"，切实发挥出调研作用和价值。从调研实践看，强化成果转化，公文写作者一般可以从转化质量、转化效率、转化管理三个方面着力。

（1）在转化质量上下功夫。

不论是作为重要素材纳入相关公文，还是形成专门的调研报告，转化质量始终是一个基础性要求。这个基础性要求主要体现为"准""实""精"三个字上。做到了这三个字，转化质量也就有了基本保证。

①"准"。

"实"就是务实，在转化过程中，公文写作者应坚持问题导向和目标导向，以解决问题、推动工作为目的，使转化成果更好地服务于工作实践。

②"实"。

"准"就是准确，无论是基本事实，还是关键数据，或是语言表述，既不能"粉饰"，也不能"贬低"，公文写作者应原原本本反映客观事实，同时也要符合相关规范要求。

③"精"。

"精"就是精练，不仅体现在遣词造句方面，公文写作者应提倡短，能短则短、当短则短；还体现在事例或数据的选取方面，公文写作者应使用典型事例或关键数据，无须事无巨细、面面俱到。

（2）在转化效率上下功夫。

言当其时，一字千金；言过其时，一文不值。在确保转化质量的前提下，公文写作者应不断提升转化效率。刚刚获取的调研素材"热气腾腾"，鲜活度最高，最容易激发公文写作者的写作灵感，有助于打开思路、呈现更多亮点和闪光点，促使所写文稿散发更多"泥土香"和"烟火气"；一旦丧失效率，来之不易的调研素材就会"放蔫儿了"甚至"放坏了"，可能会变成食之无味、弃之可惜的"鸡肋"，调研素材的作用和价值就会大打折扣。

因此，在调研过程中，公文写作者应将调研准备、调研实施、调研转化三个阶段贯通起来、一气呵成，力求避免断断续续、拖拖拉拉的情况出现。尤其是在调研实施和调研转化的衔接上，更要注重转化效率的提升。

（3）在转化管理上下功夫。

做好调研成果转化工作，除了应在提升能力和提升效率两方面着力外，公文写作者还应加强调研成果转化管理工作，内外结合更好提升调研成果转化质量。

①强化计划管理。

公文写作者应强化计划管理，在调研工作的阶段划分上应明确成果转化安排，并应分阶段明确大体的时间安排、完成节点以及责任分工等具体事宜，"挂图作战"、扎实推进，加强计划执行的检查督促，确保责任落实到位、工作按时完成。

②强化管理创新。

公文写作者应在成果转化管理理念和手段两个方面加强创新。

首先，成果转化理念缺失或不强是导致很多"半拉子"调研的出现的重要原因。因此，成果转化管理工作不是可有可无的，而是必须必要的。在调研工作中公文写作者应树立并强化成果转化管理理念。

其次，公文写作者应创新建立涵盖调研全流程、各个方面的调研管理系统，通过系统赋能，有效破解在管理落实上"想做不敢做""想做不好意思做""想做没精力做"等一系列问题，在降低人工成本同时，大幅提升管理质量和效率。

(三)深思考

为学之道,必本于思。不深思则不能造于道,不深思而得者,其得易失。知识的积累、能力的培养和水平的提高离不开学习,公文写作尤为如此。公文写作者尤其是综合部门的公文写作者,在公文写作过程中所需的知识面更广、能力要求更高,不仅需要学习政治理论、哲学思维、语法修辞等基础知识,也要学习上级精神决策部署、本级中心工作、基层发展实际、相关法规制度等应用知识。面对这些方方面面的知识,公文写作者如果只解决"是什么"的问题、不解决"为什么"和"怎么办"的问题,只学不思或者浅思不深思,是无法实现深入理解、系统掌握、灵活运用的目标的。

知识是无限的,人的精力是有限的。面对各层次、各领域、各方面的重要知识,一个适合的思考方法不仅是极其重要的,而且是不可或缺的。虽然条条大路通罗马,但总有平坦崎岖之分、速度快慢之分、耗时长短之分。得当的思考方法往往事半功倍。但什么才是得当的思考方法,往往仁者见仁、智者见智。在此抛砖引玉,分享些许思考方法。

在公文写作实践中,一些公文写作者通过简单学习、借鉴几份现有公文,偶尔也会写出一份差不多的公文。但因缺乏系统学习特别是深思考,这种方式往往不具备可推广性和可持续性,本质上是一种"头痛医头、脚痛医脚"的应急方法,是没有生命力的。还有一些公文写作者尤其是公文写作初学者试图通过机械记忆来提升能力和水平,短期可能有效,长期一定不行,缺少思考和理解的记忆是不能持久的。博闻强记是需要的,但只有通过深思考的过程才能记得牢,才有可能用得上、用得好。因此,无论是学习前人的经验,还是自身的实践学习,公文写作者要想取得好的学习效果并转化为自身的能力水平,不仅需要持续的学习和记忆,还离不开思考,更离不开深思考。

在公文写作实践中,面对多领域、多专业、多层次的知识,到底思考什么,有没有相对统一且切实管用的方案?这是不少公文写作者面临的棘手问题。这个问题破解了,也就找到了实现深思考的基本方向。从实践经验看,公文写作者所需知识的主要载体一般包括书籍、刊物、报纸、公文等,其中比较常用的、直接的、重要的载体是公文。在学习各类知识过程中,尤其是在学习公文过程中,除获取信息外,公文写作者一般不仅应思考标题、开头、过渡、结尾以及语法修辞等微观问题,这是初步的思考;还应思考所处背景、面临形势、破题立意、谋篇布局、逻辑思维、理论结合实践等宏观问题,这是深入的思考。以上可以作为深思考的主要内容,在实践中公文写作者根据自身需求，或增加、或减少、或均衡、或侧重。

深思考，既要有胸怀天下的格局和情怀，从大处着眼，学习曹冲称象；也要有大中见小的视角和能力，从小处着手，学习庖丁解牛。下面以《中共中央 国务院关于实施乡村振兴战略的意见》（2018年中央一号文件）为例进行分析。

1. 开阔大眼界

会当凌绝顶，一览众山小。做到深思考，公文写作者应具备大情怀、大格局、大眼界；反之，公文写作者可能会被过多的细节所局限，以致在理解上出现偏颇，落得"只缘身在此山中，不识庐山真面目"。

总本源以扩流末，操纲领而得一致。深思考的关键就是要提住公文的"衣领子"、抓住公文的"牛鼻子"。

在该意见中，"衣领子"和"牛鼻子"就是该意见的重大意义、总体要求、措施保障。具体来说，重大意义是主要指一个战略意义；总体要求主要是指导思想、目标任务、基本原则三个方面，指导思想主要是一个核心思想，目标任务主要是三个阶段性目标，基本原则主要是七个坚持；措施保障主要指十个方面。抓住了上述关键，公文写作者才能够对该意见的基本轮廓有一个比较清晰的认识，才能做到跳出"三农"、看"三农"，立足全局、促"三农"。

2. 找准微视角

天下大事必作于细，天下难事必做于易。做到深思考，公文写作者既应该大处着眼，也要能小处着手。

该意见全文共计1.6万余字，面对篇幅如此之长、文风比较务实、内容相对单一的文件，如何才能保持定力、通读全文，如何才能剥茧抽丝、见微知著，如何才能做到始于一域、意达全局？拿起放大镜、选准微视角，不失为一种有效方法。

（1）盯着关键词，以点连线带面。

以关键词为基点，一点突破、两点连线、三点成面，从而建立认识该文的基本面。

在该意见中，出现很多关键词汇，比如"七个坚持""十个方面""三个阶段性目标""'二十字'总要求""乡村振兴战略"等。公文写作者可以"乡村振兴战略"这一关键词作为突破点，依次从十个方面展开并构成一个基本面，做到"七个坚持"，贯彻"二十字"总要求，逐步实现"三个阶段性目标"，从而确保乡村振兴战略深入实施。如此一来，公文写作者就会对该意见主要内容建立起基本认识了。

（2）追溯本源处、学懂悟透弄通。

物有本末、事有始终，知所先后、则近道矣。

该文围绕"乡村振兴战略"依次展开。"乡村振兴战略"作为党的十九大提出的"七大战略"之一,是党的十八大以来党在"三农"领域发展成果的最新总结,是推进新时代中国特色社会主义新征程的重要举措,是习近平新时代中国特色社会主义思想在"三农"领域的生动体现。民者,国之根也。乡村振兴战略,不仅事关党和国家发展的前途命运,也影响着数亿农村人口的衣食住行;不仅关系脱贫攻坚、也关乎风险防控,还关联生态文明,其意义可谓重之又重。

(3)抓住不同点,比较结合做实。

准确把握公文的特点、特征和特色,是快速掌握公文主题主旨的密钥。简单说就是"找不同"。相较以往的中央一号文件,该意见最显著的不同就是"管全面"和"顾长远"。

所谓"管全面",不是对"农业、农村、农民"分别着力,而是把"三农"问题的三个方面作为一个整体去推进,即"乡村振兴战略"。所谓"顾长远",不单把重心放在指导当前的"三农"发展问题,而是结合新时代中国特色社会主义新阶段、新目标、新征程,规划出阶段性目标,制定了长期的乡村振兴战略,保持战略的连续性和稳定性,确保战略优势持续发力、久久为功。

(四)勤练笔

冰冻三尺非一日之寒,为山九仞岂一日之功。公文写作能力的培养和公文写作水平的提升,不可能"毕其功于一役",也不可能"一劳永逸"。作为公文写作能力的培养和公文写作水平的提升的最主要、最关键、最直接的一步,练笔是一个较为漫长且十分艰苦的过程,离不开能力,也少不了毅力。练笔还是一个累积性、持续性、终身性的过程,公文写作者须臾不能放松,更不能停滞。因此,公文写作者尤其是公文写作初学者应一步一个脚印地勤练笔,在笔耕不辍中逐步培养公文写作能力、提升公文写作水平。

练笔不只是一个把想法或说法通过文字形式直接且简单地进行呈现的过程,其不仅是对理论政策、法规制度、决策部署、工作实际、业务知识等信息资源的系统性整合和创造性运用,也是对阅读理解能力、综合分析能力、提出和解决问题能力、文字能力的综合性考验和集中性体现,还是暴露自身公文写作问题短板、指明今后努力方向的全面性体检和直接性反馈,其作用极其重要。可以说,只要练笔,就有收获,勤练笔、多收获,少练笔、少收获,不练笔、没收获。

在公文写作实践中,作为公文写作者,有的理论学习不少、实践经验不缺、业务能力不差，但就是公文写作能力不行、水平不够，常常出现有想法但没写法、有说法但没写法、写得出但写不好、偶尔写得好但长期写不好等情况。从根本上看，其原因就是重输入轻输出，不想写、不敢写、不能写，其直观表现就是不练笔或者练笔少。所以，只想不练成不了公文写作的"真把式"，只说不练也成不了公文写作的"真把式"；只有把想法、说法落实到文字上，勤练笔才有可能成为公文写作的"真把式"。

千淘万漉虽辛苦，吹尽狂沙始到金。公文写作者尤其是公文初学者唯有勤练笔，在练笔中转化输出，在练笔中学习思考，在练笔中找到差距，在练笔中提高完善，才能逐步提升表达能力和文字功夫，练就公文写作的真功夫，成为公文写作的"好把式"，在公文写作实践中做到提笔能写、下笔有神、落笔文成。从公文写作实践看，做到并做好勤练笔，公文写作者一般可以从品赏、撰写、修改三个方面着力。

1. 关于品赏

他山之石，可以攻玉。这里所说的品赏，不只是从思维中、在口头上对优秀公文进行品味和欣赏，更多的是将品味和欣赏的结果、体会和感悟通过文字方式呈现出来。运用"解剖麻雀"的方法品赏优秀公文，从中学立意、学构思、学谋篇、学布局、学标题、学首尾、学表达、学修辞。在学习和思考中，公文写作者可以加深对公文主题和内容的理解，加深对公文写作的内涵和外延的领会；在感悟和呈现中，公文写作者可以强化对公文写作的标准和方法的把握，强化写作能力的培养和写作水平的提升。

以党的十九大报告为例，该报告逻辑严密、结构科学、系统完整，堪称公文写作的扛鼎之作，是公文写作者提升写作能力和水平的标准标杆和宝贵资源，值得每一名公文写作者反复研习。为提升公文品赏能力和质量，公文写作者可以从报告标题、逻辑结构、语言表达等方面展开品赏。

（1）从报告标题看。

该报告采用主副标题的形式，其主标题为"决胜全面建成小康社会　夺取新时代中国特色社会主义伟大胜利"，其副标题为"在中国共产党第十九次全国代表大会上的报告"，其标题立意高远、点明主题、内涵丰富、气势磅礴。

（2）从逻辑结构看。

该报告全文约3.2万字，基本上按照"是什么、为什么、怎么办"的公文写作逻辑展开，主要由总论、经济社会发展战略部署、党的建设全面部署、结语四大板块构成，总论板块由导语、"过去五年的工作和历史性变革""新时代中国共产党的历史使命""新时代中国特色社会主义思想和基本方略""决胜全面建成小康社会，开启全面建设社会主义现代化国家新征程"五个部分组成，经济社会发展的战略部署板块由"贯彻新发展理念，建设现代化经济体系""健全人民当家作主制度体系，发展社会主义民主政治""坚定文化自信，推动社会主义文化繁荣兴盛""提高保障和改善民生水平，加强和创新社会治理""加快生态文明体制改革，建设美丽中国""坚持走中国特色强军之路，全面推进国防和军队现代化""坚持'一国两制'，推进祖国统一""坚持和平发展道路，推动构建人类命运共同体"八个部分组成，党的建设的全面部署板块由"坚定不移全面从严治党，不断提高党的执政能力和领导水平"部分组成，结语板块由团结、青年和号召三个部分组成，总结了治国理政的经验启示，描绘出治国理政的宏伟蓝图。

（3）从语言表达看。

该报告运用了比喻、对偶、排比等修辞手法以及记叙、议论、抒情等表达方式，文风务实、文字凝练，语句精彩、亮点纷呈。以"历史车轮滚滚向前，时代潮流浩浩荡荡"为例，该句运用对偶的修辞手法，语言凝练、句式整齐，节奏感更强，感染力更强，读来气势恢宏、势不可当。

2. 关于撰写

锲而舍之，朽木不折；锲而不舍，金石可镂。撰写，是提升公文写作能力水平的最直接、最管用、最有效的方式。从公文写作实践看，为充分发挥撰写的价值，提升撰写能力和质量，公文写作者一般可以从撰写理念、撰写内容、撰写标准三个方面着力。

（1）从撰写理念上看。

如果把提升公文写作能力和水平的过程看作逆水行舟，撰写就如同划桨。勤撰写，公文写作能力和水平则升；反之，公文写作能力和水平则降。公文写作者在处理撰写上，一方面，应当"一视同仁"，切不可"挑肥拣瘦"，力求做到短的要写、长的也要写，一般的要写、重要的也要写，被动接受的要写、主动要求的也要写，法定文种的要写、非法定文种的也要写，写好每份文、每段话、每一句、每个字。另一方面，纸上十行字，纸下十年功。提升公文写作能力和水平没有捷径可走，必须保持决心、耐心和恒心，经常写、长期写，持之以恒、久久为功。

（2）从撰写内容上看。

公文写作者在处理撰写上，切不可"眉毛胡子一把抓"或"脚踩西瓜皮、滑到哪算哪"，应有较为明确的撰写内容。从公文写作实践看，撰写内容一般包括撰写全文、撰写提纲、撰写片段等。

①撰写全文。

就撰写全文而言，一是公文写作者应按要求完成组织或领导布置的常规公文写作任务；二是公文写作者应定期或在工作任务间隙中自选题目完成全文的撰写，以保持撰写全文的节奏和感觉。

②撰写提纲。

就撰写提纲而言，在完成规定公文写作任务后，当空余时间不足以支撑完成全文撰写时，公文写作者可以通过撰写提纲的方式训练和提升公文写作能力和水平。公文题目可以是别人或自己写过的，通过"旧题新写"，在对比中找出差距或提振信心；同时，公文题目也可以是全新的，通过"新题新写"，在创新中提升破题立意和谋篇布局的能力。

③撰写片段。

就撰写片段而言，机者如神、难遇易失。公文写作者特别是有一定基础的公文写作者，在写作过程中、在阅读过程中、在思考过程中或在从事其他事务过程中，时常出现灵感闪现的情况，会产生很多新思路、新想法、新观点，而且这些灵感会稍纵即逝。在这种情况下，只要不是在从事当下非做不可的工作，公文写作者一般都应停下手头正在做的事情，第一时间将这些新思路、新想法、新观点记录下来，并分类整理归档，以备在今后公文写作中按需调用。

（3）从撰写标准上看。

撰写公文是有标准的。组织或领导布置的公文（任务性公文）同自己加练的公文（加练性公文）相比，撰写标准应是统一的。在撰写标准上，公文写作者既不能不执行，也不能选择性执行标准，否则任务性公文的质量就无法保证，加练性公文的存在也就会失去价值。从公文写作实践看，撰写标准一般包括基础要求、高阶要求、文风要求等方面内容。

①基础要求。

撰写公文基础要求是公文写作的底线要求，必须遵守、不得突破，一般包括合规要求、内容要求、表述要求、格式要求等。

②高阶要求。

在符合基础要求的前提下，公文写作者应努力达到更高要求，即撰写公文高阶要求，一般主要涉及修辞更为丰富、文字更有活力、逻辑更为严密、结构更为严谨、可操作性更强、可测评性更好等内容。

③文风要求。

在确保表意准确的基础上,公文写作者应切实防止出现长(无意义的长)、假、空等情况,坚持短、实、新的文风要求,力求做到直截了当、精练简短,实事求是、易懂易行,服务主题、善于创新。

3. 关于修改

金无足赤,人无完人。公文写作亦是如此。在公文写作实践中,修改是公文写作者改正公文错误、缺点的过程,是提高公文写作质量的关键一招,也是提升公文写作能力和水平的必经一路。

不论是公文写作初学者,还是经验丰富的公文写作者,或是公文写作高手,因受到能力、精力、状态、时间、责任心等不同因素的影响,在其所起草的公文一稿中,或多或少都会存在一些问题、短板或不足。问题、短板或不足的存在,就要求公文写作者应对公文进行修改,以确保公文质量。做好公文修改,公文写作者一般可以从修改原则、修改内容、修改方式三个方面着力。

(1)坚持修改原则,把好修改方向。

从公文写作实践看,在公文修改上,公文写作者一般应坚持主动靠前、审慎统筹、质效统一、开放包容四项原则。

①主动靠前。

在公文写作实践中,需要修改是常态,不需修改是异态。因此,无论是公文写作初学者,还是公文写作高手,都应在修改上坚持主动靠前原则。

一方面,公文写作者决不能因为修改是常态,就在公文初步拟制时降低标准,都等着在此后修改过程中去完善,而应在最初拟制时就主动预防和减少一般性错误的发生,进而降低后期不必要的工作量。

另一方面,在公文一稿完成后,公文写作者应主动对公文进行全面梳理,发现错误、补齐短板;特别是面对重要公文时,更应坚持主动原则,并应多次进行全面梳理或重点检查,助力及时发现和解决问题,以确保并提升公文质量。

②审慎统筹。

在修改公文上,公文写作者应坚持审慎统筹原则。

一方面,面对可能需要改正的错误或缺点,公文写作者应做到慎之又慎、反复确认,避免急躁情绪,切实防止因急于求成将正确的改成错误的。

另一方面,公文往往具有较强的逻辑性和系统性,修改公文的任何一个方面都可能会"牵一发而动全身"。因此,在修改过程中,公文写作者应坚持做到统筹。一是统筹开展问题排查，不仅排查内容、文字、标点符号等方面，也要排查主题、逻辑、结构等方面，确保排查工作全面、不漏项；二是统筹实施问题修改，防止出现"顾前不顾后、顾近不顾远"或"摁下葫芦起来瓢"等情况，做到全面系统的修改或提升。

③质效统一。

在修改公文上，公文写作者应坚持质效统一原则。

一方面，公文写作者应坚持质量优先，在改正错误上做到应改尽改，在改正缺点上应做到能改尽改，确保公文基本质量。

另一方面，公文写作者应坚持兼顾效率，尽管在公文写作上只有更好、没有最好，但也不能不及成本尤其是时间成本，在满足基本要求情况下要提升修改效率。

④开放包容。

在修改公文上，公文写作者应当坚持开放包容原则。

一方面，不识庐山真面目，只缘身在此山中。面对自己撰写的公文，因惯性思维等因素，公文写作者有时很难"跳出公文看公文"。这就需要公文写作者在修改上应坚持开放原则，发挥集体智慧的优势，广泛听取同事和领导的意见建议，以利于发现问题、改正错误，提升公文质量。

另一方面，有则改之，无则加勉。面对他人的意见建议，公文写作者应坚持包容原则。对有价值的意见建议，公文写作者应做到欣然接受；对价值不高的意见建议或者批评，公文写作者应做到"闻过则喜"。

（2）明确修改内容，确保修改实效。

从公文写作实践看，公文修改内容一般集中在规范标准、公文内容、逻辑结构、语言文风四个方面。

①在规范标准方面。

规范标准问题是修改内容中的基础部分，属于公文写作中的低级问题，但其出现频次却并不低。规范标准问题不仅直接降低公文质量，而且直接损害发文机关的对外形象，需要引起公文写作者的足够重视。规范标准问题一般涉及文种选用、格式规范、汉字数字、外文字符、计量单位、标点符号等具体方面。

②在公文内容方面。

公文内容问题是修改内容中的核心部分，属于公文写作中的常见问题，直接影响公文表意的准确性。一旦出现这些问题，公文质量就无法保证甚至无从谈起了。公文内容问题一般涉及符合政策法规、体现意图、相关公文衔接、材料真实、观点鲜明、表述准确、对策可行等具体方面。

③在逻辑结构方面。

逻辑结构问题是修改内容中的关键部分，属于公文写作中的隐性问题，直接影响公文论述的严谨性。一旦出现这些问题，公文的内容、观点以及相关结论的合理性就会被质疑，公文效力就会大打折扣。逻辑结构问题一般涉及逻辑残缺、逻辑混乱、逻辑矛盾等具体方面。

④在语言文风方面。

语言文风问题是修改内容中的重要部分，属于公文写作中的间接问题，尽管对公文质量没有直接影响，但能够反映发文机关公文能力和工作作风，是公文修改过程中应重点关注和稳妥把握的问题。语言文风问题一般涉及表达通俗、受众易懂、场景适配、长短适宜、文风务实等具体方面。

（3）丰富修改方式，明确修改路径。

从公文写作实践看，公文修改一般包括具体修改、反复修改、集体修改三种方式。

①在具体修改方面。

具体修改方式是公文修改的直接方式和基础方式，是公文修改的具体方法，一般包括读、删、增三种主要方法。

第一，就"读"而言。

在具体修改的三种主要方法中，"读"居于基础地位，"删"和"增"一般都要建立在"读"之上。"读"一般可分为"默读"和"诵读"两种类型。在"读"的过程中，公文写作者往往会将公文写作基本常识和公文语感结合起来，通过这种综合方式去梳理和发现公文在规范标准、公文内容、逻辑结构、语言文风等方面存在的错误或缺点，进而奠定公文修改的方向和基础。

第二，就"删"而言。

在公文写作实践中，部分公文写作者尤其是公文写作初学者，由于公文写作能力不足，加之担心不能充分进行表意，往往不由自主的就将公文写得很长。这样的长，通常属于冗长，由于充斥着大量不必要的文字，反而影响了公文的充分表意。对于这样的长，公文写作者应坚持"能短则短"的原则，对其进行必要的删减，进而把想要表达的重点内容突出出来。

第三，就"增"而言。

在公文写作实践中，提倡短，但不反对长。这里所说的长，主要是指"当长则长"。对于应具体阐释但未具体阐释的内容和应深入分析却未深入分析的内容，公文写作者应做加法，改短为长，把该写的写足了、写到位，促进公文意图的呈现，同时利于公文受理机关对该公文的理解和把握。

②在反复修改方面。

从公文写作实践看，大部分公文尤其是重要公文都需要经过修改才能出手，经过反复修改才能趋于完善。在完成首次"读""删""增"之后，公文写作者一般应将公文"放一放"或"沉一沉"，再行重复或多次重复"读""删""增"的过程，在反复修改中不断完善公文。

正如毛泽东所说："重要的文章不妨看它十多遍，认真加以删改，然后发表。"以《关于正确处理人民内部矛盾的问题》为例，该讲话是毛泽东所著经典之一，先后15次经毛泽东进行讲解、修改、征求意见，共计形成"自修稿"三稿、"草稿"七稿，历经了10余稿，才得以定稿。再以《论持久战》为例，该文也是毛泽东所著经典之一，在初稿形成后，先后修改了7遍，才得以定稿。

③在集体修改方面。

积力之所举，则无不胜也；众智之所为，则无不成也。一个人的公文写作能力再强，也是有限的，有时还会被惯性思维、时间精力等因素影响。集体修改作为公文修改的重要方式和宝贵经验，正好弥补了个人修改的不足。在公文修改上，尤其是重要公文修改上，在完成个人修改基础上，公文写作者通过运用集体修改方法，集思广益、群策群力，以集体智慧和力量推动公文质量的提升。

第三节　公文写作实用

作为公文写作之术的"血肉"，公文写作实用主要是指公文写作的鲜活实践，是公文写作之术的重要组成部分，是公文写作之术的血肉和活力，在公文写作之术中居于辅助地位。公文写作实用在展示常用公文写作实践成果的同时，也提供了提升公文写作质量的参照标准。

公文写作实用从公文写作实践出发，主要围绕决议、决定、命令（令）、公报、公告、通告、意见、通知、通报、报告、请示、批示、议案、函、纪要15种法定文种公文以及法规制度、工作计划、工作总结、会议记录、工作简报、调研报告、讲话发言、公务书信 8 类常用的非法定文种公文，重点从基本构成和公文范例两个方面着手，逐一进行了梳理介绍。

※**需要特别说明的是：**

一是该部分所述"基本构成"主要是指公文格式中标题、主送机关或主送对象（如有）、正文、附件说明（如有）、发文机关署名和成文日期（或成文信息）等要素内容的基本构成；因印章（含签名章）具有一定特殊性且不方便排版印刷，故该部分所述"基本构成"未将印章（含签名章）这一要素纳入。二是因前文已就公文种类、公文格式、行文规则、公文拟制等内容进行了全面阐释，该部分在涉及上述内容时将不再重述，或采用提纲挈领式进行介绍；如读者需要了解相关内容，可到前文相关部分进行查询。三是考虑部分公文篇幅较长、字数较多等因素，该部分主要采用节选方式展示公文范例。四是出于全书版面格式考量，公示范例主要保留了公文主体部分的相关内容，且并未完全依照公文格式规范进行编排。

一、决议

（一）基本构成

决议的基本构成一般包括标题、成文信息、正文等。

1. 标题

决议的标题一般由会议名称（一般为全称）、事由、"决议"二字三个部分组成，即"××××（会议名称）关于××××（事由）的决议"。

在公文处理工作实践中，有时存在由会议名称（一般为全称）和"决议"二字两部分组成决议标题的情况，即"××××（会议名称）决议"。

2. 成文信息

决议的成文信息一般由成文日期、通过会议名称（一般为全称）、"通过"二字三个部分组成。

成文信息一般需使用圆括号"（ ）"括入，编排于标题下一行、居中排布。

3. 正文

决议的正文一般由基本情况、会议主要观点、结语三个方面内容组成。

（1）基本情况。

基本情况一般包括决议主体、决议过程、决议结果等方面内容。

（2）会议主要观点。

会议主要观点一般包括会议对所要决议事项的评价、认定或决定、作用或意义等方面内容。

（3）结语。

结语一般包括围绕决议事项提出的要求、发出的号召或提出的希望等方面内容。

此外，在拟制决议时，公文处理工作参与者应依照《条例》关于公文种类、公文格式、行文规则、公文拟制等方面的规定，以及《格式》等相关规范标准对其各要素进行规范。

（二）公文范例

中国共产党第十九次全国代表大会关于十八届中央委员会报告的决议

（2017年10月24日中国共产党第十九次全国代表大会通过）

中国共产党第十九次全国代表大会批准习近平同志代表十八届中央委员会所作的报告。大会高举中国特色社会主义伟大旗帜，以马克思列宁主义、毛泽东思想、邓小平理论、"三个代表"重要思想、科学发展观、习近平新时代中国特色社会主义思想为指导，分析了国际国内形势发展变化，回顾和总结了过去五年的工作和历史性变革，作出了中国特色社会主义进入了新时代、我国社会主要矛盾已经转化为人民日益增长的美好生活需要和不平衡不充分的发展之间的矛盾等重大政治论断，深刻阐述了新时代中国共产党的历史使命，确立了习近平新时代中国特色社会主义思想的历史地位，提出了新时代坚持和发展中国特色社会主义的基本方略，确定了决胜全面建成小康社会、开启全面建设社会主义现代化国家新征程的目标，对新时代推进中国特色社会主义伟大事业和党的建设新的伟大工程作出了全面部署。大会通过的十八届中央委员会的报告，描绘了决胜全面建成小康社会、夺取新时代中国特色社会主义伟大胜利的宏伟蓝图，进一步指明了党和国家事业的前进方向，是全党全国各族人民智慧的结晶，是我们党团结带领全国各族人民在新时代坚持和发展中国特色社会主义的政治宣言和行动纲领，是马克思主义的纲领性文献。

大会认为，报告阐明的大会主题对我们党带领人民奋发图强、开拓前进具有十分重大的意义。全党要不忘初心，牢记使命，高举中国特色社会主义伟大旗帜，决胜全面建成小康社会，夺取新时代中国特色社会主义伟大胜利，为实现中华民族伟大复兴的中国梦不懈奋斗。

大会高度评价十八届中央委员会的工作。党的十八大以来的五年，是党和国家发展进程中极不平凡的五年，改革开放和社会主义现代化建设取得了历史性成就。五年来，以习近平同志为核心的党中央以巨大的政治勇气和强烈的责任担当，提出一系列新理念新思想新战略，出台一系列重大方针政策，推出一系列重大举措，推进一系列重大工作，解决了许多长期想解决而没有解决的难题，办成了许多过去想办而没有办成的大事，推动党和国家事业发生历史性变革。以习近平同志为核心的党中央勇于面对党面临的重大风险考验和党内存在的突出问题，以顽强意志品质正风肃纪、反腐惩恶，消除了党和国家内部存在的严重隐患，党内政治生活气象更新，党内政治生态明显好转，党的创造力、凝聚力、战斗力显著增强，党的团结统一更加巩固，党群关系明显改善，党在革命性锻造中更加坚强，焕发出新的强大生机活力，为党和国家事业发展提供了坚强政治保证。五年来的成就是全方位的、开创性的，五年来的变革是深层次的、根本性的。

大会强调，经过长期努力，中国特色社会主义进入了新时代，这是我国发展新的历史方位。中国特色社会主义进入新时代，我国社会主要矛盾已经转化为人民日益增长的美好生活需要和不平衡不充分的发展之间的矛盾。我国社会主要矛盾的变化是关系全局的历史性变化，对党和国家工作提出了许多新要求。我们要在继续推动发展的基础上，着力解决好发展不平衡不充分问题，大力提升发展质量和效益，更好满足人民在经济、政治、文化、社会、生态等方面日益增长的需要，更好推动人的全面发展、社会全面进步。

大会强调，围绕回答新时代坚持和发展什么样的中国特色社会主义、怎样坚持和发展中国特色社会主义这个重大时代课题，我们党以全新的视野深化对共产党执政规律、社会主义建设规律、人类社会发展规律的认识，进行艰辛理论探索，取得重大理论创新成果，创立了习近平新时代中国特色社会主义思想。习近平新时代中国特色社会主义思想，是对马克思列宁主义、毛泽东思想、邓小平理论、"三个代表"重要思想、科学发展观的继承和发展，是马克思主义中国化最新成果，是党和人民实践经验和集体智慧的结晶，是中国特色社会主义理论体系的重要组成部分，是全党全国人民为实现中华民族伟大复兴而奋斗的行动指南，必须长期坚持并不断发展。

大会强调，坚持党对一切工作的领导，坚持以人民为中心，坚持全面深化改革，坚持新发展理念，坚持人民当家作主，坚持全面依法治国，坚持社会主义核心价值体系，坚持在发展中保障和改善民生，坚持人与自然和谐共生，坚持总体国家安全观，坚持党对人民军队的绝对领导，坚持"一国两制"和推进祖国统一，坚持推动构建人类命运共同体，坚持全面从严治党，这十四条构成新时代坚持和发展中国特色社会主义的基本方略。全党同志必须全面贯彻党的基本理论、基本路线、基本方略，更好引领党和人民事业发展。

大会提出，从现在到二〇二〇年，是全面建成小康社会决胜期。要按照十六大、十七大、十八大提出的全面建成小康社会各项要求，突出抓重点、补短板、强弱项，特别是要坚决打好防范化解重大风险、精准脱贫、污染防治的攻坚战，使全面建成小康社会得到人民认可、经得起历史检验。

大会认为，从十九大到二十大，是"两个一百年"奋斗目标的历史交汇期。我们既要全面建成小康社会、实现第一个百年奋斗目标，又要乘势而上开启全面建设社会主义现代化国家新征程，向第二个百年奋斗目标进军。综合分析国际国内形势和我国发展条件，从二〇二〇年到本世纪中叶可以分两个阶段来安排。第一个阶段，从二〇二〇年到二〇三五年，在全面建成小康社会的基础上，再奋斗十五年，基本实现社会主义现代化。第二个阶段，从二〇三五年到本世纪中叶，在基本实现现代化的基础上，再奋斗十五年，把我国建成富强民主文明和谐美丽的社会主义现代化强国。

大会同意报告关于我国社会主义经济建设、政治建设、文化建设、社会建设、生态文明建设的部署。大会强调，要贯彻新发展理念、建设现代化经济体系，坚持质量第一、效益优先，以供给侧结构性改革为主线，推动经济发展质量变革、效率变革、动力变革，着力加快建设实体经济、科技创新、现代金融、人力资源协同发展的产业体系，着力构建市场机制有效、微观主体有活力、宏观调控有度的经济体制，不断增强我国经济创新力和竞争力。要深化供给侧结构性改革，加快建设创新型国家，实施乡村振兴战略，实施区域协调发展战略，加快完善社会主义市场经济体制，推动形成全面开放新格局，努力实现更高质量、更有效率、更加公平、更可持续的发展。要健全人民当家作主制度体系、发展社会主义民主政治，坚持党的领导、人民当家作主、依法治国有机统一，加强人民当家作主制度保障，发挥社会主义协商民主重要作用，深化依法治国实践，深化机构和行政体制改革，巩固和发展爱国统一战线，巩固和发展生动活泼、安定团结的政治局面。要坚定文化自信、推动社会主义文化繁荣兴盛，牢牢掌握意识形态工作领导权，培育和践行社会主义核心价值观，加强思想道德建设，繁荣发展社会主义文艺，推动文化事业和文化产业发展，激发全民族文化创新创造活力。要提高保障和改善民生水平、加强和创新社会治理，抓住人民最关心最直接最现实的利益问题，优先发展教育事业，提高就业质量和人民收入水平，加强社会保障体系建设，坚决打赢脱贫攻坚战，实施健康中国战略，打造共建共治共享的社会治理格局，有效维护国家安全，使人民获得感、幸福感、安全感更加充实、更有保障、更可持续。要加快生态文明体制改革、建设美丽中国，推进绿色发展，着力解决突出环境问题，加大生态系统保护力度，改革生态环境监管体制，推动形成人与自然和谐发展现代化建设新格局。

大会强调，面对国家安全环境的深刻变化，面对强国强军的时代要求，必须坚持走中国特色强军之路，全面贯彻习近平强军思想，贯彻新形势下军事战略方针，建设强大的现代化陆军、海军、空军、火箭军和战略支援部队，打造坚强高效的战区联合作战指挥机构，构建中国特色现代作战体系，全面推进国防和军队现代化，把人民军队建设成为世界一流军队。

大会强调，保持香港、澳门长期繁荣稳定，必须全面准确贯彻"一国两制"、"港人治港"、"澳人治澳"、高度自治的方针，严格依照宪法和基本法办事，让香港、澳门同胞同祖国人民共担民族复兴的历史责任、共享祖国繁荣富强的伟大荣光。必须继续坚持"和平统一、一国两制"方针，扩大两岸经济文化交流合作，推动两岸同胞共同弘扬中华文化，推动两岸关系和平发展，推进祖国和平统一进程，绝不允许任何人、任何组织、任何政党、在任何时候、以任何形式、把任何一块中国领土从中国分裂出去。

大会同意报告对国际形势的分析和提出的对外工作方针，强调中国将坚持和平发展道路，高举和平、发展、合作、共赢的旗帜，恪守维护世界和平、促进共同发展的外交政策宗旨，坚定不移在和平共处五项原则基础上发展同各国的友好合作，积极促进"一带一路"国际合作，继续积极参与全球治理体系改革和建设，推动建设相互尊重、公平正义、合作共赢的新型国际关系，推动构建人类命运共同体，同世界各国人民一道建设持久和平、普遍安全、共同繁荣、开放包容、清洁美丽的世界。

大会强调，打铁必须自身硬。党要团结带领人民进行伟大斗争、推进伟大事业、实现伟大梦想，必须毫不动摇坚持和完善党的领导，毫不动摇把党建设得更加坚强有力。新时代党的建设总要求是：坚持和加强党的全面领导，坚持党要管党、全面从严治党，以加强党的长期执政能力建设、先进性和纯洁性建设为主线，以党的政治建设为统领，以坚定理想信念宗旨为根基，以调动全党积极性、主动性、创造性为着力点，全面推进党的政治建设、思想建设、组织建设、作风建设、纪律建设，把制度建设贯穿其中，深入推进反腐败斗争，不断提高党的建设质量，把党建设成为始终走在时代前列、人民衷心拥护、勇于自我革命、经得起各种风浪考验、朝气蓬勃的马克思主义执政党。

大会强调，要把党的政治建设摆在首位。全党必须增强政治意识、大局意识、核心意识、看齐意识，坚持党中央权威和集中统一领导，坚定执行党的政治路线，严格遵守政治纪律和政治规矩，在政治立场、政治方向、政治原则、政治道路上同党中央保持高度一致。

大会号召，全党全国各族人民要紧密团结在以习近平同志为核心的党中央周围，高举中国特色社会主义伟大旗帜，认真学习贯彻习近平新时代中国特色社会主义思想，锐意进取，埋头苦干，为实现推进现代化建设、完成祖国统一、维护世界和平与促进共同发展三大历史任务，为决胜全面建成小康社会、夺取新时代中国特色社会主义伟大胜利、实现中华民族伟大复兴的中国梦、实现人民对美好生活的向往继续奋斗！

二、决定

（一）基本构成

根据传播方式的不同，决议的基本构成也有所不同。

当以公文形式印发（含公文公开发布的情况）决定时，决定的基本构成一般包括标题、主送机关、正文、附件说明（如有附件）、发文机关署名、成文日期、附注（如有）等。

当以电视、广播、报纸、网络等渠道发布决定时，决定的基本构成一般包括标题、主送机关、正文、附件说明（如有附件）、发文机关署名和成文日期、附注等。

1. 标题

决定的标题一般由发文机关名称、事由、"决定"二字三个部分组成，即"××××（发文机关名称）关于××××（事由）的决定"。

2. 主送机关

决定的主送机关一般由公文的主要受理机关组成。

如有抄送机关，一般编排于版记部分；当公文公开发布时，编排于成文日期之下（如有附注、编排于附注之下）。

3. 正文

决议的正文一般由基本情况、主体内容、结语三个方面内容组成。

（1）基本情况。

基本情况一般包括决定的背景、依据、原因、目的或意义等方面内容。

（2）主体内容。

主体内容一般包括决定的具体事项。

（3）结语。

结语一般包括围绕决定事项提出的要求、发出的号召或者提出的希望等方面内容。

4. 附件说明

决定的附件说明一般包括"附件"二字、附件顺序号、附件名称等方面内容。

5. 发文机关署名和成文日期

决定的发文机关署名一般由发文机关全称或规范化简称组成。

决定的成文日期一般由会议通过或者签发日期组成。

当以电视、广播、报纸、网络等渠道发布决定时，不标注发文机关署名、只标注成文日期。此时，成文日期需用圆括号"（）"括入，编排于标题下一行、居中排布。

6. 附注

决定的附注一般由印发传达范围、联系人及联系方式等需要说明的事项组成。

此外，在拟制决定时，公文处理工作参与者应依照《条例》关于公文种类、公文格式、行文规则、公文拟制等方面的规定，以及《格式》等相关规范标准对其各要素进行规范。

（二）公文范例

范例1

中共中央 国务院关于授予全国脱贫攻坚楷模荣誉称号的决定（节选）

（2021年2月25日）

党的十八大以来，以习近平同志为核心的党中央把脱贫攻坚摆在治国理政突出位置，团结带领全党全国各族人民，采取了一系列具有原创性、独特性的重大举措，组织实施了人类历史上规模最大、力度最强、惠及人口最多的脱贫攻坚战。习近平总书记亲自指挥、亲自部署、亲自督战，作出一系列重要指示批示，为脱贫攻坚提供了根本遵循和科学指引。经过8年持续奋斗，脱贫攻坚取得全面胜利，现行标准下近1亿农村贫困人口全部脱贫，贫困县全部摘帽，困扰中华民族几千年的绝对贫困问题得到历史性解决，书写了人类减贫史上的奇迹，为全面建成小康社会作出了重要贡献，为开启全面建设社会主义现代化国家新征程奠定了坚实基础。

在波澜壮阔的脱贫攻坚伟大实践中，涌现出一批政治坚定、表现突出、贡献重大、精神感人的杰出典型。他们的事迹，充分彰显了中国共产党领导和我国社会主义制度的显著优势，集中体现了中华民族扶贫济困、守望相助的传统美德和社会主义核心价值观，生动诠释了中国人民改革创新、攻坚克难的精神风貌，充分反映了共产党人不忘初心的使命担当和全心全意为人民谋幸福的深厚情怀，感人至深、催人奋进。

为隆重表彰激励先进，大力弘扬民族精神、时代精神和脱贫攻坚精神，充分激发全党全国各族人民干事创业的责任感、使命感、荣誉感，汇聚更强大的力量推进全面建设社会主义现代化国家，党中央、国务院决定，授予毛相林等10名同志，河北省塞罕坝机械林场等10个集体"全国脱贫攻坚楷模"荣誉称号。

当前，我国进入新发展阶段，贯彻新发展理念，构建新发展格局，推动高质量发展，任务艰巨、责任重大、使命光荣。党中央号召，全党全国各族人民要以习近平新时代中国特色社会主义思想为指导，全面贯彻党的十九大和十九届二中、三中、四中、五中全会精神，以全国脱贫攻坚楷模为榜样，增强"四个意识"、坚定"四个自信"、做到"两个维护"，更加紧密地团结在以习近平同志为核心的党中央周围，不忘初心、牢记使命，开拓进取、奋发有为，为全面推进乡村振兴、巩固拓展脱贫攻坚成果，为全面建设社会主义现代化国家、实现中华民族伟大复兴的中国梦作出新的更大贡献！

附件：全国脱贫攻坚楷模名单

范例2

国务院关于实施动产和权利担保统一登记的决定

各省、自治区、直辖市人民政府，国务院各部委、各直属机构：

为贯彻落实党中央、国务院决策部署，进一步提高动产和权利担保融资效率，优化营商环境，促进金融更好服务实体经济，现作出如下决定：

一、自2021年1月1日起，在全国范围内实施动产和权利担保统一登记。

二、纳入动产和权利担保统一登记范围的担保类型包括：

（一）生产设备、原材料、半成品、产品抵押；

（二）应收账款质押；

（三）存款单、仓单、提单质押；

（四）融资租赁；

（五）保理；

（六）所有权保留；

（七）其他可以登记的动产和权利担保，但机动车抵押、船舶抵押、航空器抵押、债券质押、基金份额质押、股权质押、知识产权中的财产权质押除外。

三、纳入统一登记范围的动产和权利担保，由当事人通过中国人民银行征信中心（以下简称征信中心）动产融资统一登记公示系统自主办理登记，并对登记内容的真实性、完整性和合法性负责。登记机构不对登记内容进行实质审查。

四、中国人民银行要加强对征信中心的督促指导。征信中心具体承担服务性登记工作，不得开展事前审批性登记。征信中心要做好系统建设和维护工作，保障系统安全、稳定运行，建立高效运转的服务体系，不断提高服务效率和质量。

五、国家市场监督管理总局不再承担"管理动产抵押物登记"职责。中国人民银行负责制定生产设备、原材料、半成品、产品抵押和应收账款质押统一登记制度，推进登记服务便利化。中国人民银行、国家市场监督管理总局应当明确生产设备、原材料、半成品、产品抵押登记的过渡安排，妥善做好存量信息的查询、变更、注销服务和数据移交工作，确保有关工作的连续性、稳定性、有效性。

各地区、各相关部门要相互协作、密切配合，认真落实本决定部署的各项工作，努力优化营商环境。

国务院
2020 年 12 月 22 日

（此件公开发布）

三、命令（令）

（一）基本构成

命令（令）一般无标题和主送机关，其基本构成一般包括正文、附件说明（如有附件）、签发人职务和签名章、成文日期等。

1. 正文

命令（令）的正文一般由拟制缘由、主要依据、主体内容三个方面内容组成。

（1）拟制缘由。

拟制缘由一般包括拟制命令（令）的背景、原因、目的或意义等方面内容。

（2）主要依据。

主要依据一般包括拟制命令（令）的会议依据或制度依据等方面内容。

（3）主体内容。

主体内容一般包括所要公布的行政法规和规章，所要宣布的施行重大强制性措施，所要批准授予和晋升的事项，以及所要嘉奖的事项等方面内容；有时还包括就贯彻命令（令）内容提出的号召、希望或要求等方面内容。

2. 附件说明

命令（令）的附件说明一般包括"附件"二字、附件顺序号、附件名称等方面内容。

3. 签发人职务和签名章、成文日期

命令（令）的签发人职务一般为全称，命令（令）的成文日期一般为签发日期。当以电视、广播、报纸、网络等渠道发布命令（令）时，可以用签发人姓名代替签发人签名章。

此外，在拟制命令（令）时，公文处理工作参与者应依照《条例》关于公文种类、公文格式、行文规则、公文拟制等方面的规定，以及《格式》等相关规范标准对其各要素进行规范。

（二）公文范例

范例1

中华人民共和国主席令

（第七十二号）

根据中华人民共和国第十三届全国人民代表大会常务委员会第二十六次会议于2021年2月28日的决定：

免去鄂竟平的水利部部长职务；

任命李国英为水利部部长。

中华人民共和国主席　习近平

2021年2月28日

范例2

中华人民共和国主席令

（第七十号）

《中华人民共和国行政处罚法》已由中华人民共和国第十三届全国人民代表大会常务委员会第二十五次会议于2021年1月22日修订通过，现予公布，自2021年7月15日起施行。

中华人民共和国主席　习近平

2021年1月22日

四、公报

（一）基本构成

公报的基本构成一般包括标题、成文信息、正文等。

1. 标题

公报的标题一般由会议名称（一般为全称）和"公报"二字两部分组成，即"××××（会议名称）公报"。

2. 成文信息

公报的成文信息一般由成文日期、通过会议名称（一般为全称）、"通过"二字三个部分组成。

公报的成文信息需使用圆括号"（）"括入，编排于标题下一行、居中排布。

3. 正文

公报的正文一般由基本情况、主要观点、结语三个方面内容组成。

（1）基本情况。

基本情况一般包括会议或会谈的名称、时间、地点、出席人员、列席人员、主持人员等方面内容。

（2）主要观点。

会议主要观点一般包括会议或会谈所研究和讨论主要事项以及形成的主要观点或达成的相关共识等方面内容。

（3）结语。

结语一般包括围绕公报主要内容提出的要求、发出的号召或提出的希望等方面内容。

4. 签署人职务和签名章和成文日期

当公报为外交类公报（主要指联合公报）时，签发人职务一般为全称，成文日期一般为签署日期。

此外，在拟制公报时，公文处理工作参与者应依照《条例》关于公文种类、公文格式、行文规则、公文拟制等方面的规定，以及《格式》等相关规范标准对其各要素进行规范。

（二）公文范例

中国共产党第十九届中央委员会第五次全体会议公报（节选）

（2020年10月29日中国共产党第十九届中央委员会第五次全体会议通过）

中国共产党第十九届中央委员会第五次全体会议，于2020年10月26日至29日在北京举行。

出席这次全会的有，中央委员198人，候补中央委员166人。中央纪律检查委员会常务委员会委员和有关方面负责同志列席会议。党的十九大代表中的部分基层同志和专家学者也列席会议。

全会由中央政治局主持。中央委员会总书记习近平作了重要讲话。

全会听取和讨论了习近平受中央政治局委托作的工作报告，审议通过了《中共中央关于制定国民经济和社会发展第十四个五年规划和二〇三五年远景目标的建议》。习近平就《建议（讨论稿）》向全会作了说明。

全会充分肯定党的十九届四中全会以来中央政治局的工作。一致认为，一年来，中央政治局高举中国特色社会主义伟大旗帜，坚持以马克思列宁主义、毛泽东思想、邓小平理论、"三个代表"重要思想、科学发展观、习近平新时代中国特色社会主义思想为指导，全面贯彻党的十九大和十九届二中、三中、四中全会精神，增强"四个意识"、坚定"四个自信"、做到"两个维护"，统筹推进"五位一体"总体布局，协调推进"四个全面"战略布局，坚持稳中求进工作总基调，坚持新发展理念，坚定不移推进改革开放，沉着有力应对各种风险挑战，统筹新冠肺炎疫情防控和经济社会发展工作，把人民生命安全和身体健康放在第一位，把握扩大内需这个战略基点，深化供给侧结构性改革，加大宏观政策应对力度，扎实做好"六稳"工作、全面落实"六保"任务，坚决维护国家主权、安全、发展利益，疫情防控工作取得重大战略成果，三大攻坚战扎实推进，经济增长好于预期，人民生活得到有力保障，社会大局保持稳定，中国特色大国外交积极推进，党和国家各项事业取得新的重大成就。

全会一致认为，面对错综复杂的国际形势、艰巨繁重的国内改革发展稳定任务特别是新冠肺炎疫情严重冲击，以习近平同志为核心的党中央不忘初心、牢记使命，团结带领全党全国各族人民砥砺前行、开拓创新，奋发有为推进党和国家各项事业，战胜各种风险挑战，中国特色社会主义的航船继续乘风破浪、坚毅前行。实践再次证明，有习近平同志作为党中央的核心、全党的核心领航掌舵，有全党全国各族人民团结一心、顽强奋斗，我们就一定能够战胜前进道路上出现的各种艰难险阻，一定能够在新时代把中国特色社会主义更加有力地推向前进。

全会高度评价决胜全面建成小康社会取得的决定性成就。"十三五"时期，全面深化改革取得重大突破，全面依法治国取得重大进展，全面从严治党取得重大成果，国家治理体系和治理能力现代化加快推进，中国共产党领导和我国社会主义制度优势进一步彰显；经济实力、科技实力、综合国力跃上新的大台阶，经济运行总体平稳，经济结构持续优化，预计二〇二〇年国内生产总值突破一百万亿元；脱贫攻坚成果举世瞩目，五千五百七十五万农村贫困人口实现脱贫；粮食年产量连续五年稳定在一万三千亿斤以上；污染防治力度加大，生态环境明显改善；对外开放持续扩大，共建"一带一路"成果丰硕；人民生活水平显著提高，高等教育进入普及化阶段，城镇新增就业超过六千万人，建成世界上规模最大的社会保障体系，基本医疗保险覆盖超过十三亿人，基本养老保险覆盖近十亿人，新冠肺炎疫情防控取得重大战略成果；文化事业和文化产业繁荣发展；国防和军队建设水平大幅提升，军队组织形态实现重大变革；国家安全全面加强，社会保持和谐稳定。"十三五"规划目标任务即将完成，全面建成小康社会胜利在望，中华民族伟大复兴向前迈出了新的一大步，社会主义中国以更加雄伟的身姿屹立于世界东方。

全会强调，全党全国各族人民要再接再厉、一鼓作气，确保如期打赢脱贫攻坚战，确保如期全面建成小康社会、实现第一个百年奋斗目标，为开启全面建设社会主义现代化国家新征程奠定坚实基础。

全会深入分析了我国发展环境面临的深刻复杂变化，认为当前和今后一个时期，我国发展仍然处于重要战略机遇期，但机遇和挑战都有新的发展变化。当今世界正经历百年未有之大变局，新一轮科技革命和产业变革深入发展，国际力量对比深刻调整，和平与发展仍然是时代主题，人类命运共同体理念深入人心，同时国际环境日趋复杂，不稳定性不确定性明显增加。我国已转向高质量发展阶段，制度优势显著，治理效能提升，经济长期向好，物质基础雄厚，人力资源丰富，市场空间广阔，发展韧性强劲，社会大局稳定，继续发展具有多方面优势和条件，同时我国发展不平衡不充分问题仍然突出，重点领域关键环节改革任务仍然艰巨，创新能力不适应高质量发展要求，农业基础还不稳固，城乡区域发展和收入分配差距较大，生态环保任重道远，民生保障存在短板，社会治理还有弱项。全党要统筹中华民族伟大复兴战略全局和世界百年未有之大变局，深刻认识我国社会主要矛盾变化带来的新特征新要求，深刻认识错综复杂的国际环境带来的新矛盾新挑战，增强机遇意识和风险意识，立足社会主义初级阶段基本国情，保持战略定力，办好自己的事，认识和把握发展规律，发扬斗争精神，树立底线思维，准确识变、科学应变、主动求变，善于在危机中育先机、于变局中开新局，抓住机遇，应对挑战，趋利避害，奋勇前进。

全会提出了到二〇三五年基本实现社会主义现代化远景目标，这就是：我国经济实力、科技实力、综合国力将大幅跃升，经济总量和城乡居民人均收入将再迈上新的大台阶，关键核心技术实现重大突破，进入创新型国家前列；基本实现新型工业化、信息化、城镇化、农业现代化，建成现代化经济体系；基本实现国家治理体系和治理能力现代化，人民平等参与、平等发展权利得到充分保障，基本建成法治国家、法治政府、法治社会；建成文化强国、教育强国、人才强国、体育强国、健康中国，国民素质和社会文明程度达到新高度，国家文化软实力显著增强；广泛形成绿色生产生活方式，碳排放达峰后稳中有降，生态环境根本好转，美丽中国建设目标基本实现；形成对外开放新格局，参与国际经济合作和竞争新优势明显增强；人均国内生产总值达到中等发达国家水平，中等收入群体显著扩大，基本公共服务实现均等化，城乡区域发展差距和居民生活水平差距显著缩小；平安中国建设达到更高水平，基本实现国防和军队现代化；人民生活更加美好，人的全面发展、全体人民共同富裕取得更为明显的实质性进展。

……

全会提出，坚持创新在我国现代化建设全局中的核心地位，把科技自立自强作为国家发展的战略支撑，面向世界科技前沿、面向经济主战场、面向国家重大需求、面向人民生命健康，深入实施科教兴国战略、人才强国战略、创新驱动发展战略，完善国家创新体系，加快建设科技强国。要强化国家战略科技力量，提升企业技术创新能力，激发人才创新活力，完善科技创新体制机制。

……

全会强调，实现"十四五"规划和二〇三五年远景目标，必须坚持党的全面领导，充分调动一切积极因素，广泛团结一切可以团结的力量，形成推动发展的强大合力。要加强党中央集中统一领导，推进社会主义政治建设，健全规划制定和落实机制。要保持香港、澳门长期繁荣稳定，推进两岸关系和平发展和祖国统一。要高举和平、发展、合作、共赢旗帜，积极营造良好外部环境，推动构建新型国际关系和人类命运共同体。

全会号召，全党全国各族人民要紧密团结在以习近平同志为核心的党中央周围，同心同德，顽强奋斗，夺取全面建设社会主义现代化国家新胜利！

五、公告

（一）基本构成

公告的基本构成一般包括标题、正文、附件说明（如有附件）、发文机关署名和成文日期等。

1. 标题

公告的标题一般由发文机关名称、事由和"公告"二字三个部分组成，即"××××（发文机关名称）关于××××（事由）的公告"。

从公文处理工作实践看，大量存在由发文机关名称和"公告"二字两部分组成公告标题的情况，即"××××（发文机关名称）公告"。

2. 正文

公告的正文一般由拟制缘由、主要依据、主体内容、相关要求、结语五个方面内容组成。

（1）拟制缘由。

拟制缘由一般包括拟制公告的背景、原因、目的或意义等方面内容。

（2）主要依据。

主要依据一般包括拟制公告的会议依据、制度依据或决定批准等方面内容。

（3）主体内容。

主体内容一般包括所要公告事项的具体内容、涉及范围、作用时段、影响结果等。

（4）相关要求。

相关要求一般包括就执行公告提出的号召、希望或要求等内容。

（5）结语。

为起到强调作用，公告一般可以使用"特此公告"等作为结语，也可以不加结语。

3. 附件说明

公告的附件说明一般包括"附件"二字、附件顺序号、附件名称等方面内容。

4. 发文机关署名和成文日期

公告的发文机关署名一般由发文机关全称或规范化简称组成。

公告的成文日期一般由会议通过或者签发日期组成。

此外，在拟制公告时，公文处理工作参与者应依照《条例》关于公文种类、公文格式、行文规则、公文拟制等方面的规定，以及《格式》等相关规范标准对其各要素进行规范。

（二）公文范例

范例1

中共中央办公厅　中共中央对外联络部公告

在中国共产党召开第十九次全国代表大会期间和习近平同志当选为中共中央总书记后，许多国家政党、政府、国际组织、民间团体及其领导人，驻华使节、友好人士以及旅居国外的华侨华人，香港特别行政区同胞、澳门特别行政区同胞和台湾同胞等，向大会、向中共中央、向新当选领导人发来贺电贺函，表示热烈祝贺和良好祝愿。中共中央办公厅、中共中央对外联络部受中共中央和习近平总书记的委托，谨表示衷心的感谢。

2017 年 11 月 3 日

范例2

全国人民代表大会常务委员会公告
（〔十三届〕第二十号）

黑龙江省第十三届人大常委会第二十四次会议补选胡昌升为第十三届全国人民代表大会代表。安徽省第十三届人大常委会第二十五次会议补选王清宪为第十三届全国人民代表大会代表。新疆维吾尔自治区第十三届人大常委会第二十三次会议补选多来提曼·开米克（塔吉克族）为第十三届全国人民代表大会代表。第十三届全国人民代表大会常务委员会第二十六次会议根据代表资格审查委员会提出的报告，确认胡昌升、王清宪、多来提曼·开米克的代表资格有效。

河北省人大常委会决定罢免邓沛然的第十三届全国人民代表大会代表职务。江苏省人大常委会决定接受王立科辞去第十三届全国人民代表大会代表职务。依照《中华人民共和国全国人民代表大会和地方各级人民代表大会代表法》的有关规定，邓沛然、王立科的代表资格终止。

截至目前，第十三届全国人民代表大会实有代表 2953 人。

特此公告。

全国人民代表大会常务委员会
2021 年 2 月 28 日

范例3

国务院公告

为表达全国各族人民对抗击新冠肺炎疫情斗争牺牲烈士和逝世同胞的深切哀悼，国务院决定，2020年4月4日举行全国性哀悼活动。在此期间，全国和驻外使领馆下半旗志哀，全国停止公共娱乐活动。4月4日10时起，全国人民默哀3分钟，汽车、火车、舰船鸣笛，防空警报鸣响。

范例4

交通运输部关于公布第30批道路运输车辆达标车型的公告（节选）

（交通运输部公告2021年第17号）

根据《中华人民共和国安全生产法》《中华人民共和国节约能源法》《中华人民共和国道路运输条例》和《道路运输车辆燃料消耗量检测和监督管理办法》，以及《交通运输部办公厅关于贯彻落实习近平总书记重要指示批示精神 切实加强道路运输安全监管工作的通知》《交通运输部办公厅关于贯彻落实交通运输行业标准〈营运客车安全技术条件〉(JT/T 1094—2016)的通知》《交通运输部办公厅关于做好交通运输行业标准〈营运货车安全技术条件〉(JT/T 1178.1—2018)落实工作的通知》《交通运输部办公厅关于贯彻落实交通运输行业标准〈营运客车类型划分及等级评定〉(JT/T 325—2018)的通知》等有关规定，第30批道路运输车辆达标车型已通过技术审查和公示，现予以发布。

附件：道路运输车辆达标车型表（第30批）

交通运输部

2021年3月12日

六、通告

（一）基本构成

通告的基本构成一般包括标题、主送机关、正文、附件说明（如有附件）、发文机关署名和成文日期、附注（如有）等。

1. 标题

通告的标题一般由会议名称（一般为全称）、事由、"通告"二字三个部分组成，即"××××（会议名称）关于××××（事由）的通告"。

2. 主送机关

通告的主送机关一般由公文的主要受理机关组成。

如有抄送机关，一般编排于版记部分；当公文公开发布时，可编排于成文日期之下（如有附注、编排于附注之下）。

在公文处理工作实践中，部分通告不标注主送机关和抄送机关。

3. 正文

通告的正文一般由拟制缘由、主要依据、主体内容、相关要求、结语五个方面内容组成。

（1）拟制缘由。

拟制缘由一般包括拟制通告的背景、原因、目的或意义等方面内容。

（2）主要依据。

主要依据一般包括拟制通告的会议依据、制度依据或决定批准等方面内容。

（3）主体内容。

主体内容一般包括所要通告事项的具体内容、涉及范围、作用时段、影响结果等。

（4）相关要求。

相关要求一般包括就执行通告提出遵守或周知要求等内容。

（5）结语。

为起到强调作用，通告一般可以使用"特此通告"等作为结语，也可以不加结语。

4. 附件说明

通告的附件说明一般包括"附件"二字、附件顺序号、附件名称等方面内容。

5. 发文机关署名和成文日期

通告的发文机关署名一般由发文机关全称或规范化简称组成。

通告的成文日期一般由会议通过或者签发日期组成。

6. 附注

通告的附注一般由印发传达范围、联系人及联系方式等需要说明的事项组成。

此外，在拟制通告时，公文处理工作参与者应依据《条例》关于公文种类、公文格式、行文规则、公文拟制等方面的规定，以及《格式》等相关规范标准对其各要素进行规范。

（二）公文范例

范例1

**住房和城乡建设部关于2020年全国城市排水防涝安全
及重要易涝点整治责任人名单的通告（节选）**

（建城函〔2020〕38号）

各省、自治区住房和城乡建设厅，北京、天津、上海市水务局，重庆市住房和城乡建设委员会，海南省水务厅，新疆生产建设兵团住房和城乡建设局：

为强化城市排水防涝安全责任制度，切实落实城市人民政府排水防涝主体责任，确保2020年城市安全度汛，现将全国城市排水防涝安全责任人及重要易涝点整治责任人名单予以通告。

各城市排水防涝安全责任人要依据《城镇排水与污水处理条例》，组织城市排水、交通运输、气象、水利、园林绿化、市容、环境卫生等部门，在统筹推进新冠肺炎疫情防控工作的同时，做好城市排水防涝工作，切实履行排水防涝安全职责。各重要易涝点整治责任人要加强日常管理，抓紧推进易涝点的整治，对于短时间难以完成整治的，要组织制定和完善排水防涝应急预案，落实技防、物防、人防等方面的应急措施。

对因在排水防涝设施建设、汛前安全检查、汛期应急保障等方面工作不力，汛期城市发生内涝灾害导致人员伤亡和重大财产损失的，要依法追究相关责任。

附件：1.城市排水防涝安全责任人名单
2.城市重要易涝点整治责任人名单
3.城市排水防涝标准及对应降雨量

中华人民共和国住房和城乡建设部
2020年3月5日

（此件主动公开）

抄送：国家防汛抗旱总指挥部，应急管理部、水利部、审计署，各省、自治区、直辖市人民政府。

范例2

国家药监局关于发布登革病毒核酸检测试剂注册技术审查指导原则的通告（节选）

（2020年 第32号）

为加强医疗器械产品注册工作的监督和指导，进一步提高注册审查质量，国家药品监督管理局组织制定了《登革病毒核酸检测试剂注册技术审查指导原则》，现予发布。

特此通告。

附件：登革病毒核酸检测试剂注册技术审查指导原则

国家药监局
2020年5月11日

范例3

工业和信息化部关于收回部分电信网码号的通告（节选）

（工信部信管函〔2021〕6号）

根据《电信网码号资源管理办法》（原信息产业部令第28号）有关规定，经公示无异议，我部现收回部分电信网码号（详见附件）。上述码号原使用单位应当做好码号退回相关善后工作，确保网络安全运行。

特此公告。

附件：收回的电信网码号资源

工业和信息化部
2021年1月13日

七、意见

（一）基本构成

意见的基本构成一般包括标题、主送机关、正文、附件说明（如有附件）、发文机关署名和成文日期、附注（如有）等。

1. 标题

意见的标题一般由发文机关名称、事由、"意见"二字三个部分组成，即

"××××（发文机关名称）关于××××（事由）的意见"。

2. 主送机关

意见的主送机关一般由公文的主要受理机关组成。

如有抄送机关，一般编排于版记部分；当公文公开发布时，可编排于成文日期之下（如有附注、编排于附注之下）。

在公文处理工作实践中，部分意见不标注主送机关和抄送机关。

3. 正文

意见的正文一般由拟制缘由、主要依据、主体内容、相关要求四个方面内容组成。

（1）拟制缘由。

拟制缘由一般包括拟制意见的背景、原因、目的或意义等方面内容。

（2）主要依据。

主要依据一般包括拟制意见的会议依据、制度依据或决定批准等方面内容。

（3）主体内容。

主体内容一般包括意见的总体要求和具体意见等内容，总体要求一般包括指导思想、基本原则、主要目标等内容。

（4）相关要求。

相关要求一般包括意见的适用范围或贯彻执行意见的要求等内容。

4. 附件说明

意见的附件说明一般包括"附件"二字、附件顺序号、附件名称等方面内容。

5. 发文机关署名和成文日期

意见的发文机关署名一般由发文机关全称或规范化简称组成。

意见的成文日期一般由会议通过或者签发日期组成。

6. 附注

意见的附注一般由印发传达范围、联系人及联系方式等需要说明的事项组成。

此外，在拟制意见时，公文处理工作参与者应依照《条例》关于公文种类、公文格式、行文规则、公文拟制等方面的规定，以及《格式》等相关规范标准对其各要素进行规范。

（二）公文范例

范例1

国务院关于新时代支持革命老区振兴发展的意见（节选）

（国发〔2021〕3号）

各省、自治区、直辖市人民政府，国务院各部委、各直属机构：

革命老区是党和人民军队的根，是中国人民选择中国共产党的历史见证。革命老区大部分位于多省交界地区，很多仍属于欠发达地区。为加大对革命老区支持力度，2012年以来国务院先后批准了支持赣南等原中央苏区和陕甘宁、左右江、大别山、川陕等革命老区振兴发展的政策文件，部署实施了一批支持措施和重大项目，助力革命老区如期打赢脱贫攻坚战，持续改善基本公共服务，发挥特色优势推进高质量发展，为全面建成小康社会作出了积极贡献。为深入贯彻落实党中央、国务院决策部署，支持革命老区在新发展阶段巩固拓展脱贫攻坚成果，开启社会主义现代化建设新征程，让革命老区人民逐步过上更加富裕幸福的生活，现提出以下意见。

一、总体要求

（一）指导思想。以习近平新时代中国特色社会主义思想为指导，全面贯彻党的十九大和十九届二中、三中、四中、五中全会精神，坚持和加强党的全面领导，坚持以人民为中心，立足新发展阶段、贯彻新发展理念、构建新发展格局、推动高质量发展，巩固拓展脱贫攻坚成果，激发内生动力，发挥比较优势，努力走出一条新时代振兴发展新路，把革命老区建设得更好，让革命老区人民过上更好生活，逐步实现共同富裕。

（二）主要目标。到2025年，革命老区脱贫攻坚成果全面巩固拓展，乡村振兴和新型城镇化建设取得明显进展，基础设施和基本公共服务进一步改善，居民收入增长幅度高于全国平均水平，对内对外开放合作水平显著提高，红色文化影响力明显增强，生态环境质量持续改善。到2035年，革命老区与全国同步基本实现社会主义现代化，现代化经济体系基本形成，居民收入水平显著提升，基本公共服务实现均等化，人民生活更加美好，形成红色文化繁荣、生态环境优美、基础设施完善、产业发展兴旺、居民生活幸福、社会和谐稳定的发展新局面。

…………

五、健全政策体系和长效机制

坚持目标导向和问题导向，健全长效普惠性的扶持机制和精准有效的差别化支持机制，激发革命老区振兴发展内生动力。

....

（十五）强化组织实施。相关省（自治区、直辖市）要将革命老区振兴发展列为本地区重点工作，加强组织领导，完善工作机制，明确责任分工，制定配套政策，健全对革命老区的差别化绩效评估体系，对重点城市和城市化地区侧重考核经济转型发展和常住人口基本公共服务等方面指标，对重点生态功能区和农产品主产区进一步强化生态服务功能和农产品供给能力相关指标考核，在开展试点示范和安排中央补助时对革命老区给予倾斜支持。有关部门要加强工作指导，在国土空间规划、专项规划、区域规划等相关规划编制实施过程中强化对革命老区的统筹支持，研究制定支持革命老区巩固拓展脱贫攻坚成果、基础设施建设、生态环境保护修复、红色旅游等重点领域实施方案，细化具体支持政策，指导地方开展革命老区振兴发展规划修编。国家发展改革委要加强对革命老区振兴发展各项工作的协调，制定重点任务分工和年度工作要点，重大事项及时向国务院报告。

国务院
2021年1月24日

（此件公开发布）

范例2

中共中央国务院关于全面推进乡村振兴加快农业农村现代化的意见（节选）

（2021年1月4日）

党的十九届五中全会审议通过的《中共中央关于制定国民经济和社会发展第十四个五年规划和二〇三五年远景目标的建议》，对新发展阶段优先发展农业农村、全面推进乡村振兴作出总体部署，为做好当前和今后一个时期"三农"工作指明了方向。

"十三五"时期，现代农业建设取得重大进展，乡村振兴实现良好开局。粮食年产量连续保持在1.3万亿斤以上，农民人均收入较2010年翻一番多。新时代脱贫攻坚目标任务如期完成，现行标准下农村贫困人口全部脱贫，贫困县全部摘帽，易地扶贫搬迁任务全面完成，消除了绝对贫困和区域性整体贫困，创造了人类减贫史上的奇迹。农村人居环境明显改善，农村改革向纵深推进，农村社会保持和谐稳定，农村即将同步实现全面建成小康社会目标。农业农村发展取得新的历史性成就，为党和国家战胜各种艰难险阻、稳定经济社会发展大局，发挥了"压舱石"作用。实践证明，以习近平同志为核心的党中央驰而不息重农强农的战略决策完全正确，党的"三农"政策得到亿万农民衷心拥护。

"十四五"时期，是乘势而上开启全面建设社会主义现代化国家新征程、向第二个百年奋斗目标进军的第一个五年。民族要复兴，乡村必振兴。全面建设社会主义现代化国家，实现中华民族伟大复兴，最艰巨最繁重的任务依然在农村，最广泛最深厚的基础依然在农村。解决好发展不平衡不充分问题，重点难点在"三农"，迫切需要补齐农业农村短板弱项，推动城乡协调发展；构建新发展格局，潜力后劲在"三农"，迫切需要扩大农村需求，畅通城乡经济循环；应对国内外各种风险挑战，基础支撑在"三农"，迫切需要稳住农业基本盘，守好"三农"基础。党中央认为，新发展阶段"三农"工作依然极端重要，须臾不可放松，务必抓紧抓实。要坚持把解决好"三农"问题作为全党工作重中之重，把全面推进乡村振兴作为实现中华民族伟大复兴的一项重大任务，举全党全社会之力加快农业农村现代化，让广大农民过上更加美好的生活。

一、总体要求

（一）指导思想。以习近平新时代中国特色社会主义思想为指导，全面贯彻党的十九大和十九届二中、三中、四中、五中全会精神，贯彻落实中央经济工作会议精神，统筹推进"五位一体"总体布局，协调推进"四个全面"战略布局，坚定不移贯彻新发展理念，坚持稳中求进工作总基调，坚持加强党对"三农"工作的全面领导，坚持农业农村优先发展，坚持农业现代化与农村现代化一体设计、一并推进，坚持创新驱动发展，以推动高质量发展为主题，统筹发展和安全，落实加快构建新发展格局要求，巩固和完善农村基本经营制度，深入推进农业供给侧结构性改革，把乡村建设摆在社会主义现代化建设的重要位置，全面推进乡村产业、人才、文化、生态、组织振兴，充分发挥农业产品供给、生态屏障、文化传承等功能，走中国特色社会主义乡村振兴道路，加快农业农村现代化，加快形成工农互促、城乡互补、协调发展、共同繁荣的新型工农城乡关系，促进农业高质高效、乡村宜居宜业、农民富裕富足，为全面建设社会主义现代化国家开好局、起好步提供有力支撑。

（二）目标任务。2021年，农业供给侧结构性改革深入推进，粮食播种面积保持稳定、产量达到1.3万亿斤以上，生猪产业平稳发展，农产品质量和食品安全水平进一步提高，农民收入增长继续快于城镇居民，脱贫攻坚成果持续巩固。农业农村现代化规划启动实施，脱贫攻坚政策体系和工作机制同乡村振兴有效衔接、平稳过渡，乡村建设行动全面启动，农村人居环境整治提升，农村改革重点任务深入推进，农村社会保持和谐稳定。

到2025年，农业农村现代化取得重要进展，农业基础设施现代化迈上新台阶，农村生活设施便利化初步实现，城乡基本公共服务均等化水平明显提高。农业基础更加稳固，粮食和重要农产品供应保障更加有力，农业生产结构和区域布局明显优化，农业质量效益和竞争力明显提升，现代乡村产业体系基本形成，有条件的地区率先基本实现农业现代化。脱贫攻坚成果巩固拓展，城乡居民收入差距持续缩小。农村生产生活方式绿色转型取得积极进展，化肥农药使用量持续减少，农村生态环境得到明显改善。乡村建设行动取得明显成效，乡村面貌发生显著变化，乡村发展活力充分激发，乡村文明程度得到新提升，农村发展安全保障更加有力，农民获得感、幸福感、安全感明显提高。

二、实现巩固拓展脱贫攻坚成果同乡村振兴有效衔接

（三）设立衔接过渡期。脱贫攻坚目标任务完成后，对摆脱贫困的县，从脱贫之日起设立5年过渡期，做到扶上马送一程。过渡期内保持现有主要帮扶政策总体稳定，并逐项分类优化调整，合理把握节奏、力度和时限，逐步实现由集中资源支持脱贫攻坚向全面推进乡村振兴平稳过渡，推动"三农"工作重心历史性转移。抓紧出台各项政策完善优化的具体实施办法，确保工作不留空档、政策不留空白。

....

五、加强党对"三农"工作的全面领导

....

（二十六）健全乡村振兴考核落实机制。各省（自治区、直辖市）党委和政府每年向党中央、国务院报告实施乡村振兴战略进展情况。对市县党政领导班子和领导干部开展乡村振兴实绩考核，纳入党政领导班子和领导干部综合考核评价内容，加强考核结果应用，注重提拔使用乡村振兴实绩突出的市县党政领导干部。对考核排名落后、履职不力的市县党委和政府主要负责同志进行约谈，建立常态化约谈机制。将巩固拓展脱贫攻坚成果纳入乡村振兴考核。强化乡村振兴督查，创新完善督查方式，及时发现和解决存在的问题，推动政策举措落

实落地。持续纠治形式主义、官僚主义，将减轻村级组织不合理负担纳入中央基层减负督查重点内容。坚持实事求是、依法行政，把握好农村各项工作的时度效。加强乡村振兴宣传工作，在全社会营造共同推进乡村振兴的浓厚氛围。

让我们紧密团结在以习近平同志为核心的党中央周围，开拓进取，真抓实干，全面推进乡村振兴，加快农业农村现代化，努力开创"三农"工作新局面，为全面建设社会主义现代化国家、实现第二个百年奋斗目标作出新的贡献！

八、通知

（一）基本构成

通知的基本构成一般包括标题、主送机关、正文、附件说明（如有附件）、发文机关署名和成文日期、附注（如有）等。

1. 标题

通知的标题一般由发文机关名称、事由、"通知"二字三个部分组成，即"××××（发文机关名称）关于××××（事由）的通知"。

当批转、转发公文时，如果事由部分直接使用被批准、转发公文的标题，则被批准、转发公文的标题需用书名号括入；如果事由部分未直接使用被批准、转发公文的标题，使用被批准、转发公文的关键内容（有时与标题类似），则事由部分不需要使用书名号。

2. 主送机关

通知的主送机关一般由公文的主要受理机关组成。

如有抄送机关，一般编排于版记部分；当公文公开发布时，可编排于成文日期之下（如有附注、编排于附注之下）。

在公文处理工作实践中，部分通知不标注主送机关和抄送机关。

3. 正文

通知的正文一般由拟制缘由、主要依据、主体内容、相关要求四个方面内容组成。

（1）拟制缘由。

拟制缘由一般包括拟制通知的背景、原因、目的或意义等方面内容。

（2）主要依据。

主要依据一般包括拟制通知的会议依据、制度依据或决定批准等方面内容。

（3）主体内容。

主体内容一般包括需要周知或执行的具体内容，比如：政策措施、工作意见、计划安排、机构调整、成员调整、人事任免及其他有关事项等。

（4）相关要求。

相关要求一般包括通知的周知要求或执行要求等内容。

4. 附件说明

附件说明一般包括"附件"二字、附件顺序号、附件名称等方面内容。

5. 发文机关署名和成文日期

通知的发文机关署名一般由发文机关全称或规范化简称组成。

通知的成文日期一般由会议通过或者签发日期组成。

6. 附注

通知的附注一般由印发传达范围、联系人及联系方式等需要说明的事项组成。

此外，在拟制通知时，公文处理工作参与者应依照《条例》关于公文种类、公文格式、行文规则、公文拟制等方面的规定，以及《格式》等相关规范标准对其各要素进行规范。

（二）公文范例

范例1

国务院办公厅印发关于加快中医药特色发展若干政策措施的通知（节选）

（国办发〔2021〕3号）

各省、自治区、直辖市人民政府，国务院各部委、各直属机构：

《关于加快中医药特色发展的若干政策措施》已经国务院同意，现印发给你们，请认真贯彻执行。

国务院办公厅
2021 年 1 月 22 日

（此件公开发布）

关于加快中医药特色发展的若干政策措施

党的十八大以来，以习近平同志为核心的党中央把中医药工作摆在突出位置，中医药改革发展取得显著成绩。新冠肺炎疫情发生后，中医药全面参与疫情防控救治，作出了重要贡献。但也要看到，中医药仍然一定程度存在高质量供给不够、人才总量不足、创新体系不完善、发展特色不突出等问题。要坚持以习近平新时代中国特色社会主义思想为指导，全面贯彻落实党的十九大和十九届二中、三中、四中、五中全会精神，进一步落实《中共中央 国务院关于促进中医药传承创新发展的意见》和全国中医药大会部署，遵循中医药发展规律，认真总结中医药防治新冠肺炎经验做法，破解存在的问题，更好发挥中医药特色和比较优势，推动中医药和西医药相互补充、协调发展。为此，现提出如下政策措施。

一、夯实中医药人才基础

（一）提高中医药教育整体水平。建立以中医药课程为主线、先中后西的中医药类专业课程体系，增设中医疫病课程。支持中医药院校加强中医药传统文化功底深厚、热爱中医的优秀学生选拔培养。强化中医思维培养和中医临床技能培训，并作为学生学业评价主要内容。加强"双一流"建设对中医药院校和学科的支持。布局建设100个左右中医药类一流本科专业建设点。推进高职中医药类高水平专业群建设。强化高校附属医院中医临床教学职能。（教育部、国家发展改革委、国家中医药局负责，排第一位的为牵头单位，下同）

....

七、营造中医药发展良好环境

....

（二十八）加强对中医药工作的组织领导。充分发挥国务院中医药工作部际联席会议作用，及时研究解决重大问题。卫生健康行政部门要在工作全局中一体谋划、一体推进、一体落实、一体考核中医药工作，加强中医药传承创新、中西医结合，全面落实中医药参与健康中国行动、基本医疗卫生制度建设、优质高效医疗卫生服务体系建设等，在资源配置、政策机制、制度安排等方面向中医药倾斜。中医药管理部门要加大中医药标准制定、科学研究、人才培养、应急救治、文化宣传等工作力度。有关部门要各司其职，扎实推动各项工作落实。各地要进一步加强中医药管理机构建设。有关地方可结合实际进一步完善支持本地区少数民族医药发展的政策举措。（各有关部门、各省级人民政府分别负责）

范例2

国务院办公厅关于调整国家减灾委员会组成人员的通知（节选）

（国办函〔2020〕31号）

各省、自治区、直辖市人民政府，国务院各部委、各直属机构：

根据机构设置、人员变动情况和工作需要，国务院决定对国家减灾委员会组成人员作相应调整。现将调整后的名单通知如下：

主　任：王　勇　　国务委员

副主任：黄　明　　应急部党委书记

　　　　马宜明　　中央军委联合参谋部副参谋长

　　　　孟　扬　　国务院副秘书长

秘书长：郑国光　　应急部副部长兼地震局局长

委　员：蒋建国　　中央宣传部副部长

　　　　…………

　　　　郭竹学　　中国国家铁路集团有限公司副总经理

国家减灾委员会办公室设在应急部，承担国家减灾委员会日常工作，办公室主任由应急部副部长兼地震局局长郑国光兼任。国家减灾委员会委员因工作变动等需要调整的，由所在单位向国家减灾委员会办公室提出，报国家减灾委员会主任批准。

国务院办公厅

2020年5月9日

（此件公开发布）

范例3

国务院办公厅关于为新冠肺炎疫情牺牲烈士
和逝世同胞举行全国性哀悼活动的通知

（国办发明电〔2020〕12号）

各省、自治区、直辖市人民政府，国务院各部委、各直属机构：

为表达全国各族人民对抗击新冠肺炎疫情斗争牺牲烈士和逝世同胞的深切哀悼，国务院决定，2020年4月4日举行全国性哀悼活动。在此期间，全国和驻外使领馆下半旗志哀，全国停止公共娱乐活动。4月4日10时起，全国人民默哀3分钟，汽车、火车、舰船鸣笛，防空警报鸣响。

请你们接到通知后，立即将有关要求落实到相关单位，按照国旗法规定当天应当升国旗的场所、机构和单位均应下半旗志哀。下半旗时，应当先将国旗升至杆顶，然后降至旗顶与杆顶之间的距离为旗杆全长的1/3处；降下时，应当先将国旗升至杆顶，然后再降下。

国务院办公厅
2020年4月3日

范例4

上海市人民政府关于王治平同志任职的通知
（沪府任〔2021〕16号）

上海文化广播影视集团有限公司：

市人民政府同意：

王治平任上海文化广播影视集团有限公司监事长。

请按规定程序办理任职手续。

特此通知。

上海市人民政府
2021年2月18日

九、通报

（一）基本构成

通报的基本构成一般包括标题、主送机关、正文、附件说明（如有附件）、发文机关署名和成文日期、附注（如有）等。

1. 标题

通报的标题一般由发文机关名称、事由、"通报"二字三个部分组成，即"××××（发文机关名称）关于××××（事由）的通报"。

2. 主送机关

通报的主送机关一般由公文的主要受理机关组成。

如有抄送机关，一般编排于版记部分；当公文公开发布时，可编排于成文日期之下（如有附注、编排于附注之下）。

在公文处理工作实践中，部分通报不标注主送机关和抄送机关。

3. 正文

通报的正文一般由拟制缘由、主要依据、主体内容、相关要求四个方面内容组成。

（1）拟制缘由。

拟制缘由一般包括拟制通报的背景、原因、目的或意义等方面内容。

（2）主要依据。

主要依据一般包括拟制通报的会议依据、制度依据或决定批准等方面内容。

（3）主体内容。

主体内容一般包括所要通报事项的基本情况、分析定性、处理意见或决定等内容。

（4）相关要求。

相关要求一般包括围绕通报主要内容提出的要求、发出的号召或者提出的希望等方面内容。

4. 附件说明

通报的附件说明一般包括"附件"二字、附件顺序号、附件名称等方面内容。

5. 发文机关署名和成文日期

通报的发文机关署名一般由发文机关全称或规范化简称组成。

通报的成文日期一般由会议通过或者签发日期组成。

6. 附注

通报的附注一般由印发传达范围、联系人及联系方式等需要说明的事项组成。

此外，在拟制通报时，公文处理工作参与者应依照《条例》关于公文种类、公文格式、行文规则、公文拟制等方面的规定，以及《格式》等相关规范标准对其各要素进行规范。

（二）公文范例

范例1

国务院办公厅关于对国务院第七次大督查发现
的典型经验做法给予表扬的通报（节选）

（国办发〔2020〕46号）

各省、自治区、直辖市人民政府，国务院各部委、各直属机构：

为进一步推动中央经济工作会议部署和《政府工作报告》提出的目标任务落到实处，国务院部署开展了第七次大督查。从督查情况看，各有关地区在以习近平同志为核心的党中央坚强领导下，以习近平新时代中国特色社会主义思想为指导，认真贯彻党中央、国务院重大决策部署，迎难而上、担当作为，统筹推进新冠肺炎疫情防控和经济社会发展，做好"六稳"工作、落实"六保"任务，全力稳住经济基本盘，着力保障和改善民生，各项工作取得积极成效。在对14个省（自治区、直辖市）和新疆生产建设兵团开展实地督查时发现，有关地区围绕稳就业保民生、保市场主体、深化"放管服"改革优化营商环境、扩大内需和稳外贸稳外资、秋冬季新冠肺炎疫情防控等方面，结合本地实际，勇于担当、真抓实干，形成了一批具有代表性、典型性的经验做法。

为表扬先进，宣传典型，进一步激励各地区各部门主动作为、狠抓落实，推动形成开拓创新、比学赶超的生动局面，经国务院同意，对北京市做实做细做好深化"放管服"改革工作打造国际一流营商环境等43项典型经验做法予以通报表扬。希望受到表扬的地方珍惜荣誉，再接再厉，充分发挥示范引领和带动作用，取得新的更大成绩。

各地区各部门要全面贯彻党的十九大和十九届二中、三中、四中、五中全会精神，统筹推进"五位一体"总体布局，协调推进"四个全面"战略布局，坚持稳中求进工作总基调，坚持新发展理念，按照推动高质量发展、构建新发展格局的要求，抓好新冠肺炎疫情常态化防控，持续做好"六稳"工作、落实"六保"任务，积极应对各种风险挑战。要学习借鉴典型经验做法，发扬实干精神，勇于攻坚克难，增强抓落实的主动性和自觉性，力戒形式主义、官僚主义，确保完成全年经济社会发展主要目标任务，为决胜全面建成小康社会、顺利开启全面建设社会主义现代化国家新征程作出应有贡献。

附件：国务院第七次大督查发现的典型经验做法（共43项）

国务院办公厅

2020年11月19日

（此件公开发布）

范例2

国务院办公厅关于西安地铁"问题电缆"事件调查处理情况及其教训的通报（节选）

（国办发〔2017〕56号）

各省、自治区、直辖市人民政府，国务院各部委、各直属机构：

党中央、国务院高度重视质量安全。习近平总书记明确指出，供给侧结构性改革的主攻方向是提高供给质量，提升供给体系的中心任务是全面提高产品和服务质量，要树立质量第一的强烈意识，下最大气力抓全面提高质量。李克强总理强调，我们追求的发展必须是提质增效升级的发展，提质就是要全面提高产品质量、服务质量、工程质量、环境质量，从而提高经济发展质量。西安地铁"问题电缆"事件曝光后，习近平总书记、李克强总理作出重要批示，要求加强全面质量监管，彻查此事，严肃处理。国务院责成质检总局会同有关部门和单位组成西安地铁"问题电缆"部门联合调查组，赴陕西省开展了深入调查，并组织对"问题电缆"进行排查更换。近日，国务院常务会议听取了调查处理情况汇报，决定依法依纪对西安地铁"问题电缆"事件进行严肃问责，严厉打击违法犯罪，进一步落实"放管服"改革要求，加强全面质量监管。现将有关情况通报如下。

一、主要问题及原因

通过调查核实，2014年8月至2016年底，陕西省西安市地铁3号线工程采购使用陕西奥凯电缆有限公司（以下简称奥凯公司）生产的不合格线缆，用于照明、空调等电路，埋下安全隐患，造成恶劣影响。这是一起严重的企业制售伪劣产品违法案件，是有关单位和人员与奥凯公司内外勾结，在地铁工程建设中采购和使用伪劣产品的违法案件，也是相关地方政府及其职能部门疏于监管、履职不力，部分党员领导干部违反廉洁纪律、失职渎职的违法违纪案件。暴露的问题主要有以下几个方面：

一是生产环节恶意制假售假。奥凯公司为牟取非法利益，低价中标后偷工减料、以次充好。生产过程中故意只将线缆的两端各15米左右按合同要求标准生产以备抽检，中间部分拉细"瘦身"，通过内部操作来控制产品质量等次。其产品大多未经有关机构检验，而是通过弄虚作假、私刻检验机构印章、伪造检验报告等手段蒙混过关。

....

以上问题叠加，导致"问题电缆"被大量采购使用，造成恶劣社会影响，严重损害了政府公信力。总结问题原因，主要有以下五个方面。

（一）质量安全意识不强。尽管这些年陕西省开展了"质量强省"活动，但在思想认识上没有牢固坚持质量第一，在抓具体工作上存在重部署、轻落实，重发文、轻检查的倾向，对重大民生工程项目质量安全督促检查不力、掉以轻心。西安市人民政府在地铁工程建设中片面追求低成本，对工程质量安全问题认识不足，为材料供应商不顾质量降低成本以最低价中标留下空间。杨凌示范区管委会组织相关职能部门开展质量监督检查工作较少。这些都导致"问题电缆"被大量用于地铁工程建设项目，埋下了安全隐患。

　　……

　　二、责任追究情况

　　（一）严肃追究相关政府和监管部门责任。责成陕西省人民政府向国务院作出深刻书面检查。陕西省人民政府责令西安市人民政府作出深刻书面检查并进行整改，责令杨凌示范区管委会和陕西省质量技术监督局、省住房和城乡建设厅、省工商行政管理局作出深刻书面检查。西安市人民政府责令西安市地铁建设指挥部办公室、市质量技术监督局、市城乡建设委员会作出深刻书面检查。

　　……

　　涉及其他单位和人员的违法违纪线索，有关地方和部门正在核查处理。

　　三、举一反三，全面加强质量安全工作

　　西安地铁"问题电缆"造成安全隐患和重大经济损失，严重损害了政府的形象和公信力，性质十分恶劣，教训十分深刻。各地区、各部门要引以为戒、举一反三，以对人民高度负责的态度，深入推进"放管服"改革，进一步加强全面质量监管。

　　……

　　（四）必须压实责任，进一步加强党风廉政建设和反腐败工作。认真贯彻党中央关于全面从严治党的要求，落实国务院第五次廉政工作会议部署，教育引导广大公职人员持廉守正，干干净净为人民做事。切实履行"一岗双责"，强化激励和问责机制，严肃处理不作为、乱作为问题，推动政风作风转变，坚决纠正和严肃查处执法不公等问题。保持高压态势，聚焦重点领域，坚决惩治腐败问题，对侵害群众利益的违法违纪行为坚持"零容忍"，做到发现一起、查处一起。

国务院办公厅
2017 年 6 月 21 日

（此件公开发布）

范例3

市场监管总局办公厅关于电线电缆等12种
产品质量国家监督专项抽查情况的通报（节选）

（市监质监函〔2020〕1655号）

各省、自治区、直辖市及新疆生产建设兵团市场监管局（厅、委）：

日前，市场监管总局组织开展了电线电缆等12种产品质量国家监督专项抽查。现将抽查情况通报如下：

一、基本情况

（一）抽查概况。

本次抽查产品为电线电缆、防爆电气、轴承钢材、砂轮、耐火材料、建筑防水卷材、钢丝绳、预应力混凝土枕、公路桥梁支座、防伪技术产品、机动车辆制动液、滴灌带等12个产品。

本次共抽查2020家企业生产的2754批次产品（不涉及出口产品）。其中，52批次产品涉嫌无证生产，36批次涉嫌假冒产品，已移送企业所在地市场监管部门处理。对1974家企业生产的2666批次产品进行了检验，发现275批次产品不合格，不合格发现率为10.3%。

（二）拒检情况。

在电线电缆产品抽查中，黑龙江北航电工有限公司违反《中华人民共和国产品质量法》规定，无正当理由拒绝接受监督抽查。

（三）主要做法。

一是采取"双随机"方式。通过"双随机"信息化系统，随机确定抽查企业，随机匹配检验机构。二是实施抽检分离，除现场检验外，产品抽样工作和检验工作交由不同人员实施。三是远程监控抽样全过程，提供可追溯性的证据。

二、抽查结果分析

（一）电线电缆。

1.流通领域专项抽查。抽查了24个省（区、市）243家企业生产的409批次电线电缆产品，其中1批次产品涉嫌无证生产，15批次涉嫌假冒产品，已移送企业所在地市场监管部门处理。检验的393批次产品中，有42批次产品不合格，不合格发现率为10.7%。

…………

三、工作要求

针对本次产品质量国家监督抽查发现的问题，各省、自治区、直辖市及新疆生产建设兵团市场监管局（厅、委）要按照《中华人民共和国产品质量法》《产品质量监督抽查管理暂行办法》等规定，认真做好有关后处理工作。

鉴于本次监督抽查中发现的不合格产品生产企业已完成整改，各省、自治区、直辖市及新疆生产建设兵团市场监管局（厅、委）要进一步对不合格发现率较高的产品，如防爆电气、预应力混凝土枕、滴灌带、砂轮、钢丝绳等，加大对生产企业的后续跟踪监督检查力度。

附件：1. 电线电缆等 12 种产品质量国家监督抽查不合格产品及企业名单
　　　2. 产品质量国家监督抽查拒检企业名单

市场监管总局办公厅
2020 年 9 月 24 日

十、报告

（一）基本构成

报告的基本构成一般包括标题、主送机关、正文、附件说明（如有附件）、发文机关署名和成文日期、附注（如有）等。

1. 标题

报告的标题一般由发文机关名称、事由、"报告"二字三个部分组成，即"××××（发文机关名称）关于××××（事由）的报告"。

在公文处理工作实践中，党的工作报告、纪委工作报告、政府工作报告、人大常委会工作报告、政协常委会工作报告等的标题时常存在主副标题的情况。此时，"报告"二字可以编排在主标题中，也可以编排在副标题中。

2. 主送机关

报告的主送机关一般由公文的主要受理机关组成。报告的主送机关具有一定特定性，一般为发文机关的上级机关。

如有抄送机关，一般编排于版记部分；当公文公开发布时，可编排于成文日期之下（如有附注、编排于附注之下）。

在公文处理工作实践中，部分报告不标注主送机关和抄送机关。

此外，部分工作报告的主送机关不是传统意义上的机关，而是行使相关机关职责的群体或个人。

3. 正文

报告的正文一般由前言、主体内容、结语三个方面内容组成。

（1）前言。

前言一般包括拟制报告的背景、依据、原因、目的或意义等方面内容。

在党的工作报告、纪委工作报告、政府工作报告、人大常委会工作报告、政协常委会工作报告等类型的报告中，前言部分一般包括报告主体、报告客体、报告目的等内容。

（2）主体内容。

主体内容一般包括所需报告工作的展开情况、取得成绩、经验做法、存在不足、面临形势、目标任务、重点举措、意见建议等方面内容。

（3）结语。

在需要上级机关批转的报告中，结语部分一般包括批转请求等内容。

在党的工作报告、纪委工作报告、政府工作报告、人大常委会工作报告、政协常委会工作报告等类型的报告中，结语部分一般包括提出要求、希望或者发出号召等内容。

其他类型的报告无撰写结语的要求。

4. 附件说明

报告的附件说明一般包括"附件"二字、附件顺序号、附件名称等方面内容。

5. 发文机关署名和成文日期

报告的发文机关署名一般由发文机关全称或规范化简称组成。

报告的成文日期一般由会议通过或者签发日期组成。

在公文处理工作实践中，有时会出现以成文信息等代替发文机关署名和成文日期的情况。

6. 附注

报告的附注一般由印发传达范围、联系人及联系方式等需要说明的事项组成。

此外，在拟制报告时，公文处理工作参与者应依照《条例》关于公文种类、公文格式、行文规则、公文拟制等方面的规定，以及《格式》等相关规范标准对其各要素进行规范。

（二）公文范例

政府工作报告
——2021年3月5日在第十三届全国人民代表大会第四次会议上（节选）

国务院总理　李克强

各位代表：

现在，我代表国务院，向大会报告政府工作，请予审议，并请全国政协委员提出意见。

一、2020年工作回顾

过去一年，在新中国历史上极不平凡。面对突如其来的新冠肺炎疫情、世界经济深度衰退等多重严重冲击，在以习近平同志为核心的党中央坚强领导下，全国各族人民顽强拼搏，疫情防控取得重大战略成果，在全球主要经济体中唯一实现经济正增长，脱贫攻坚战取得全面胜利，决胜全面建成小康社会取得决定性成就，交出一份人民满意、世界瞩目、可以载入史册的答卷。全年发展主要目标任务较好完成，我国改革开放和社会主义现代化建设又取得新的重大进展。

…………

各位代表！

过去一年取得的成绩，是以习近平同志为核心的党中央坚强领导的结果，是习近平新时代中国特色社会主义思想科学指引的结果，是全党全军全国各族人民团结奋斗的结果。我代表国务院，向全国各族人民，向各民主党派、各人民团体和各界人士，表示诚挚感谢！向香港特别行政区同胞、澳门特别行政区同胞、台湾同胞和海外侨胞，表示诚挚感谢！向关心和支持中国现代化建设的各国政府、国际组织和各国朋友，表示诚挚感谢！

在肯定成绩的同时，我们也清醒看到面临的困难和挑战。新冠肺炎疫情仍在全球蔓延，国际形势中不稳定不确定因素增多，世界经济形势复杂严峻。国内疫情防控仍有薄弱环节，经济恢复基础尚不牢固，居民消费仍受制约，投资增长后劲不足，中小微企业和个体工商户困难较多，稳就业压力较大。关键领域创新能力不强。一些地方财政收支矛盾突出，防范化解金融等领域风险任务依然艰巨。生态环保任重道远。民生领域还有不少短板。政府工作存在不足，形式主义、官僚主义不同程度存在，少数干部不担当不作为不善为。一些领域腐败问题仍有发生。我们一定要直面问题和挑战，尽心竭力改进工作，决不辜负人民期待！

二、"十三五"时期发展成就和"十四五"时期主要目标任务

过去五年，我国经济社会发展取得新的历史性成就。经济运行总体平稳，经济结构持续优化，国内生产总值从不到 70 万亿元增加到超过 100 万亿元。创新型国家建设成果丰硕，在载人航天、探月工程、深海工程、超级计算、量子信息等领域取得一批重大科技成果。脱贫攻坚成果举世瞩目，5575 万农村贫困人口实现脱贫，960 多万建档立卡贫困人口通过易地扶贫搬迁摆脱了"一方水土难养一方人"的困境，区域性整体贫困得到解决，完成了消除绝对贫困的艰巨任务。农业现代化稳步推进，粮食生产连年丰收。1 亿农业转移人口和其他常住人口在城镇落户目标顺利实现，城镇棚户区住房改造超过 2100 万套。区域重大战略扎实推进。污染防治力度加大，资源能源利用效率显著提升，生态环境明显改善。金融风险处置取得重要阶段性成果。全面深化改革取得重大突破，供给侧结构性改革持续推进，"放管服"改革不断深入，营商环境持续改善。对外开放持续扩大，共建"一带一路"成果丰硕。人民生活水平显著提高，城镇新增就业超过 6000 万人，建成世界上规模最大的社会保障体系。全面建立实施困难残疾人生活补贴和重度残疾人护理补贴制度。教育、卫生、文化等领域发展取得新成就，教育公平和质量较大提升，医疗卫生事业加快发展，文化事业和文化产业繁荣发展。国防和军队建设水平大幅提升。国家安全全面加强，社会保持和谐稳定。经过五年持续奋斗，"十三五"规划主要目标任务胜利完成，中华民族伟大复兴向前迈出了新的一大步。

"十四五"时期是开启全面建设社会主义现代化国家新征程的第一个五年。我国发展仍然处于重要战略机遇期，但机遇和挑战都有新的发展变化。要准确把握新发展阶段，深入贯彻新发展理念，加快构建新发展格局，推动高质量发展，为全面建设社会主义现代化国家开好局起好步。

根据《中共中央关于制定国民经济和社会发展第十四个五年规划和二〇三五年远景目标的建议》，国务院编制了《国民经济和社会发展第十四个五年规划和 2035 年远景目标纲要（草案）》。《纲要草案》坚持以习近平新时代中国特色社会主义思想为指导，实化量化"十四五"时期经济社会发展主要目标和重大任务，全文提交大会审查，这里概述几个方面。

…………

展望未来，我们有信心有能力战胜前进道路上的艰难险阻，完成"十四五"规划目标任务，奋力谱写中国特色社会主义事业新篇章！

三、2021年重点工作

今年是我国现代化建设进程中具有特殊重要性的一年。做好政府工作，要在以习近平同志为核心的党中央坚强领导下，以习近平新时代中国特色社会主义思想为指导，全面贯彻党的十九大和十九届二中、三中、四中、五中全会精神，坚持稳中求进工作总基调，立足新发展阶段，贯彻新发展理念，构建新发展格局，以推动高质量发展为主题，以深化供给侧结构性改革为主线，以改革创新为根本动力，以满足人民日益增长的美好生活需要为根本目的，坚持系统观念，巩固拓展疫情防控和经济社会发展成果，更好统筹发展和安全，扎实做好"六稳"工作、全面落实"六保"任务，科学精准实施宏观政策，努力保持经济运行在合理区间，坚持扩大内需战略，强化科技战略支撑，扩大高水平对外开放，保持社会和谐稳定，确保"十四五"开好局起好步，以优异成绩庆祝中国共产党成立100周年。

今年我国发展仍面临不少风险挑战，但经济长期向好的基本面没有改变。我们要坚定信心，攻坚克难，巩固恢复性增长基础，努力保持经济社会持续健康发展。

今年发展主要预期目标是：国内生产总值增长6%以上；城镇新增就业1100万人以上，城镇调查失业率5.5%左右；居民消费价格涨幅3%左右；进出口量稳质升，国际收支基本平衡；居民收入稳步增长；生态环境质量进一步改善，单位国内生产总值能耗降低3%左右，主要污染物排放量继续下降；粮食产量保持在1.3万亿斤以上。

经济增速是综合性指标，今年预期目标设定为6%以上，考虑了经济运行恢复情况，有利于引导各方面集中精力推进改革创新、推动高质量发展。经济增速、就业、物价等预期目标，体现了保持经济运行在合理区间的要求，与今后目标平稳衔接，有利于实现可持续健康发展。

做好今年工作，要更好统筹疫情防控和经济社会发展。坚持常态化防控和局部应急处置有机结合，继续毫不放松做好外防输入、内防反弹工作，抓好重点区域和关键环节防控，补上短板漏洞，严防出现聚集性疫情和散发病例传播扩散，有序推进疫苗研制和加快免费接种，提高科学精准防控能力和水平。

今年要重点做好以下几方面工作。

（一）保持宏观政策连续性稳定性可持续性，促进经济运行在合理区间。在区间调控基础上加强定向调控、相机调控、精准调控。宏观政策要继续为市场主体纾困，保持必要支持力度，不急转弯，根据形势变化适时调整完善，进一步巩固经济基本盘。

……………

各位代表！

重任在肩，更须砥砺奋进。让我们更加紧密地团结在以习近平同志为核心的党中央周围，高举中国特色社会主义伟大旗帜，以习近平新时代中国特色社会主义思想为指导，齐心协力，开拓进取，努力完成全年目标任务，以优异成绩庆祝中国共产党百年华诞，为把我国建设成为富强民主文明和谐美丽的社会主义现代化强国、实现中华民族伟大复兴的中国梦不懈奋斗！

十一、请示

（一）基本构成

请示的基本构成一般包括标题、主送机关、正文、附件说明（如有附件）、发文机关署名和成文日期、附注（如有）等。

1. 标题

请示的标题一般由发文机关名称、事由、"请示"二字三个部分组成，即"××××（发文机关名称）关于××××（事由）的请示"。

2. 主送机关

请示的主送机关一般由公文的主要受理机关组成。请示的主送机关具有一定特定性，一般为发文机关的上级机关。

如有抄送机关，一般编排于版记部分；当公文公开发布时，可编排于成文日期之下（如有附注、编排于附注之下）。

3. 正文

请示的正文一般由拟制缘由、主体内容、结语三个方面内容组成。

（1）拟制缘由。

拟制缘由一般包括拟制请示的背景、依据、原因、目的或意义等方面内容。

（2）主体内容。

主体内容一般包括请求的具体事项等。

（3）结语。

结语一般包括"当否，请批示""以上妥否，请批示"或"以上请示，请予以审批"等内容。

4. 附件说明

请示的附件说明一般包括"附件"二字、附件顺序号、附件名称等方面内容。

5. 发文机关署名和成文日期

请示的发文机关署名一般由发文机关全称或规范化简称组成。

请示的成文日期一般由会议通过或者签发日期组成。

6. 附注

请示的附注一般由印发传达范围、联系人及联系方式等需要说明的事项组成。

此外，在拟制请示时，公文处理工作参与者应依照《条例》关于公文种类、公文格式、行文规则、公文拟制等方面的规定，以及《格式》等相关规范标准对其各要素进行规范。

（二）公文范例

范例1

内蒙古自治区生态环境厅关于补充推荐参评第二届中国生态文明奖的请示

（内环发〔2019〕75号）

生态环境部：

生态环境部办公厅《关于开展第二届中国生态文明奖补充推荐的通知》（环办生态函〔2019〕368号）收悉。

我厅会同有关地区和部门，按照规定程序组织开展了补充推荐工作。经地方推荐、专家评议和有关方面审查，内蒙古自治区兴安盟生态环境局阿尔山市分局、锡林郭勒盟锕锷铱公益环保志愿者协会会长白金、阿拉善军分区退休干部李旦生，在生态文明建设一线作出了积极贡献，具有一定的先进性、典型性和代表性。经研究，推荐作为先进集体和先进个人代表，参评第二届中国生态文明奖。

专此请示。

附件：1. 内蒙古自治区兴安盟生态环境局阿尔山市分局推荐表
   2. 锡林郭勒盟锕锷铱公益环保志愿者协会会长白金推荐表

3. 阿拉善军分区退休干部李旦生推荐表

内蒙古自治区生态环境厅

2019 年 4 月 25 日

（联系人：×××联系电话：××××-××××××××）

范例2

自治区文化厅关于举办乌兰牧骑建立60周年表彰活动的请示

（内文办字〔2017〕333 号）

自治区人民政府：

  值此自治区成立 70 周年、乌兰牧骑成立 60 周年之际，为了进一步促进乌兰牧骑事业的繁荣发展，将乌兰牧骑这支"草原文艺轻骑兵"打造成内蒙古文化强区建设的标志文化符号、祖国北疆亮丽文化风景线上的璀璨明珠，自治区文化厅拟于 2017 年 9 月 1 日在呼和浩特举行乌兰牧骑建立 60 周年表彰活动。参照 1997 年《中共内蒙古自治区委员会、内蒙古自治区人民政府"关于表彰奖励乌兰牧骑的决定"》（内党发〔1997〕22 号），拟将本次表彰活动提升为自治区规格。

  表彰活动分为两大部分：一是表彰大会，拟定于 9 月 1 日在自治区党政新区会议中心召开；二是汇报演出，于 9 月 1 日晚 20：00 在乌兰恰特举行乌兰牧骑建立 60 周年全区乌兰牧骑优秀节目汇报演出（具体方案附后）。

  为进一步彰显党和政府对乌兰牧骑工作一贯的重视支持，拟以自治区政府名义发出通知组织自治区领导及相关部门、各盟市参加会议，并请自治区党委、政府、人大、政协主要领导同志出席表彰大会，邀请自治区主要领导同志发表重要讲话。整个表彰活动既要营造热烈喜庆、鼓舞士气的氛围，又力求务实简洁，充分发挥表彰活动的激励作用和社会影响力。

  专此请示，妥否，请批示。

内蒙古自治区文化厅

2017 年 8 月 23 日

十二、批复

（一）基本构成

批复的基本构成一般包括标题、主送机关、正文、附件说明（如有附件）、发文机关署名和成文日期、附注（如有）等。

1. 标题

批复的标题一般由发文机关名称、事由、"批复"二字三个部分组成，即"××××（发文机关名称）关于××××（事由）的批复"。

2. 主送机关

批复的主送机关一般由公文的主要受理机关组成。批复的主送机关具有一定特定性，一般为发文机关的下级机关。

如有抄送机关，一般编排于版记部分；当公文公开发布时，可编排于成文日期之下（如有附注、编排于附注之下）。

3. 正文

批复的正文一般由前言、主体内容、结语三个方面内容组成。

（1）前言。

前言一般包括批复背景（或者对应请示的情况概述）、批复引语等方面内容。

批复背景一般是以对应请示的公文标题或内容主题等形式存在的。

批复引语一般是以使用"现批复如下"等常用语方式存在的；公文处理工作实践中，批复引语有时可以省略。

（2）主体内容。

主体内容一般包括批复意见、批复依据、批复要求等方面内容。

（3）结语。

从公文处理工作实践看，在批复中使用结语不是一个必须要求，且不加结语的情况较为常见。

如有结语，一般使用"特此批复"等表述。

4. 附件说明

批复的附件说明一般包括"附件"二字、附件顺序号、附件名称等方面内容。

5. 发文机关署名和成文日期

批复的发文机关署名一般由发文机关全称或规范化简称组成。

批复的成文日期一般由会议通过或者签发日期组成。

6. 附注

批复的附注一般由印发传达范围、联系人及联系方式等需要说明的事项组成。

此外，在拟制批复时，公文处理工作参与者应依照《条例》关于公文种类、公文格式、行文规则、公文拟制等方面的规定，以及《格式》等相关规范标准对其各要素进行规范。

（二）公文范例

范例1

国务院关于上海市浦东新区开展"一业一证"改革试点
大幅降低行业准入成本总体方案的批复（节选）

（国函〔2020〕155号）

上海市人民政府：

你市关于报请审批上海市浦东新区开展"一业一证"改革试点总体方案的请示收悉。现批复如下：

一、根据《中华人民共和国行政许可法》第二十五条规定，同意在上海市浦东新区开展"一业一证"改革试点，试点期为自批复之日起至2022年底。原则同意《上海市浦东新区开展"一业一证"改革试点大幅降低行业准入成本总体方案》（以下简称《总体方案》），请认真组织实施。

二、要坚持以习近平新时代中国特色社会主义思想为指导，全面贯彻党的十九大和十九届二中、三中、四中、五中全会精神，深入贯彻落实习近平总书记关于支持浦东在改革系统集成协同高效方面先行先试、积极探索、创造经验的重要指示精神，落实国务院关于深化"放管服"改革、优化营商环境的部署要求，站在浦东开发开放30周年的新起点上，扎实推进"一业一证"改革试点，推动审批管理服务从"以政府部门供给为中心"向"以市场主体需求为中心"转变，走出一条照后减证和简化审批新路径，为在全国范围持续深化"证照分离"改革、更好克服"准入不准营"现象积累一批可复制可推广的经验。

三、上海市人民政府要加强对《总体方案》实施的组织领导。要围绕全球资源配置、科技创新策源、高端产业引领、开放枢纽门户等四大功能，解放思想、突破创新，在市场准入多头审批发证、市场主体高度关注的行业领域，建立行业综合许可制度，强化改革系统集成和协同配套，同步建立行业综合监管制度，在大幅降低行业准入成本的同时守牢风险防范底线，实现审批更精简、监管更有效、服务更优质。

四、国务院有关部门要按照职责分工，积极支持上海市浦东新区开展"一业一证"改革试点，充分发挥改革开放试验田作用。国务院办公厅、司法部要会同有关部门加强指导协调，积极帮助解决改革试点中出现的问题，及时总结推广实践证明行之有效的典型做法和经验。

五、《总体方案》实施中的重大问题，上海市人民政府、国务院有关部门要及时向国务院请示报告。

附件：上海市浦东新区开展"一业一证"改革试点大幅降低行业准入成本总体方案

国务院

2020年11月14日

（此件公开发布）

范例2

国务院关于同意设立"中国人民警察节"的批复

（国函〔2020〕98号）

公安部：

你部关于申请设立"中国人民警察节"的请示收悉。同意自2021年起，将每年1月10日设立为"中国人民警察节"。具体工作由你部商有关部门组织实施。

国务院

2020年7月11日

（此件公开发布）

范例3

国务院关于同意将云南省通海县列为国家历史文化名城的批复

（国函〔2021〕30号）

云南省人民政府：

你省关于申报通海县为国家历史文化名城的请示收悉。现批复如下：

一、同意将通海县列为国家历史文化名城。通海县历史悠久，传统格局和历史风貌特色鲜明，文化遗存丰富，民族风情浓郁，具有重要的历史文化价值。

二、你省及通海县人民政府要以习近平新时代中国特色社会主义思想为指导，全面贯彻党的十九大和十九届二中、三中、四中、五中全会精神，按照党中央、国务院决策部署，牢固树立保护历史文化遗产责任重大的观念，落实《中华人民共和国文物保护法》《历史文化名城名镇名村保护条例》要求，深入研究发掘历史文化资源的内涵与价值，明确保护的原则和重点，强化历史文化资源的保护利用，传承弘扬中华优秀传统文化，讲好中国故事。编制好历史文化名城保护规划和各级文物保护单位保护规划，制定并严格实施保护管理规定，明确各类保护对象的清单以及保护内容、要求和责任。正确处理城市建设与历史文化资源保护的关系，重视保护城市格局和风貌管控，加强整体性保护、系统性保护；保护修复历史文化街区，补足配套基础设施和公共服务设施短板，不断提升人居环境品质；加强文物和历史建筑修缮保护，推动文物保护单位开放利用，充分发挥历史建筑的使用价值。不得改变与名城相互依存的自然景观和环境，不得进行任何与名城环境和风貌不相协调的建设活动，不得损坏或者擅自迁移、拆除历史建筑。进一步强化责任落实，对不履职尽责、保护不力，造成名城历史文化价值受到严重影响的行为，依法依规加大监督问责力度。

　　三、你省与住房城乡建设部、国家文物局要加强对通海县国家历史文化名城保护工作的指导、监督和检查。

国务院
2021 年 3 月 3 日

（此件公开发布）

十三、议案

（一）基本构成

议案的基本构成一般包括标题、主送机关、正文、附件说明（如有附件）、发文机关署名和成文日期、附注（如有）等。

1. 标题

议案的标题一般由发文机关名称、事由、"议案"二字三个部分组成，即"××××（发文机关名称）关于××××（事由）的议案"。

2. 主送机关

议案的主送机关一般由公文的主要受理机关组成。议案主送机关具有特定性，一般为同级人民代表大会或者人民代表大会常务委员会。

3. 正文

议案的正文一般由议案的拟制缘由、主体内容、结语三个方面内容组成。

（1）拟制缘由。

拟制缘由一般包括拟制议案的背景、依据、原因、目的或意义等方面内容。

（2）主体内容。

主体内容一般包括需要审议的具体内容，比如：立法修法、重大决策或人事任免等。

（3）结语。

结语一般包括"现提请审议""请予审议""请审议决定"或"请审议批准"等内容。

4. 附件说明

议案的附件说明一般包括"附件"二字、附件顺序号、附件名称等方面内容。

5. 发文机关署名和成文日期

议案的发文机关署名一般由发文机关全称或规范化简称组成。

议案的成文日期一般由会议通过或者签发日期组成。

6. 附注

议案的附注一般由印发传达范围等需要说明的事项组成。

此外，在拟制议案时，公文处理工作参与者应依照《条例》关于公文种类、公文格式、行文规则、公文拟制等方面的规定，以及《格式》等相关规范标准对其各要素进行规范。

（二）公文范例

范例1

国务院关于提请审议国务院机构改革方案的议案（节选）

（国函〔2018〕53号）

全国人民代表大会：

中国共产党第十九次全国代表大会明确要求深化机构和行政体制改革。党的十九届三中全会审议通过了《深化党和国家机构改革方案》，同意将其中涉及国务院机构改革的内容提交第十三届全国人民代表大会第一次会议审议。现将根据《深化党和国家机构改革方案》形成的《国务院机构改革方案》提请第十三届全国人民代表大会第一次会议审议。

国务院总理　李克强

2018年3月9日

国务院机构改革方案（节选）

根据党的十九大和十九届三中全会部署，深化党和国家机构改革的总体要求是，全面贯彻党的十九大精神，坚持以马克思列宁主义、毛泽东思想、邓小平理论、"三个代表"重要思想、科学发展观、习大大新时代中国特色社会主义思想为指导，适应新时代中国特色社会主义发展要求，坚持稳中求进工作总基调，坚持正确改革方向，坚持以人民为中心，坚持全面依法治国，以加强党的全面领导为统领，以国家治理体系和治理能力现代化为导向，以推进党和国家机构职能优化协同高效为着力点，改革机构设置，优化职能配置，深化转职能、转方式、转作风，提高效率效能，为决胜全面建成小康社会、开启全面建设社会主义现代化国家新征程、实现中华民族伟大复兴的中国梦提供有力制度保障。

深化国务院机构改革，要着眼于转变政府职能，坚决破除制约使市场在资源配置中起决定性作用、更好发挥政府作用的体制机制弊端，围绕推动高质量发展，建设现代化经济体系，加强和完善政府经济调节、市场监管、社会管理、公共服务、生态环境保护职能，结合新的时代条件和实践要求，着力推进重点领域和关键环节的机构职能优化和调整，构建起职责明确、依法行政的政府治理体系，提高政府执行力，建设人民满意的服务型政府。

这次国务院机构改革的具体方案如下。

一、关于国务院组成部门调整

（一）组建自然资源部。将国土资源部的职责，国家发展和改革委员会的组织编制主体功能区规划职责，住房和城乡建设部的城乡规划管理职责，水利部的水资源调查和确权登记管理职责，农业部的草原资源调查和确权登记管理职责，国家林业局的森林、湿地等资源调查和确权登记管理职责，国家海洋局的职责，国家测绘地理信息局的职责整合，组建自然资源部，作为国务院组成部门。自然资源部对外保留国家海洋局牌子。

不再保留国土资源部、国家海洋局、国家测绘地理信息局。

…………

国务院组成部门以外的国务院所属机构的调整和设置，将由新组成的国务院审查批准。

范例2

北京市人民政府关于提请审议批准2020年市级预算调整方案的议案（节选）

（京政函〔2020〕190号）

市人大常委会：

　　2020年初以来的新冠肺炎疫情对全国及各省区市财政收入带来不同程度的冲击，本市因受营改增改革持续性减收、新发地聚集性疫情防控等多重因素影响，财政收入减收规模更大。随着全市疫情防控形势转好，各区、各部门积极支持企业复工复产、加快经济恢复，前三季度地区生产总值由降转增，财源建设工作也取得阶段性成效，有力推动了全市财政收入降幅自5月份起连续6个月收窄，展现了首都经济的较强韧性。但1—10月全市一般公共预算收入降幅仍达到9.1%，距离年初确定的全年一般公共预算收入"零增长"目标仍有较大差距。经测算，受疫情等因素影响，全市地方级一般公共预算收入减收约382亿元，将下拉财政收入6.6个百分点。

　　　…………

　　综合考虑市本级收入减收及中央特殊转移支付等新增收入情况，可用财力减少，市级总收入、总支出均由5139.9亿元减少为4915.8亿元，均减少224.1亿元，市级收支总体保持平衡。具体为：

　　　…………

　　请予审议。

　　附件：北京市人民政府关于提请审议批准2020年市级预算调整方案的议案的说明

北京市人民政府

2020年11月23日

范例3

上海市普陀区人民政府关于提请审议张永同志任职的议案

（普府〔2020〕60号）

上海市普陀区人民代表大会常务委员会：

　　提请任命张永同志为上海市普陀区人民政府副区长（挂职）。

请审议决定。

区长：姜冬冬
2020 年 7 月 10 日

十四、函

（一）基本构成

函的基本构成一般包括标题、主送机关、正文、附件说明（如有附件）、发文机关署名和成文日期、附注（如有）等。

1. 标题

函的标题一般由发文机关名称、事由、"函"字三个部分组成，即"××××（发文机关名称）关于××××（事由）的函"。

2. 主送机关

函的主送机关一般由公文的主要受理机关组成。

如有抄送机关，一般编排于版记部分；当公文公开发布时，可编排于成文日期之下（如有附注、编排于附注之下）。

3. 正文

函的正文一般由前言、主体内容、结语三个方面内容组成。

（1）前言。

前言一般包括发函缘由、发函引语等方面内容。

发函缘由一般为发函的背景、依据、原因、目的或意义等方面内容。在答复问题或答复审批事项的函中，发函缘由一般为对应来函（或请示）的情况概述，多是以对应来函（或请示）的公文标题或内容主题等形式存在的。

发函引语一般是以"现函复如下"等常用语方式存在的。公文处理工作实践中，发函引语有时可以省略。

（2）主体内容。

主体内容一般包括商洽的具体事项、询问的具体事项、请求的具体事项、答复的具体事项等方面内容。

（3）结语。

结语一般使用"盼复""请函复""特此函告""特此致函"或"特此函复"等表述。

从公文处理工作时间看,在答复问题或答复审批事项的函中使用结语不是一个必须要求,且不加结语的情况较为常见。

4. 附件说明

函的附件说明一般包括"附件"二字、附件顺序号、附件名称等方面内容。

5. 发文机关署名和成文日期

函的发文机关署名一般由发文机关全称或规范化简称组成。

函的成文日期一般由会议通过或者签发日期组成。

6. 附注

函的附注一般由印发传达范围、联系人及联系方式等需要说明的事项组成。

此外,在拟制函时,公文处理工作参与者应依照《条例》关于公文种类、公文格式、行文规则、公文拟制等方面的规定,以及《格式》等相关规范标准对其各要素进行规范。

(二)公文范例

范例1

国务院办公厅关于同意调整完善全面推行
河湖长制工作部际联席会议制度的函

(国办函〔2021〕21号)

水利部:

你部关于调整完善全面推行河湖长制工作部际联席会议制度的请示收悉。经国务院同意,现函复如下:

国务院同意调整完善全面推行河湖长制工作部际联席会议制度。联席会议不刻制印章,不正式行文,请按照党中央、国务院有关文件精神认真组织开展工作。

附件:全面推行河湖长制工作部际联席会议制度

国务院办公厅
2021年3月1日

(此件公开发布)

范例2

国务院办公厅关于南海博物馆冠名问题的函

（国办函〔2017〕35号）

海南省人民政府：

你省《关于使用"国家南海博物馆"机构名称的请示》（琼府〔2017〕12号）收悉。经国务院领导同志同意，现函复如下：

南海博物馆馆名可定为"中国（海南）南海博物馆"。

国务院办公厅

2017年4月5日

（此件公开发布）

范例3

重庆市人民政府办公厅关于报送重庆市义务教育均衡发展国家督导检查反馈问题整改落实情况报告的函

（渝府办函〔2020〕36号）

国务院教育督导委员会办公室：

按照《国务院教育督导委员会办公室关于印发对重庆市义务教育均衡发展督导检查反馈意见的函》（国教督办函〔2020〕4号）要求，现将《重庆市义务教育均衡发展国家督导检查反馈问题整改落实情况报告》函报贵办。

重庆市人民政府办公厅

2020年5月15日

范例4

科技部办公厅关于撤销节能液压元件及系统国家重点实验室的函

（国科办函基〔2019〕253号）

山东省科技厅：

2018年11月，科技部委托国家科技基础条件平台中心对2015年以来批准建设的80家企业国家重点实验室建设运行情况进行了调查。调查中发现，依托山东常林机械集团股份有限公司建设的节能液压元件及系统国家重点实验室存在经费投入严重不足、人才引进和人才培养工作停滞、专职研发人员逐年减少等问题，未按照《节能液压元件及系统国家重点实验室建设与运行实施方案》确定的目标和任务开展实验室建设，没有发挥对行业的引领带动作用。

依据《依托企业建设国家重点实验室管理暂行办法》（国科发基〔2012〕716号）第四十一条"根据国民经济和社会发展、行业发展的需要以及企业国家重点实验室实际运行情况，科技部可调整企业国家重点实验室的布局及结构，对企业国家重点实验室进行重组、整合、撤销等"的规定，现撤销依托山东常林机械集团股份有限公司建设的节能液压元件及系统国家重点实验室，不再纳入国家重点实验室序列。

科技部办公厅
2019 年 7 月 29 日

（此件主动公开）

十五、会议纪要

（一）基本构成

会议纪要的基本构成主要包括标题、正文、附件说明（如有附件）、与会人员情况等。

1. 标题

纪要的标题一般由会议名称和"纪要"二字组成，即"××××会议（会议名称）纪要"。

在公文处理工作实践中，参与者应防止将纪要标题和纪要发文机关标志混为一谈。同时，纪要有时也可以不加标题。

2. 正文

纪要的正文一般由会议的基本情况和主体内容两方面组成。

（1）基本情况。

基本情况一般包括会议的时间、地点、主持人、会议主要议题等方面内容，有时也包括会议缘由等内容。

（2）主体内容。

主体内容一般包括会议的主要情况、议定事项、落实要求等内容。

3. 附件说明

纪要的附件说明一般包括"附件"二字、附件顺序号、附件名称等方面内容。

4. 与会人员情况

纪要的与会人员情况一般由出席人员情况（如出席人员单位、姓名、职务等）和列席人员情况（如列席人员单位、姓名、职务等）组成。

此外，纪要格式可以根据实际制定，但应符合《条例》关于公文种类、公文格式（主要格式要素）、行文规则、公文拟制等方面的规定，以及《格式》等的相关规范标准。

（二）公文范例

2020年全区外贸工作厅际联席会议第一次会议会议纪要

（内商贸函〔2020〕190号）

4月28日下午，自治区商务厅厅长×××主持召开2020年全区外贸工作厅际联席会议第一次会议。会议通报了今年以来我区外贸运行情况，听取了各部门就克服新冠肺炎疫情负面影响，促进我区外贸稳定发展、推进外贸发展重点工作提出相关意见和建议，研究部署了全年外贸稳中提质重点工作。现纪要如下：

会议指出，据海关统计，1—3月份，全区外贸进出口总值实现254.2亿元，进出口增速由增转降，同比下降4.0%，降幅低于全国2.4个百分点。当前疫情已经成为全球蔓延的流行病，对外贸的影响从供给侧为主转向需求端为主，叠加了中美经贸摩擦影响，国内经济下行压力等多个方面的因素，外贸面临的形势可以用"雪上加霜"来比喻。从我区情况看，随着全球疫情大流行，外贸企业面对国内国外多重因素，遇到的情况比一般企业更为复杂。一是物流成本上升、海运价格上涨、发运困难。二是企业出口订单减少、产品需求减少且销售困难。三是由于蒙古、俄罗斯采取疫情防控措施，口岸公路货运通道采取限制性措施，边贸企业无法维持正常经营，资源类产品进口规模受到较大影响。此外，外贸企业还存在资金压力大、银行融资困难，上、下游企业开工率不足，人工短缺，原料采购困难且价格上涨，产品价格大幅下跌、产品库存压力大等问题。

会议总结了今年一季度主要开展的工作。为稳住我区外贸基本盘，保证产业链、供应链运行畅通，厅际联席会议成员单位分别从制定惠企政策，推动中小企业复工复产；加大财政支持力度，提高资金拨付效率；落实出口退税政策，加快出口退税进度；采取普惠性金融支持措施，解决融资难问题；全程简化通关手续，降低通关成本；提高短期出口险覆盖面，放宽承保和理赔条件等方面，建立工作台账、加强检查督导，多措并举稳住外贸基本盘，千方百计使疫情对外贸的影响降到最低，为实现全年外贸稳中提质的目标任务作出了各自贡献。

会议强调，全年稳外贸总体工作思路是深入贯彻中共中央、国务院《关于推进贸易高质量发展的指导意见》，努力促进外贸"稳中提质"，继续做大做强市场主体、优化贸易结构，培育新优势，积极参与"一带一路"建设，巩固俄蒙市场，大力推动多元化市场，进一步夯实贸易发展的产业基础，提升附加值，提升供应链、产业链和价值链的发展水平，不断提高外贸核心竞争力。主要做好10方面的工作：一是要保障各项稳外贸政策措施落实落细落地。二是进一步坚持和完善横向协作、纵向联动的工作机制。三是不断优化外贸结构，打牢外贸高质量发展的基础。四是围绕贸易与产业互动，培育"技术、质量、品牌、服务、标准"等外贸竞争新优势。五是坚持科技创新、制度创新、新模式和业态创新，推动外贸新动能集聚。六是进一步推动边境贸易创新发展。七是激活平台，培育各类外贸集聚区。八是推动"三外"工作互动，形成招商引资和对外开拓市场的合力。九是营造法制化、国际化、便利化贸易环境。十是贯彻落实"生态优先、绿色发展"的理念和沿黄生态保护和高质量发展的战略。

会议指出，2020年是全面建成小康社会和"十三五"规划收官之年，做好外贸工作意义重大，面对严峻的形势和艰巨的任务，我们要更加紧密地团结在以习近平同志为核心的党中央的周围，坚决贯彻落实党中央和国务院决策部署，以更加积极地作为、更加扎实的工作，实现今年外贸发展的各项目标任务。

会上，自治区商务厅还向厅际联席会议成员单位反馈了《促进自治区对外贸易高质量发展专题会议参会盟市反馈问题清单》和《对外贸易领域重点包保服务企业名单》，通报了商务部、中央网信办、外交部、发改委、工信部、公安部、海关总署、市场监管总局、药监局等9部门联合印发的《关于加强防疫物资市场和出口质量监管的通知》（商贸电〔2020〕243号），要求继续加强对新型冠状病毒检测试剂、医用口罩、医用防护服、呼吸机、红外体温计等医疗物资的质量监管。

出席：自治区商务厅厅长×××、副厅长×××，呼和浩特海关副关长×××，内蒙古税务局副局长×××，自治区工商联副主席×××，自治区贸促会副会长×××、中国进出口银行内蒙古分行副行长×××以及自治区发改委、财政厅、工信厅、农牧厅、商务厅、地方金融局、呼和浩特海关、内蒙古税务局、人行呼和浩特中心支行、国家外汇管理局内蒙古分局、自治区工商联、自治区贸促会、中国进出口银行内蒙古分行、中信保内蒙古专项办相关处室负责人参加会议。

列席：东北中小企业信用再担保内蒙古分公司总经理×××、内蒙古进出口企业

协会秘书长×××

（纪要中有关姓名均用"×××"代替）

十六、法规制度类

（一）基本构成

法规制度类公文的基本构成一般包括标题、成文信息（如有）、正文、附件或附录说明（如有附件）等。

1. 标题

法规制度类公文的标题一般由适用范围、针对事项、文种三个部分组成，也可以由针对事项和文种等两个部分组成，比如"××××（适用范围）章程""××××（针对事项）准则""××××（适用范围）××××（针对事项）规定""××××（适用范围）××××（针对事项）办法""××××（适用范围）××××（针对事项）规则""××××（适用范围）××××（针对事项）细则""××××（适用范围）××××（针对事项）法""××××（适用范围）××××（针对事项）条令"等。

2. 成文信息

法规制度类公文的成文信息一般由成文日期、通过会议名称（一般为全称）、"通过"二字三个部分组成，有时还会包括审议、修改、修订、发布等信息。

成文信息需用圆括号"（）"括入，编排于标题下一行、居中排布。

3. 正文

从呈现方式看，法规制度类公文的正文一般包括章条式和条项式两种呈现方式。

从所含内容看，法规制度类公文的正文一般包括拟制目的、拟制依据、基本概念、地位作用、指导思想、基本原则、具体规定，以及适用范围、执行要求、解释

权限、实施与废止三部分内容,一定程度上同章条式中的总则、分则、附则形成对应关系。

从公文处理工作实践看,章条式和条项式两种呈现方式在所含内容上区别不大。

4.附件或附录说明

法规制度类公文的正文的附件或附录说明一般包括"附件"或"附录"二字、附件或附录顺序号、附件或附录名称等方面内容。

此外,非法定文种公文在公文格式、行文规则、公文拟制等方面没有统一的且具体的规范、标准或者要求,但因其常常作为法定文种公文的组成部分出现(如作为附件出现),同时也为提升其自身规范性和美观性,一般建议在拟制法规制度类公文时公文处理工作参与者应遵循或参照《条例》等法规以及《格式》等规范标准执行。

(二)公文范例

范例1

中国共产党章程(节选)

(中国共产党第十九次全国代表大会部分修改,2017年10月24日通过)

总　纲

中国共产党是中国工人阶级的先锋队,同时是中国人民和中华民族的先锋队,是中国特色社会主义事业的领导核心,代表中国先进生产力的发展要求,代表中国先进文化的前进方向,代表中国最广大人民的根本利益。党的最高理想和最终目标是实现共产主义。

中国共产党以马克思列宁主义、毛泽东思想、邓小平理论、"三个代表"重要思想、科学发展观、习近平新时代中国特色社会主义思想作为自己的行动指南。

马克思列宁主义揭示了人类社会历史发展的规律,它的基本原理是正确的,具有强大的生命力。中国共产党人追求的共产主义最高理想,只有在社会主义社会充分发展和高度发达的基础上才能实现。社会主义制度的发展和完善是一个长期的历史过程。坚持马克思列宁主义的基本原理,走中国人民自愿选择的适合中国国情的道路,中国的社会主义事业必将取得最终的胜利。

……………

十八大以来,以习近平同志为主要代表的中国共产党人,顺应时代发展,从理论和实践结合上系统回答了新时代坚持和发展什么样的中国特色社会主义、怎样坚持和发展中国特色社会主义这个重大时代课题，创立了习近平新时代中国特色社会主义思想。习近平新时代中国特色社会主义思想是对马克思列宁主义、毛泽东思想、邓小平理论、"三个代表"重要思想、科学发展观的继承和发展，是马克思主义中国化最新成果，是党和人民实践经验和集体智慧的结晶，是中国特色社会主义理论体系的重要组成部分，是全党全国人民为实现中华民族伟大复兴而奋斗的行动指南，必须长期坚持并不断发展。在习近平新时代中国特色社会主义思想指导下，中国共产党领导全国各族人民，统揽伟大斗争、伟大工程、伟大事业、伟大梦想，推动中国特色社会主义进入了新时代。

....

第一章　党　员

第一条　年满十八岁的中国工人、农民、军人、知识分子和其他社会阶层的先进分子，承认党的纲领和章程，愿意参加党的一个组织并在其中积极工作、执行党的决议和按期交纳党费的，可以申请加入中国共产党。

第二条　中国共产党党员是中国工人阶级的有共产主义觉悟的先锋战士。

中国共产党党员必须全心全意为人民服务，不惜牺牲个人的一切，为实现共产主义奋斗终身。

中国共产党党员永远是劳动人民的普通一员。除了法律和政策规定范围内的个人利益和工作职权以外，所有共产党员都不得谋求任何私利和特权。

第三条　党员必须履行下列义务：

（一）认真学习马克思列宁主义、毛泽东思想、邓小平理论、"三个代表"重要思想、科学发展观、习近平新时代中国特色社会主义思想，学习党的路线、方针、政策和决议，学习党的基本知识，学习科学、文化、法律和业务知识，努力提高为人民服务的本领。

....

第十一章　党徽党旗

第五十三条　中国共产党党徽为镰刀和锤头组成的图案。

第五十四条　中国共产党党旗为旗面缀有金黄色党徽图案的红旗。

第五十五条　中国共产党的党徽党旗是中国共产党的象征和标志。党的各级组织和每一个党员都要维护党徽党旗的尊严。要按照规定制作和使用党徽党旗。

范例2

关于新形势下党内政治生活的若干准则（节选）

（2016年10月27日中国共产党第十八届中央委员会第六次全体会议通过）

办好中国的事情，关键在党，关键在党要管党、从严治党。党要管党必须从党内政治生活管起，从严治党必须从党内政治生活严起。

…………

党的十八大以来，以习近平同志为核心的党中央身体力行、率先垂范，坚定推进全面从严治党，坚持思想建党和制度治党紧密结合，集中整饬党风，严厉惩治腐败，净化党内政治生态，党内政治生活展现新气象，赢得了党心民心，为开创党和国家事业新局面提供了重要保证。

历史经验表明，我们党作为马克思主义政党，必须旗帜鲜明讲政治，严肃认真开展党内政治生活。为更好进行具有许多新的历史特点的伟大斗争、推进党的建设新的伟大工程、推进中国特色社会主义伟大事业，经受"四大考验"、克服"四种危险"，有必要制定一部新形势下党内政治生活的准则。

新形势下加强和规范党内政治生活，必须以党章为根本遵循，坚持党的政治路线、思想路线、组织路线、群众路线，着力增强党内政治生活的政治性、时代性、原则性、战斗性，着力增强党自我净化、自我完善、自我革新、自我提高能力，着力提高党的领导水平和执政水平，增强拒腐防变和抵御风险能力，着力维护党中央权威、保证党的团结统一、保持党的先进性和纯洁性，努力在全党形成又有集中又有民主、又有纪律又有自由、又有统一意志又有个人心情舒畅生动活泼的政治局面。

新形势下加强和规范党内政治生活，重点是各级领导机关和领导干部，关键是高级干部特别是中央委员会、中央政治局、中央政治局常务委员会的组成人员。高级干部特别是中央领导层组成人员必须以身作则，模范遵守党章党规，严守党的政治纪律和政治规矩，坚持不忘初心、继续前进，坚持率先垂范、以上率下，为全党全社会作出示范。

一、坚定理想信念

共产主义远大理想和中国特色社会主义共同理想，是中国共产党人的精神支柱和政治灵魂，也是保持党的团结统一的思想基础。必须高度重视思想政治建设，把坚定理想信念作为开展党内政治生活的首要任务。

••••••••••

十二、保持清正廉洁的政治本色

建设廉洁政治，坚决反对腐败，是加强和规范党内政治生活的重要任务。必须筑牢拒腐防变的思想防线和制度防线，着力构建不敢腐、不能腐、不想腐的体制机制，保持党的肌体健康和队伍纯洁。

••••••••••

全面从严治党永远在路上。全党要坚持不懈努力，共同营造风清气正的政治生态，确保党始终成为中国特色社会主义事业的坚强领导核心。

范例3

中国共产党地方组织选举工作条例（节选）

（1993年12月16日中共中央政治局常委会会议审议批准 1994年1月26日中共中央发布 2020年12月11日中共中央政治局会议修订 2020年12月28日中共中央发布）

第一章 总则

第一条 为了深入贯彻习近平新时代中国特色社会主义思想，贯彻落实新时代党的建设总要求和新时代党的组织路线，坚持和加强党的全面领导，坚持党要管党、全面从严治党，健全党的民主集中制，完善党内选举制度，加强党的地方组织建设，提高党的执政能力和领导水平，根据《中国共产党章程》和有关党内法规，制定本条例。

第二条 本条例适用于党的省、自治区、直辖市，设区的市和自治州，县（旗）、自治县、不设区的市和市辖区的代表大会及其委员会，以及党的地方纪律检查委员会的选举工作。

第三条 党的地方各级组织任期届满，应当按期进行换届选举。如需延期或者提前换届选举，应当经上一级党的委员会批准。延长期限不得超过1年。

第四条 党的地方各级代表大会代表，委员会委员和候补委员、常务委员会委员，纪律检查委员会委员、常务委员会委员实行差额选举。

党的地方各级委员会和纪律检查委员会书记、副书记实行等额选举。

第五条 选举应当充分发扬民主，尊重和保障选举人的民主权利，体现选举人的意志。任何组织和个人不得以任何方式强迫选举人选举或者不选举某个人。

第六条 选举采用无记名投票方式。

第七条 选举可以直接采用候选人数多于应选人数的差额选举办法进行正式选举；也可以先采用差额选举办法进行预选，产生候选人名单，然后进行正式选举。

第二章 代表的产生

....

第十四条 党的地方各级代表大会代表的产生，采取自下而上、上下结合、反复酝酿、逐级遴选的办法进行。主要程序是：

（一）选举单位按照分配的名额，组织所辖党组织从党支部开始推荐提名，经过充分酝酿协商，根据多数党组织或者多数党员的意见提出代表候选人推荐人选。

....

第八章 附则

第四十六条 党的地方各级组织的选举，应当根据本条例制定具体选举办法，经半数以上应到会选举人同意后实施。

第四十七条 民族自治地方党组织执行本条例需要采取某些变通办法的，应当报上级党组织批准。

第四十八条 本条例由中央组织部负责解释。

第四十九条 本条例自发布之日起施行。

范例4

公务员辞去公职规定（节选）

（2009年7月9日中共中央组织部部务会会议审议批准
2009年7月24日中共中央组织部、人力资源社会保障部发布
2020年12月8日中共中央组织部部务会会议修订
2020年12月28日中共中央组织部发布）

第一章 总 则

第一条 为了规范公务员辞去公职工作，保障机关和公务员的合法权益，建设信念坚定、为民服务、勤政务实、敢于担当、清正廉洁的高素质专业化公

务员队伍，根据《中华人民共和国公务员法》等有关法律法规，制定本规定。

　　第二条　公务员辞去公职，是指公务员依照法律法规规定，申请终止与任免机关的任用关系。

　　法律法规对公务员中领导成员以及监察官、法官、检察官等辞去公职另有规定的，按照有关规定办理。

　　第三条　公务员辞去公职工作坚持以马克思列宁主义、毛泽东思想、邓小平理论、"三个代表"重要思想、科学发展观、习近平新时代中国特色社会主义思想为指导，贯彻新时代党的组织路线和干部工作方针政策，加强党对公务员队伍的集中统一领导，坚持下列原则：

　　（一）党管干部；

　　（二）尊重个人意愿和从严审核审批相结合；

　　（三）保障合法流动和加强离职后从业管理相结合；

　　（四）依法依规办事。

　　第四条　各级公务员主管部门按照管理权限和职责分工负责公务员辞去公职工作的综合管理、业务指导和监督检查。各级机关按照管理权限负责公务员辞去公职的审核、审批、从业限制期限内从业情况的了解核查等工作。

第二章　辞去公职情形和程序

　　第五条　公务员辞去公职，应当依照法定的情形、权限和程序办理。

　　第六条　公务员有下列情形之一的，不得批准辞去公职：

　　（一）未满国家规定的最低服务年限的。

　　……

第四章　附　　则

　　第二十条　参照公务员法管理的机关（单位）中除工勤人员以外的工作人员辞去公职，参照本规定执行。

　　第二十一条　本规定由中共中央组织部负责解释。

　　第二十二条　本规定自发布之日起施行。

　　附件：1. 公务员辞去公职申请表

　　　　　2. 关于同意×××辞去公职的批复

　　　　　3. 关于不同意×××辞去公职的批复

范例5

公务员职务、职级与级别管理办法（节选）

（2019年12月23日中共中央组织部制定 2020年3月3日发布）

第一条 为了完善公务员领导职务、职级与级别设置和管理制度，健全公务员激励和保障机制，建设信念坚定、为民服务、勤政务实、敢于担当、清正廉洁的高素质专业化公务员队伍，根据《中华人民共和国公务员法》等有关法律法规和《公务员职务与职级并行规定》，制定本办法。

第二条 公务员领导职务、职级与级别设置和管理坚持以马克思列宁主义、毛泽东思想、邓小平理论、"三个代表"重要思想、科学发展观、习近平新时代中国特色社会主义思想为指导，贯彻新时代中国共产党的组织路线，坚持党管干部原则，加强党对公务员队伍的集中统一领导，遵循依法、科学、规范、效能的原则。

第三条 领导职务、职级与级别是实施公务员管理，确定公务员工资以及其他待遇的依据。

第四条 公务员级别由低至高依次为二十七级至一级。

第五条 公务员领导职务层次与级别的对应关系是：

（一）国家级正职：一级；

（二）国家级副职：四级至二级；

（三）省部级正职：八级至四级；

（四）省部级副职：十级至六级；

（五）厅局级正职：十三级至八级；

（六）厅局级副职：十五级至十级；

（七）县处级正职：十八级至十二级；

（八）县处级副职：二十级至十四级；

（九）乡科级正职：二十二级至十六级；

（十）乡科级副职：二十四级至十七级。

副部级机关内设机构、副省级城市机关的司局级正职对应十五级至十级；司局级副职对应十七级至十一级。

……

第十九条 对不按照规定的职数要求、资格条件及程序等设置、确定公务员领导职务、职级与级别的，不予批准或者备案；已经作出的决定一律无效，由公务员主管部门按照管理权限予以纠正。

第二十条 对违反规定进行公务员领导职务、职级与级别确定的，应当根据具体情况，依规依纪依法追究负有责任的领导人员和直接责任人员的责任。

第二十一条 监察官、法官、检察官等职务、职级的设置和管理另行规定。

第二十二条 本办法由中共中央组织部负责解释。

第二十三条 本办法自发布之日起施行，2006年4月9日中共中央、国务院印发的《〈中华人民共和国公务员法〉实施方案》附件三《公务员职务与级别管理规定》同时废止。

十七、工作计划类

（一）基本构成

工作计划类公文的基本构成一般包括标题、正文、附件说明（如有附件）、发文机关署名和成文日期等。

1. 标题

工作计划类公文的标题一般由适用范围、针对事项、时间范围、文种四个部分组成，也可以由针对事项、时间范围、文种三个部分组成，还可以由适用范围、针对事项、文种三个部分组成，比如"××××（适用范围）××××（针对事项）××××（时间范围）规划（或规划纲要、计划、方案）""××××（适用范围）××××（针对事项）规划（或规划纲要、计划、方案）××××（时间范围）""××××（适用范围）××××（针对事项）规划（或规划纲要、计划、方案）""××××（针对事项）规划（或规划纲要、计划、方案）××××（时间范围）""××××（针对事项）××××（时间范围）规划（或规划纲要、计划、方案）"等。

2. 正文

工作计划类公文的正文一般包括引言、主体、结语等组成部分。

（1）引言。

引言主要是指规划、计划或方案等的开头部分，一般包括拟制规划、计划或方案等的背景、原因、目的或意义等方面内容，以及"制定本规划（或计划、方案等）""特制定本规划（或计划、方案等）""特制定本规划（或计划、方案等）如下"

等内容。

（2）主体。

主体一般由发展现状、发展趋势、指导方针、基本原则、总体思路、总体目标、主要任务、重点措施等方面内容组成。

在公文处理工作实践中，参与者应根据工作需要和文种特点在内容上有所侧重或取舍。

（3）结语。

结语一般包括就贯彻执行规划、计划或方案等提出的号召、希望或要求等内容。

在公文处理工作实践中，结语不总是独立存在，其内容有时会和正文相关内容融合存在。

3. 附件说明

工作计划类公文的附件说明一般包括"附件"二字、附件顺序号、附件名称等方面内容。

4. 发文机关署名和成文日期

当工作规划、计划或方案等独立存在时，一般需要标注发文机关署名和成文日期。

当工作规划、计划或方案等作为法定文种公文的附件存在时，一般不需要标注发文机关署名和成文日期。

此外，非法定文种公文在公文格式、行文规则、公文拟制等方面没有统一的且具体的规范、标准或者要求，但因其常常作为法定文种公文的组成部分出现（如作为附件出现），同时也为提升其自身规范性和美观性，一般建议在拟制法规制度类公文时公文处理工作参与者应遵循或参照《条例》等法规以及《格式》等规范标准执行。

（二）公文范例

范例1

新能源汽车产业发展规划（2021—2035年）（节选）

发展新能源汽车是我国从汽车大国迈向汽车强国的必由之路，是应对气候变化、推动绿色发展的战略举措。2012年国务院发布《节能与新能源汽车产业发展规划（2012—2020年）》以来，我国坚持纯电驱动战略取向，新能源汽车产业发展取得了巨大成就，成为世界汽车产业发展转型的重要力量之一。与此同时，我国新能源汽车发展也面临核心技术创新能力不强、质量保障体系有待完善、基础设施建设仍显滞后、产业生态尚不健全、市场竞争日益加剧等问题。为推动新能源汽车产业高质量发展，加快建设汽车强国，制定本规划。

第一章　发展趋势

....

第二章　总体部署

第一节　总体思路

以习近平新时代中国特色社会主义思想为指引，坚持创新、协调、绿色、开放、共享的发展理念，以深化供给侧结构性改革为主线，坚持电动化、网联化、智能化发展方向，深入实施发展新能源汽车国家战略，以融合创新为重点，突破关键核心技术，提升产业基础能力，构建新型产业生态，完善基础设施体系，优化产业发展环境，推动我国新能源汽车产业高质量可持续发展，加快建设汽车强国。

第二节　基本原则

市场主导。充分发挥市场在资源配置中的决定性作用，强化企业在技术路线选择、生产服务体系建设等方面的主体地位；更好发挥政府在战略规划引导、标准法规制定、质量安全监管、市场秩序维护、绿色消费引导等方面作用，为产业发展营造良好环境。

....

第三节　发展愿景

到2025年，我国新能源汽车市场竞争力明显增强，动力电池、驱动电机、车用操作系统等关键技术取得重大突破，安全水平全面提升。纯电动乘用车新车平均电耗降至12.0千瓦时/百公里，新能源汽车新车销售量达到汽车新车销售总量的20%左右，高度自动驾驶汽车实现限定区域和特定场景商业化应用，充换电服务便利性显著提高。

力争经过15年的持续努力，我国新能源汽车核心技术达到国际先进水平，质量品牌具备较强国际竞争力。纯电动汽车成为新销售车辆的主流，公共领域用车全面电动化，燃料电池汽车实现商业化应用，高度自动驾驶汽车实现规模化应用，充换电服务网络便捷高效，氢燃料供给体系建设稳步推进，有效促进节能减排水平和社会运行效率的提升。

第三章　提高技术创新能力

…………

第八章　保障措施

…………

充分发挥节能与新能源汽车产业发展部际联席会议制度和地方协调机制作用，强化部门协同和上下联动，制定年度工作计划和部门任务分工，加强新能源汽车与能源、交通、信息通信等行业在政策规划、标准法规等方面的统筹，抓紧抓实抓细规划确定的重大任务和重点工作。各有关部门要围绕规划目标任务，根据职能分工制定本部门工作计划和配套政策措施。各地区要结合本地实际切实抓好落实，优化产业布局，避免重复建设。行业组织要充分发挥连接企业与政府的桥梁作用，协调组建行业跨界交流协作平台。工业和信息化部要会同有关部门深入调查研究，加强跟踪指导，推动规划顺利实施。

范例2

打赢蓝天保卫战三年行动计划（节选）

打赢蓝天保卫战，是党的十九大作出的重大决策部署，事关满足人民日益增长的美好生活需要，事关全面建成小康社会，事关经济高质量发展和美丽中国建设。为加快改善环境空气质量，打赢蓝天保卫战，制定本行动计划。

一、总体要求

（一）指导思想。以习近平新时代中国特色社会主义思想为指导，全面贯彻党的十九大和十九届二中、三中全会精神，认真落实党中央、国务院决策部署和全国生态环境保护大会要求，坚持新发展理念，坚持全民共治、源头防治、标本兼治，以京津冀及周边地区、长三角地区、汾渭平原等区域（以下称重点区域）为重点，持续开展大气污染防治行动，综合运用经济、法律、技术和必要的行政手段，大力调整优化产业结构、能源结构、运输结构和用地结构，强化区域联防联控，狠抓秋冬季污染治理，统筹兼顾、系统谋划、精准施策，坚决打赢蓝天保卫战，实现环境效益、经济效益和社会效益多赢。

（二）目标指标。经过3年努力，大幅减少主要大气污染物排放总量，协同减少温室气体排放，进一步明显降低细颗粒物（PM2.5）浓度，明显减少重污染天数，明显改善环境空气质量，明显增强人民的蓝天幸福感。

……

（三）重点区域范围。

……

二、调整优化产业结构，推进产业绿色发展

（四）优化产业布局。各地完成生态保护红线、环境质量底线、资源利用上线、环境准入清单编制工作，明确禁止和限制发展的行业、生产工艺和产业目录。修订完善高耗能、高污染和资源型行业准入条件，环境空气质量未达标城市应制订更严格的产业准入门槛。积极推行区域、规划环境影响评价，新、改、扩建钢铁、石化、化工、焦化、建材、有色等项目的环境影响评价，应满足区域、规划环评要求。（生态环境部牵头，发展改革委、工业和信息化部、自然资源部参与，地方各级人民政府负责落实。以下均需地方各级人民政府落实，不再列出）

……

十、明确落实各方责任，动员全社会广泛参与

……

（三十九）构建全民行动格局。环境治理，人人有责。倡导全社会"同呼吸 共奋斗"，动员社会各方力量，群防群治，打赢蓝天保卫战。鼓励公众通过多种渠道举报环境违法行为。树立绿色消费理念，积极推进绿色采购，倡导绿色低碳生活方式。强化企业治污主体责任，中央企业要起到模范带头作用，引导绿色生产。（生态环境部牵头，各有关部门参与）

积极开展多种形式的宣传教育。普及大气污染防治科学知识，纳入国民教育体系和党政领导干部培训内容。各地建立宣传引导协调机制，发布权威信息，及时回应群众关心的热点、难点问题。新闻媒体要充分发挥监督引导作用，积极宣传大气环境管理法律法规、政策文件、工作动态和经验做法等。（生态环境部牵头，各有关部门参与）

范例3

国务院2020年立法工作计划（节选）

2020年是决胜全面建成小康社会和"十三五"规划收官之年。国务院2020年立法工作的总体要求是：在以习近平同志为核心的党中央坚强领导下，以习近平新时代中国特色社会主义思想为指导，全面贯彻党的十九大和十九届二中、三中、四中全会精神，认真贯彻习近平总书记全面依法治国新理念新思想新战略，增强"四个意识"、坚定"四个自信"、做到"两个维护"，坚持党的领导、人民当家作主、依法治国有机统一，围绕坚持和完善中国特色社会主义制度、推进国家治理体系和治理能力现代化，紧扣全面建成小康社会目标任务，助力统筹推进新冠肺炎疫情防控和经济社会发展工作，坚持稳中求进工作总基调，加强党对立法工作的领导，坚持底线思维，完善立法体制机制，提高立法质量，加快立法步伐，为全面建成小康社会和"十三五"规划圆满收官奠定坚实法律基础，为开启全面建设社会主义现代化国家新征程提供有力法治保障。

一、围绕坚持和完善中国特色社会主义制度、推进国家治理体系和治理能力现代化，科学合理安排立法项目

中国特色社会主义制度是党和人民在长期实践探索中形成的科学制度体系，具有强大生命力和巨大优越性，是当代中国发展进步的根本保障。……要处理好改革与法治的辩证关系，以立法引领和保障改革，确保党中央关于全面深化改革的各项决策部署落到实处。为此，对国务院2020年立法项目作出如下安排：

——围绕坚持和完善社会主义基本经济制度，推动经济高质量发展，提请全国人大常委会审议印花税法草案，制定保障中小企业款项支付条例、私募投资基金管理暂行条例、非存款类放贷组织条例、城市公共交通条例、农作物病虫害防治条例，修订企业信息公示暂行条例、国家科学技术奖励条例、粮食流通管理条例，修订与外商投资法不符的行政法规。中国人民银行法修订草案、商业银行法修订草案、反洗钱法修订草案、保险法修订草案、公路法修订草案预备提请全国人大常委会审议。

…………

二、完善立法体制机制，加强和改进新时代行政立法工作

牢牢坚持党中央对立法工作的集中统一领导。

……

三、抓好立法工作计划的贯彻执行

……

司法部要加强与起草部门的沟通，及时跟踪了解立法工作计划执行情况，加强组织协调和督促指导。有关部门报送的送审稿存在行政法规制定程序条例规定的退件情形的，司法部可以按照规定将送审稿退回起草部门重新研究。对于争议较大的立法事项，司法部要加大协调力度，提高协调层级，妥善处理分歧，敢于在矛盾焦点问题上"切一刀"。经过充分协调仍不能达成一致意见的，司法部、起草部门应当将争议的主要问题、有关部门的意见以及司法部的意见及时按程序请示报告。

附件:《国务院2020年立法工作计划》明确的立法项目及负责起草的单位

范例4

深化新时代教育评价改革总体方案（节选）

教育评价事关教育发展方向，有什么样的评价指挥棒，就有什么样的办学导向。为深入贯彻落实习近平总书记关于教育的重要论述和全国教育大会精神，完善立德树人体制机制，扭转不科学的教育评价导向，坚决克服唯分数、唯升学、唯文凭、唯论文、唯帽子的顽瘴痼疾，提高教育治理能力和水平，加快推进教育现代化、建设教育强国、办好人民满意的教育，现制定如下方案。

一、总体要求

（一）指导思想。以习近平新时代中国特色社会主义思想为指导，全面贯彻党的十九大和十九届二中、三中、四中全会精神，全面贯彻党的教育方针，坚持社会主义办学方向，落实立德树人根本任务，遵循教育规律，系统推进教育评价改革，发展素质教育，引导全党全社会树立科学的教育发展观、人才成长观、选人用人观，推动构建服务全民终身学习的教育体系，努力培养担当民族复兴大任的时代新人，培养德智体美劳全面发展的社会主义建设者和接班人。

（二）主要原则。坚持立德树人，牢记为党育人、为国育才使命，充分发挥教育评价的指挥棒作用，引导确立科学的育人目标，确保教育正确发展方向。坚持问题导向，从党中央关心、群众关切、社会关注的问题入手，破立并举，推进教育评价关键领域改革取得实质性突破。坚持科学有效，改进结果评价，强化过程评价，探索增值评价，健全综合评价，充分利用信息技术，提高教育评价的科学性、专业性、客观性。坚持统筹兼顾，针对不同主体和不同学段、不同类型教育特点，分类设计、稳步推进，增强改革的系统性、整体性、协同性。坚持中国特色，扎根中国、融通中外，立足时代、面向未来，坚定不移走中国特色社会主义教育发展道路。

（三）改革目标。经过5至10年努力，各级党委和政府科学履行职责水平明显提高，各级各类学校立德树人落实机制更加完善，引导教师潜心育人的评价制度更加健全，促进学生全面发展的评价办法更加多元，社会选人用人方式更加科学。到2035年，基本形成富有时代特征、彰显中国特色、体现世界水平的教育评价体系。

二、重点任务

（一）改革党委和政府教育工作评价，推进科学履行职责

1.完善党对教育工作全面领导的体制机制。

…………

三、组织实施

…………

（三）营造良好氛围。党政机关、事业单位、国有企业要履职尽责，带动全社会形成科学的选人用人理念。新闻媒体要加大对科学教育理念和改革政策的宣传解读力度，合理引导预期，增进社会共识。构建覆盖城乡的家庭教育指导服务体系，引导广大家长树立正确的教育观和成才观。各地要及时总结、宣传、推广教育评价改革的成功经验和典型案例，扩大辐射面，提高影响力。

十八、工作总结类

（一）基本构成

总结的基本构成一般包括标题、正文、附件说明（如有附件）、发文机关署名和成文日期等。

1.标题

总结的标题一般由适用范围、针对事项、时间范围、文种四个部分组成，也可以由针对事项、时间范围、文种三个部分组成，比如"××××（适用范围）××××（针对事项）××××（时间范围）总结""××××（针对事项）

××××（时间范围）总结"等。

从公文处理工作实践看，总结的标题还存在主副标题的情况。其中，主标题内容一般为特定工作事项的主旨主题，副标题一般以"××××（适用范围）××××（针对事项）××××（时间范围）总结"等类似形式存在。

2. 正文

总结的正文一般包括前言、主体等组成部分。

（1）前言。

前言主要是指规划、计划或方案等的开头部分，一般包括工作情况概述，比如工作依据、工作概况、工作目的、工作效果等方面内容；有时还包括"现汇报如下""现总结如下""现将情况报告如下"等内容。

（2）主体。

主体一般由取得的成绩、经验做法、存在问题、下步打算或意见建议等方面内容组成。在实践中，公文写作者应根据工作需要在内容上有所侧重或取舍。

3. 附件说明

总结的附件说明一般包括"附件"二字、附件顺序号、附件名称等方面内容。

4. 发文机关署名和成文日期

当总结独立存在时，一般需要标注发文机关署名和成文日期。

当总结作为法定文种公文的附件存在时，一般不需要标注发文机关署名和成文日期。

此外，非法定文种公文在公文格式、行文规则、公文拟制等方面没有统一的且具体的规范、标准或者要求，但因其常常作为法定文种公文的组成部分出现（如作为附件出现），同时也为提升其自身规范性和美观性，一般建议在拟制法规制度类公文时公文处理工作参与者应遵循或参照《条例》等法规以及《格式》等规范标准执行。

（二）公文范例

范例1

内蒙古自治区医疗保障局2019年工作总结（节选）

2019年是新时代医疗保障事业全面启程、整体发力的第一年，也是全区医保系统牢记初心使命、为民砥砺奋进的一年。在自治区党委、政府的坚强领导下，全区各级医保部门克服人员少、任务重等困难，攻坚克难，真抓实干，圆满完成了年度目标任务,为推动医疗保障事业高质量发展奠定了坚实的基础。

一、工作开展情况

(一)严格落实管党治党政治责任。各级党组织牢固树立抓好党建是本职、不抓党建是失职、抓不好党建是渎职的理念,严格落实管党治党政治责任。一是党的政治建设更加有力。坚持医疗保障部门首先是政治机关的定位,严肃党内政治生活,建强基层党组织,推动制度建设,把讲政治落实到医保部门党建全过程和医保事业发展各方面。扎实开展"不忘初心、牢记使命"主题教育,将学习习近平新时代中国特色社会主义思想贯穿主题教育全过程,紧扣习近平总书记提出的"三个必须""四个到位"重要要求,教育引导党员干部增强"四个意识"、坚定"四个自信"、做到"两个维护"。把"改"字贯穿始终,下大力气解决医疗保障领域"难点""堵点"和"痛点"问题,提升了人民群众的获得感、幸福感和安全感。二是党风廉政建设进一步加强。严格落实"两个责任",切实履行"一岗双责",落实中央八项规定精神,驰而不息纠治"四风",专项整治"搞庸俗哲学、圈子文化问题",集中整治"漠视侵害群众利益问题",打造医保系统风清气正的政治生态。认真接受自治区党委巡视组专项巡视,切实抓好巡视反馈问题整改。三是意识形态领域主导权牢固把握。全面落实意识形态领导责任制,加强阵地建设,利用官方网站和微信公众号,开展医保领域舆情监测,广泛宣传医保政策,准确传播权威声音,有效引导社会舆论。

············

(十)积极开展信息化建设。根据国家局信息化建设有关规划要求,按时完成全区统一的医疗保障信息系统可行性研究报告编制工作,2019年9月通过国家局审核,现已进入立项阶段。对全区现有职工医保、居民医保、药品采购系统进行统一改造升级,确保两险合并实施、盟市级统筹、按病种付费、国家药品集中采购试点扩围等工作顺利开展。完成个税改革医保共享信息系统建设工作,在全国率先实现数据上传。

二、存在的问题

在全面完成各项工作任务的同时,医疗保障工作也还存一些问题和不足。如,医保制度碎片化,需规范完善;部分地区基金收支不平衡,需强化管理;医保支付方式改革滞后,需强力推进;打击欺诈骗保工作任重道远,需持续发力;药品耗材带量采购推进缓慢,需加大力度;医保经办便捷服务有待加强,需提升改进;医保信息化水平较低,需加快建设;部分人员专业知识掌握比较欠缺，履职尽责能力仍需进一步提升。

范例2

内蒙古自治区2019年度扶贫对象动态管理工作总结（节选）

2019年是打赢脱贫攻坚战的关键之年，内蒙古自治区坚持以党的十九届四中全会精神和习近平总书记关于扶贫工作的重要论述为引领，深入贯彻党中央、自治区党委政府决策部署，围绕脱贫攻坚目标任务，做到安排部署早、政策业务培训范围广、工作质量要求高、督查指导到位、工作调度及时，在自治区、盟市、旗县、苏木乡镇、嘎查村五级扶贫干部的共同努力下，高质量完成了2019年度扶贫对象动态管理工作。现将工作情况总结报告如下：

一、动态管理总体情况

自治区把建档立卡工作作为2019年脱贫攻坚工作的重中之重，作为各项政策落实、工作推进的重要基础性工作来抓，细化工作方案，加强业务指导。动态管理期间，共动员苏木乡镇、驻村工作队、帮扶责任人、嘎查村"两委"等各级扶贫干部13.5万人，走访各类农牧户102.7万户（其中，未脱贫户6.7万户，已脱贫户47万户，非贫困户49万户），实现了对扶贫对象进行全覆盖摸排。通过动态管理，全区共标注脱贫14.1万人，完成了年初确定的脱贫14万人年度目标任务。新识别0.7万人，返贫93人，清退0.9万人（其中未脱贫0.06万人），自然增加3.8万人（其中未脱贫0.5万人），自然减少8.7万人（其中未脱贫0.7万人），全区剩余的676个贫困嘎查村全部出列，20个申请摘帽旗县已经完成第三方评估，预计可实现全部退出。2019年底，在扶贫开发信息系统中我区还有未脱贫户0.7万户、1.6万人，贫困发生率降至0.11%。识别边缘人口2.9万人，标注脱贫监测户1.3万人。边缘人口和脱贫监测人口合计4.2万人，占系统中建档立卡贫困人口总数的3.28%。

二、主要做法及成效

（一）高位推进，全面部署。我区高度重视扶贫对象动态管理工作，严格按照国家、自治区的要求，形成了自治区党委书记抓总体，盟市、旗县两级党委政府一把手抓落实，各级扶贫办具体开展工作的责任落实模式，全力推进2019年扶贫对象动态管理工作。时任自治区党委书记李纪恒同志在听取9月16日全国扶贫办主任视频会议情况汇报后，亲自主持召开旗县委书记述职交流会，安排部署2019年度扶贫对象动态管理工作，要求各地扶贫开发领导小组要专题研究动态管理工作，加强统筹协调，严格按照国家和自治区的要求认真做好年度扶贫对象动态管理和"两摸底、一核查"工作，全面摸清边缘人口规模，核实核准建档立卡数据。建立了"谁调查、谁识别、谁签字、谁负责"的可追溯责任机制，层层压实责任，精心组织实施，确保工作质量。

……

虽然我区圆满完成了2019年度扶贫对象动态管理工作，但我区建档立卡工作还存在数据还不够十分精准、数据分析还不够深入、个别数据账实不一等问题，将在2020年的脱贫攻坚工作中查漏补缺，补齐短板。

三、下一步工作计划及建议

（一）下一步工作计划

……

（二）相关建议

……

范例3

传承美丽非遗添彩美丽浙江
——浙江第九个"文化遗产日"系列活动总结（节选）

2014年"文化遗产日"期间，浙江各地按照文化部的统一部署，并围绕浙江省委、省政府提出的"建设美丽浙江，创建美好生活"重要决策，立足"非遗保护与城镇化同行"的主题，着力于"非遗保护，人人参与"，上下联动，左右协调，精心策划，创新思路，组织开展了一系列非遗展演展示活动，加大宣传力度和声势，让非物质文化遗产成为满足人民群众精神文化生活的重要文化资源。

具体呈现出六个亮点：

一、突出主题，突出特色

由浙江省文化厅、浙江日报社、浙江广电集团、浙江省新生代企业家联谊会联合举办的第九届浙江省非物质文化遗产节，以"唱响美丽浙江、共享美好生活"为主题，部署开展系列非遗展演展示活动。各地围绕主题，开展富有地方特色的系列非遗活动，为城镇化建设留住乡愁。

温州市举行了"百人百技百工"现场展示活动，集合103位非遗传人现场"秀"绝活，以非遗传人的精彩表演，展示"美丽温州"的深厚文化底蕴和"百工之乡"的独特魅力。丽水市举办"生态丽水，美丽非遗"系列活动，组织新闻媒体民俗体验绿谷行、主题征文比赛、系列专题宣传片展播等活动，让更多民众了解和体验丽水之美、非遗之美。慈溪举办"2014非遗在我身边"活动，通过民众与非遗项目的亲密接触，让民众体验非遗给城市生活带来的风采。景宁县举办"美丽非遗进社区"大型赶集活动，"望山看水记乡愁"全县优秀非遗保护成果巡回展，让人们体验非遗与城镇社区生活的亲缘关系。苍南县举行"非遗进文化礼堂"巡回展演活动，在各乡村文化礼堂推出展览26期（次），展演42场（次）。全省多数城乡社区开展了非遗宣传展示活动，让广大民众更方便、近距离地了解非遗，参与保护，营造在城镇化进程中传承历史文脉，弘扬传统文化的浓厚氛围。

……

六、注重节俭，注重实效

各地认真贯彻落实中央"八项规定"，在举办"文化遗产日"系列活动中，讲实际，重实效，尽量控制活动规模，厉行节约，精简仪式，简化舞美，严禁铺张浪费，坚决杜绝不正之风，充分体现活动的公益性质和志愿精神。各地会同公安等部门，认真筹划，周密安排，增强安全防范意识，落实各项安全保卫措施，确保各项文化遗产日活动安全顺利开展，做到全省各级"文化遗产日"系列活动安全无事故。

十九、会议记录类

（一）基本构成

会议记录的基本构成主要包括标题、正文、附件说明（如有附件）等。

1. 标题

会议记录的标题一般由会议名称和"记录"二字组成，即"××××会议（会议名称）记录"。

2. 正文

会议记录的正文一般由会议的基本情况和主体内容两方面内容组成。

（1）基本情况。

基本情况一般包括会议的时间、地点、主持人、会议主要议题、出席人员情况（如出席人员单位、姓名、职务等）、列席人员情况（如列席人员单位、姓名、职务等）、记录人员情况等内容。

（2）主体内容。

相对会议纪要主体内容而言，会议记录的主体内容更加全面，一般包括与会人员发言的中心思想、不同意见、争论问题、发言论据和结论、会议结论意见或决议决定等内容。

3. 附件说明

会议记录的附件说明一般包括"附件"二字、附件顺序号、附件名称等方面内容。

此外，如果使用纸质记录本时，在公文格式方面对会议记录不做要求；如果使用电子文档记录时，为提高会议记录的规范性和美观性，建议在公文格式方面应依照《条例》《格式》等规定规范的相关要求执行。

二十、工作简报类

（一）基本构成

简报的基本构成一般包括标题、正文、附件说明（如有附件）等。

1. 标题

简报标题的拟制具有较高的灵活性。

从数量上看，可以是单一标题，也可以是主副标题。在主副标题中，一个标题是以实施事项的主旨主题为主要内容，另一个标题则是以"××××（实施主导机关）××××（事由）简报"等类似形式存在。

从内容上看，单一标题一般由实施机关、事由、文种三部分组成，也可以由实施主导机关和事由两部分组成，比如"××××（实施主导机关）××××（事由）简报""××××（实施机关）××××（事由）"等。

2. 正文

简报正文一般包括前言、主体、结语等组成部分。

（1）前言。

一般是指实施事项的基本情况和内容概述，具体包括时间地点、参加人员、实施依据、实施目的、实施概况、实施效果等内容。

（2）主体。

主体一般是指实施事项的具体描述和特点展示，具体包括取得的成绩、经验做法、特点特色等方面内容组成。

在公文处理工作实践中，参与者应根据工作需要在内容上有所侧重或取舍。

（3）结语。

简报一般无专门的结语。

如有结语，一般是对实施事项的小结，发挥鼓舞士气、激励他人、强化读者印象等作用。

3. 附件说明

简报的附件说明一般包括"附件"二字、附件顺序号、附件名称等方面内容。

此外，非法定文种公文在公文格式、行文规则、公文拟制等方面没有统一的且具体的规范、标准或者要求，但因其常常作为法定文种公文的组成部分出现（如作为附件出现），同时也为提升其自身规范性和美观性，一般建议在拟制法规制度类公文时公文处理工作参与者应遵循或参照《条例》等法规以及《格式》等规范标准执行。

（二）公文范例

范例1

科技部"幸福工程"捐款活动简报

2016年是开展"幸福工程——救助贫困母亲行动"的第20年。"幸福工程"是把爱心者的奉献与弱势群体的需求有机地结合在一起，共同营造了幸福与和谐的社会氛围，得到了社会各界的广泛关注和高度评价。中央国家机关的爱心和善举，对改善贫苦和困难群众生存状况，促进社会和谐稳定发挥了积极作用。

根据中央国家机关计生办通知精神，我部于5月3、4日组织了"幸福工程"捐款活动，并通过转发通知、张贴宣传画、发放宣传彩页、宣传光盘等宣传手段，把"幸福工程"的理念、模式、方法、成果向干部职工进行简单介绍，使捐赠者认识到救助贫困母亲的重要意义。

在今年的捐款过程中，各级领导干部率先垂范，广大干部职工积极参与，把支持幸福工程、关爱贫困母亲作为自己一项义不容辞的责任和义务。这种朴素的情感动机使广大干部职工已连续多年为幸福工程捐款，捐款总额累计已达238971.2元。在今年的活动中，经统计机关和直属事业单位1628人参加了捐款，总额16760元。

范例2

南昌大学强化"三个全覆盖" 着力做好毕业生就业工作
——"教育系统多措并举促进高校毕业生就业创业"系列之三（节选）

（教育部简报〔2020〕第14期）

南昌大学认真贯彻党中央、国务院关于稳就业的重要决策部署，深入落实教育部和江西省有关工作要求，着力强化就业服务、就业宣传和就业指导三个全覆盖，不断拓宽就业渠道，优化网络招聘流程，加强特殊困难群体帮扶，千方百计把疫情对毕业生就业的影响降到最低，努力确保毕业生更充分更高质量就业。

强化就业服务全覆盖，拓宽毕业生就业渠道。落实就业工作"一把手工程"，多次召开学校党委常委会，推进校院两级毕业生就业创业工作，压实工作责任。学校主要负责同志带队走访赣籍企业，深化校企合作、推介毕业学生；主持召开就业创业工作推进会，部署毕业生就业"百日冲刺"行动；积极参加"我为毕业生带岗"活动，拍摄短视频，推介岗位招聘信息。建立学校统一部署、学院组织落实、班级具体实施的就业工作联动机制，推动形成学院党政共管、各系协同配合、毕业班辅导员抓细抓实的"三级联动"学院工作机制。发动全校力量，努力拓宽就业渠道、增加就业岗位，确保疫情期间用人单位招聘需求不萎缩。加强校地、校企合作，与上海、绍兴等地人力资源部门合作开展"线上＋线下"招聘会；与南昌市人社局合作承办疫情以来江西首场高校线下招聘会暨留赣就业南昌大学专场招聘会，共有60家企事业单位参加，提供就业岗位300余个，需求人数5300余人，达成签约意向近500人；多次邀请校友企业招聘毕业生，邀请校友直播送岗位、送指导。逐一联系并邀请8400余家用人单位开展线上招聘活动，截至目前，共有3000余家用人单位开展线上招聘，累计提供岗位1.6万余个，需求人数35万余人。联合"云就业平台"举办4场线上视频双选会，遴选880余家优质单位参会，提供岗位3800余个。深挖校内岗位，为毕业生提供近千个教学、科研和卫生系列岗位。创新便捷就业服务平台，充分利用信息化手段开展网上招聘和视频面试，提升就业服务效率和效果；与第三方公司合作开发集面试、签约、打印三方协议等功能于一体的网上签约系统，实现毕业生事务网上"无接触"办理；利用"微就业"平台为毕业生提供精准化岗位匹配服务；通过信函、传真、网络、快递等方式为毕业生办理就业手续，不断简化和优化就业流程，减少毕业生流动。

强化就业宣传全覆盖，增进毕业生就业认知。

……

强化就业指导全覆盖，提升毕业生就业质量。加强职业生涯规划教育，推动职业生涯规划课程师资融合、内容融合和实践融合，纳入思政理论课实践教学网络平台，安排2个学时的实践教学环节。将抗疫先进事迹有机融入职业生涯与就业指导教育，组织学校援鄂最美"逆行者"将战场变成课堂，在抗疫一线对大学生进行指导，激励学生为实现"中国梦"贡献青春力量。选聘优秀企业家、创业者、人力资源负责人、校友和政府部门负责人等担任校外就业创业导师，为学生讲授职场经验、介绍行业发展及趋势。打造由就业指导人员、思政课骨干教师、校外就业创业导师组成的就业指导教师队伍，开展就业指导师资培训线上讲座，努力提高教师就业指导能力。强化职业测评及结果运用，与第三方教育集团合作，开通职业测评系统，覆盖所有大一本科生；开通求职强化系统，覆盖所有本科、研究生毕业生。就业指导老师及时分析学生的测评结果，通过召开线上主题班会等方式有针对性地开展职业生涯规划教育和指导，提供就业咨询与答疑服务3500余人次。建立就业监测系统，按照"分类指导、动态管理、精准施策"的原则，动态掌握毕业生的就业情况，完善建档立卡贫困家庭毕业生档案，发放就业困难专项资助和临时困难、助学流量、餐费等专项补助，通过谈心谈话、一对一指导、个体咨询、重点推荐等措施，加强建档立卡贫困家庭毕业生尤其是湖北籍贫困生的就业帮扶和指导，确保有就业意愿的建档立卡贫困家庭毕业生顺利就业。

二十一、调研报告类

（一）基本构成

调研报告的基本构成一般包括标题、正文、附件说明（如有附件）等。

1. 标题

调研报告标题的拟制具有较高的灵活性。

从数量上看，可以是单一标题，也可以是主副标题。在主副标题中，一个标题是以调研事项的主旨主题为主要内容，另一个标题一般是以"××××（调研机关）

××××（事由）调研报告"等类似形式存在。

从内容上看，单一标题一般由调研机关、事由、文种三部分组成，也可以由事由和文种两部分组成，比如"××××（实施主导机关）××××（事由）调研报告""××××（事由）调研报告"等。

2. 正文

调研报告的正文一般包括前言、主体等组成部分。

（1）前言。

前言一般是指调研事项的基本情况和内容概述，具体包括调研目的、调研时间、调研对象、调研方式、调研概况等内容。

（2）主体。

主体一般是指调研事项的展开描述和具体分析，具体包括特定事项的基本做法、主要成效、主要问题、经验启示、意见建议等方面内容组成。

在公文处理工作实践中，参与者应根据工作需要在内容上有所侧重或取舍。

3. 附件说明

调研报告的附件说明一般包括"附件"二字、附件顺序号、附件名称等方面内容。

此外，非法定文种公文在公文格式、行文规则、公文拟制等方面没有统一的且具体的规范、标准或者要求，但因其常常作为法定文种公文的组成部分出现（如作为附件出现），同时也为提升其自身规范性和美观性，一般建议在拟制法规制度类公文时公文处理工作参与者应遵循或参照《条例》等法规以及《格式》等规范标准执行。

（二）公文范例

范例1

北京市党建引领"街乡吹哨、部门报到"改革情况的调研报告（节选）

2018年11月14日，习近平总书记主持召开中央全面深化改革委员会第五次会议，审议通过《"街乡吹哨、部门报到"——北京市推进党建引领基层治理体制机制创新的探索》，对这项工作给予充分肯定。为深入总结这一经验做法，更好指导面上工作，中央组织部多次派人了解北京市开展党建引领"街乡吹哨、部门报到"改革（以下简称"吹哨报到"改革）情况。12月3日到12月10日，组织3个调研组，到北京市12个区的17个街道乡镇、20个部门站所、6个执法单位，深入街巷胡同和党员干部、社区群众，集中开展专题调研。

从调研情况看，北京市"吹哨报到"改革，认真贯彻习近平总书记关于党的建设和组织工作的重要思想、社会治理有关要求和对北京工作重要讲话精神，以加强党对基层治理的领导、提升党建引领基层治理水平为主线，以办好群众家门口的事、让群众生活更方便更舒心更美好为目标，以构建简约高效基层管理体制、打通基层治理"最后一公里"为重点，坚持试点先行重点突破、全域推进整体提升，着力破解长期困扰城市发展、城市治理的难题，取得重大突破和重要阶段性成果。这一经验做法，是完善体制机制、增强城市基层党建整体效应的创新实践，是发扬党的群众工作优良传统、走好新时代群众路线的成功范例，具有典型示范意义和借鉴推广价值。

一、基本做法

"吹哨报到"改革源自基层。2017年上半年，平谷区金海湖镇为根治金矿盗采多年屡禁不止难题，探索了乡镇发现盗采线索及时上报，各相关执法部门30分钟内赶到现场综合执法的机制，效果很好。北京市委把这一探索总结提升为党建引领"街乡吹哨、部门报到"改革，从2018年初开始，在全市16个区的331个街乡中，选取169个街乡试点推广。市委抓住机构改革契机，完善基层管理体制，把党建和治理结合起来，在赋权、下沉、增效上下功夫，以"吹哨"反映群众诉求、发出集结令，以"报到"引领各部门响应、解决群众问题，形成了行之有效的做法。

1.明责赋权优化职能，增强街乡"吹哨"能力。

…………

二、主要成效

北京市"吹哨报到"改革实施一年来，取得显著成效，试点地区人居环境明显改观，基层干部队伍面貌焕然一新，人民群众获得感幸福感安全感大大增强，赢得社会广泛赞誉。

1.打通了城市基层治理"最后一公里"。

…………

三、经验启示

北京市"吹哨报到"改革，开创性、示范性强，为党建引领基层治理体制机制创新、提升为民服务能力水平探索了新路径，有许多启示。

…………

4.党建引领基层治理，必须运用科学方式方法，重点突破、循序渐进。……既要有远景考虑和长期目标，又要有当下举措和"先期效果"，一步步扎实推进。

范例2

福建省江河湖库水系连通实施情况调研报告（节选）

2017年，财政部农业司与水利部水资源司、财务司组成联合调研组，赴福建省调研江河湖库水系连通实施情况。调研主要采取座谈、实地走访等形式，重点对湄洲岛、土海、绶溪三个水系连通项目进行了调研。现就有关调研情况报告如下：

一、福建省主要做法和经验

根据党中央、国务院的部署，福建省作为国家生态文明试验区，充分发挥生态优势，积极构建"格局合理、功能完备，蓄泄兼筹、引排得当，多源互补、丰枯调剂，水流通畅、环境优美"的江河湖库连通体系，着力提高水资源利用水平，改善河湖生态环境，坚持走生产发展、生活富裕、生态良好的文明发展道路，努力建设美丽中国，美丽福建。2016年，福建省实施了5个水系连通项目，总投资4.92亿元，其中中央补助2.69亿元。5个项目陆续建成，完成疏浚河道43.7公里，新建生态护岸27.37公里，铺设管道12.78公里，连通了10河6湖5库，引调补水7496万立方米，新增供水89万立方米，防洪除涝受益面积1.44万亩，增加水面及湿地面积1.5万亩，保护耕地1.37万亩，受益人口45万人，取得了良好的社会效益和生态效益。2017年，福建省实施了9个水系连通项目，总投资11.82亿元，2017年度计划投资5.52亿元，其中中央补助资金3.07亿元，截至2017年底，完成年度投资5.02亿元，占年度投资计划的90.85%。福建省主要有以下经验和做法：

（一）央地同步规划，共同助力水系连通。

…………

二、存在的主要问题

从现场调研、走访和座谈的情况看，福建省水系连通项目实施过程中存在的主要问题有：

（一）设计工作不扎实。少数项目在设计阶段存在设计理念滞后、现场勘测粗糙、设计深度不够的问题。个别设计有缺陷、变更频繁，在一定程度上制约了项目的建设进度。

…………

三、下一步工作建议

…………

（二）加强管理，防患未然。从福建省在项目建设过程中总结的问题以及我部 2017 年安排专员办对各省开展的江河湖库水系综合整治项目绩效评价反映的问题看，前期工作不扎实、项目征迁难、市县监管责任未落实在部分省份项目实施中具有一定的代表性。建议协调水利部，进一步加强管理。一是事前严把项目审核关，把政府责任有主导、解决征迁有举措、资金落实有承诺、项目设计有蓝图等前期工作扎实的项目作为年度实施方案的优先项目；二是事中强调资金支出方向，避免地方将资金过多地用于景观建设，造成大量"面子"工程，而忽略了水生态、水环境治理和江河湖库水系连通的"初心"；三是事后督促地方落实管护责任，项目建成以后要督促地方建立长效机制，落实管护资金和责任，避免一段时间以后，建成的项目成为无人管护工程，避免投资浪费。

二十二、讲话发言类

（一）基本构成

讲话的基本构成一般包括标题、成文信息、主送对象、正文等。

1. 标题

讲话标题的拟制具有较高的灵活性。

从数量上看，可以是单一标题，也可以是主副标题。在主副标题中，一个标题是以讲话发言的主旨主题为主要内容，另一个标题一般是以"在××××（会议、仪式或活动）上的讲话（或演讲、致辞）"等类似形式存在。

从内容上看，单一标题一般由讲话人（发言人）姓名职务、事由、文种三部分组成，也可以由事由和文种两部分组成，比如"在××××（会议、仪式或活动）上的讲话（或演讲、致辞）""××××(讲话人或发言人姓名、职务）在××××(会议、仪式或活动）上的讲话（或演讲、致辞）"等。

2. 成文信息

讲话的成文信息一般由讲话发言的时间和地点两个部分组成。

成文信息需用圆括号"（）"括入，编排于标题下一行、居中排布。此外，有时会将讲话人（发言人）姓名、职务信息编排与成文信息下一行。

3. 主送对象

讲话的主送对象可以是一人也可以是多人，可以是个体也可以是群体（组织），一般由敬词、姓名、职务等方面内容组成。

4. 正文

讲话的正文一般由报告的前言、主体内容、结语三个方面内容组成。

（1）前言。

前言一般包括介绍讲话（发言）的背景、依据、原因、目的或意义等方面内容。

（2）主体内容。

主体内容一般围绕讲话（发言）的主旨主题进行展开阐述，具体包括分析形势、布置任务、明确措施、提出建议等方面内容。

在公文处理工作实践中，参与者应根据工作需要在内容上有所侧重或取舍。

（3）结语。

结语一般包括就贯彻落实或有力推进相关工作等发出号召、提出希望或要求、以及祝愿祝福或致谢等内容。

在公文处理工作实践中，参与者应根据工作需要在内容上有所侧重或取舍。

此外，非法定文种公文在公文格式、行文规则、公文拟制等方面没有统一的且具体的规范、标准或者要求，但因其常常作为法定文种公文的组成部分出现（如作为附件出现），同时也为提升其自身规范性和美观性，一般建议在拟制法规制度类公文时公文处理工作参与者应遵循或参照《条例》等法规以及《格式》等规范标准执行。

（二）公文范例

范例1

在全国脱贫攻坚总结表彰大会上的讲话（节选）

（2021年2月25日，习近平）

同志们，朋友们：

今天，我们隆重召开大会，庄严宣告，经过全党全国各族人民共同努力，在迎来中国共产党成立一百周年的重要时刻，我国脱贫攻坚战取得了全面胜利，现行标准下9899万农村贫困人口全部脱贫，832个贫困县全部摘帽，12.8万个贫困村全部出列，区域性整体贫困得到解决，完成了消除绝对贫困的艰巨任务，创造了又一个彪炳史册的人间奇迹！这是中国人民的伟大光荣，是中国共产党的伟大光荣，是中华民族的伟大光荣！

……

8年来，党中央把脱贫攻坚摆在治国理政的突出位置，把脱贫攻坚作为全面建成小康社会的底线任务，组织开展了声势浩大的脱贫攻坚人民战争。党和人民披荆斩棘、栉风沐雨，发扬钉钉子精神，敢于啃硬骨头，攻克了一个又一个贫中之贫、坚中之坚，脱贫攻坚取得了重大历史性成就。

……

同志们、朋友们！

脱贫攻坚取得举世瞩目的成就，靠的是党的坚强领导，靠的是中华民族自力更生、艰苦奋斗的精神品质，靠的是新中国成立以来特别是改革开放以来积累的坚实物质基础，靠的是一任接着一任干的坚守执着，靠的是全党全国各族人民的团结奋斗。我们立足我国国情，把握减贫规律，出台一系列超常规政策举措，构建了一整套行之有效的政策体系、工作体系、制度体系，走出了一条中国特色减贫道路，形成了中国特色反贫困理论。

——坚持党的领导，为脱贫攻坚提供坚强政治和组织保证。……

事实充分证明，中国共产党具有无比坚强的领导力、组织力、执行力，是团结带领人民攻坚克难、开拓前进最可靠的领导力量。只要我们始终不渝坚持党的领导，就一定能够战胜前进道路上的任何艰难险阻，不断满足人民对美好生活的向往！

……

这些重要经验和认识，是我国脱贫攻坚的理论结晶，是马克思主义反贫困理论中国化最新成果，必须长期坚持并不断发展。

……

同志们、朋友们！

回首过去，我们在解决困扰中华民族几千年的绝对贫困问题上取得了伟大历史性成就，创造了人类减贫史上的奇迹。展望未来，我们正在为全面建设社会主义现代化国家的历史宏愿而奋斗。征途漫漫，惟有奋斗。全党全国各族人民要更加紧密地团结在党中央周围，坚定信心决心，以永不懈怠的精神状态、一往无前的奋斗姿态，真抓实干、埋头苦干，向着实现第二个百年奋斗目标奋勇前进！

范例2

在2021年春节团拜会上的讲话（节选）

（2021年2月10日，习近平）

同志们，朋友们：

农历辛丑年春节即将到来。今天，我们在这里欢聚一堂，共迎新春佳节，感到十分高兴。

首先，我代表党中央和国务院，向大家致以节日的美好祝福！向全国各族人民，向香港特别行政区同胞、澳门特别行政区同胞、台湾同胞和海外侨胞拜年！祝大家新春愉快！

回首过去一年，既有惊心动魄的风云突变，又有豪情万丈的砥砺前行。一年来，我们党团结带领全国各族人民众志成城、迎难而上，战疫情、抗洪涝，促改革、推开放，抓脱贫、惠民生，保增长、稳大局，在世界上率先控制住疫情蔓延，在全球主要经济体中率先实现经济正增长，全面建成小康社会取得伟大历史性成就，脱贫攻坚目标任务如期完成，重大科技创新成果捷报频传，共建"一带一路"扎实推进，"十三五"规划圆满收官，构建人类命运共同体得到国际社会广泛认同，各项事业取得新的重大成就！

实践再次证明，中国特色社会主义制度具有无比强大的生命力和创造力！中国人民和中华民族具有无比强大的凝聚力和向心力！只要全党全国各族人民紧密团结在党中央的周围，就没有任何困难能够难倒我们，就没有任何力量能够阻挡中华民族实现伟大复兴的铿锵步伐！

同志们、朋友们！

全面建成小康社会，实现第一个百年奋斗目标，在中国共产党奋斗史、新中国发展史、中华民族文明史上都具有里程碑意义。同时，我们必须认识到，这只是我们迈向中华民族伟大复兴的关键一步，我们决不能骄傲自满、止步不前，要继续谦虚谨慎、戒骄戒躁，继续艰苦奋斗、锐意进取，为实现第二个百年奋斗目标、实现中华民族伟大复兴而奋力拼搏，为人类和平与发展的崇高事业不断作出新的更大贡献！

新的一年，我们要全面贯彻党的十九大和十九届二中、三中、四中、五中全会精神，坚持稳中求进工作总基调，立足新发展阶段、贯彻新发展理念、构建新发展格局，以推动高质量发展为主题，以深化供给侧结构性改革为主线，以改革创新为根本动力,以满足人民日益增长的美好生活需要为根本目的,统筹推进"五位一体"总体布局、协调推进"四个全面"战略布局,统筹发展和安全,巩固拓展疫情防控和经济社会发展成果,努力实现"十四五"时期发展开好局、起好步,以优异成绩迎接中国共产党成立100周年。

……………

同志们、朋友们!

在中华文化里,牛是勤劳、奉献、奋进、力量的象征。人们把为民服务、无私奉献比喻为孺子牛,把创新发展、攻坚克难比喻为拓荒牛,把艰苦奋斗、吃苦耐劳比喻为老黄牛。前进道路上,我们要大力发扬孺子牛、拓荒牛、老黄牛精神,以不怕苦、能吃苦的牛劲牛力,不用扬鞭自奋蹄,继续为中华民族伟大复兴辛勤耕耘、勇往直前,在新时代创造新的历史辉煌!

最后,祝大家身体健康、工作顺利、阖家幸福、万事如意、牛年大吉!

谢谢大家。

范例3

让多边主义的火炬照亮人类前行之路
——在世界经济论坛"达沃斯议程"对话会上的特别致辞(节选)

(2021年1月25日,北京,中华人民共和国主席,习近平)

尊敬的施瓦布主席,

女士们,先生们,朋友们:

过去一年,突如其来的新冠肺炎疫情肆虐全球,全球公共卫生面临严重威胁,世界经济陷入深度衰退,人类经历了史上罕见的多重危机。

这一年,各国人民以巨大的决心和勇气,同病魔展开殊死搏斗,依靠科学理性的力量,弘扬人道主义精神,全球抗疫取得初步成效。现在,疫情还远未结束,近期又出现反弹,抗疫仍在继续,但我们坚信,寒冬阻挡不了春天的脚步,黑夜遮蔽不住黎明的曙光。人类一定能够战胜疫情,在同灾难的斗争中成长进步、浴火重生。

女士们、先生们、朋友们!

历史总在不断前进,世界回不到从前。我们今天所作的每一个抉择、采取的每一项行动,都将决定世界的未来。我们要解决好这个时代面临的四大课题。

第一,加强宏观经济政策协调,共同推动世界经济强劲、可持续、平衡、包容增长。

....

女士们、先生们、朋友们!

世界上的问题错综复杂,解决问题的出路是维护和践行多边主义,推动构建人类命运共同体。

——我们要坚持开放包容,不搞封闭排他。

....

女士们、先生们、朋友们!

中国人民经过长期艰苦奋斗,全面建成小康社会胜利在望,脱贫攻坚取得历史性成果,开启了全面建设社会主义现代化国家新征程。我们将立足新发展阶段,贯彻新发展理念,积极构建以国内大循环为主体、国内国际双循环相互促进的新发展格局,同各国一道,共建持久和平、普遍安全、共同繁荣、开放包容、清洁美丽的世界。

——中国将继续积极参与国际抗疫合作。

....

女士们、先生们、朋友们!

人类只有一个地球,人类也只有一个共同的未来。无论是应对眼下的危机,还是共创美好的未来,人类都需要同舟共济、团结合作。实践一再证明,任何以邻为壑的做法,任何单打独斗的思路,任何孤芳自赏的傲慢,最终都必然归于失败!让我们携起手来,让多边主义火炬照亮人类前行之路,向着构建人类命运共同体不断迈进!

谢谢大家。

范例4

构建新发展格局　实现互利共赢
——在亚太经合组织工商领导人对话会上的主旨演讲(节选)

(2020年11月19日,北京,中华人民共和国主席,习近平)

各位工商界朋友,

女士们,先生们,朋友们:

在全球共抗新冠肺炎疫情、探索世界经济复苏道路的重要时刻,很高兴通过视频方式同大家见面。

……………

今年以来，面对突如其来的疫情，中国坚持人民至上、生命至上，14亿人民上下一心，全国抗疫斗争取得重大战略成果。我们统筹疫情防控和经济社会发展工作，抓紧恢复生产生活秩序。前三季度，中国经济增长实现由负转正。这一成果来之不易，充分展现了中国经济的强大韧性和旺盛活力。中国经济发展稳中向好、长期向好的基本面没有变，我们完全有信心、有能力保持经济平稳运行，如期实现全面建成小康社会、打赢脱贫攻坚战的目标。

不久前，中共十九届五中全会审议通过了关于制定第十四个五年规划的建议，提出全面建成小康社会奋斗目标将如期实现，明年中国将开启全面建设社会主义现代化国家新征程，我们将科学把握新发展阶段，坚定贯彻新发展理念，积极构建以国内大循环为主体、国内国际双循环相互促进的新发展格局。我们提出构建新发展格局，是立足中国自身发展阶段和发展条件，充分考虑经济全球化和外部环境变化所作出的战略抉择。

第一，我们将扭住扩大内需战略基点，畅通国民经济循环。

……………

女士们、先生们、朋友们！

开放是国家进步的前提，封闭必然导致落后。当今世界，经济全球化潮流不可逆转，任何国家都无法关起门来搞建设，中国也早已同世界经济和国际体系深度融合。我们绝不会走历史回头路，不会谋求"脱钩"或是搞封闭排他的"小圈子"。我们构建新发展格局，绝不是封闭的国内单循环，而是开放的、相互促进的国内国际双循环。

——在新发展格局下，中国市场潜力将充分激发，为世界各国创造更多需求。

……………

女士们、先生们、朋友们！

亚太是我们的共同家园，维护亚太和平稳定、促进发展繁荣符合我们的共同利益。亚太各国既有人员密切往来之利，也有跨洋相望的地利之便。我们顺应市场规律，抓住经济全球化、区域经济一体化机遇，领风气之先，走在了世界经济增长的前列。亚太地区发展和区域经济合作深化，有其深刻的历史必然性，符合亚太各国人民愿望，也必将继续展现出强大生命力。

……………

女士们、先生们、朋友们！

疫情终将过去，胜利必将到来。让我们携起手来，风雨同舟、守望相助，坚持开放合作，畅通内外循环，共创共享亚太和世界更加美好的未来！

范例5

国家主席习近平发表二〇二一年新年贺词（节选）

大家好！2021年的脚步越来越近，我在北京向大家致以新年的美好祝福！

2020年是极不平凡的一年。面对突如其来的新冠肺炎疫情，我们以人民至上、生命至上诠释了人间大爱，用众志成城、坚忍不拔书写了抗疫史诗。……一个个义无反顾的身影，一次次心手相连的接力，一幕幕感人至深的场景，生动展示了伟大抗疫精神。平凡铸就伟大，英雄来自人民。每个人都了不起！向所有不幸感染的病患者表示慰问！向所有平凡的英雄致敬！我为伟大的祖国和人民而骄傲，为自强不息的民族精神而自豪！

艰难方显勇毅，磨砺始得玉成。我们克服疫情影响，统筹疫情防控和经济社会发展取得重大成果。"十三五"圆满收官，"十四五"全面擘画。新发展格局加快构建，高质量发展深入实施。我国在世界主要经济体中率先实现正增长，预计2020年国内生产总值迈上百万亿元新台阶。粮食生产喜获"十七连丰"。"天问一号"、"嫦娥五号"、"奋斗者"号等科学探测实现重大突破。海南自由贸易港建设蓬勃展开。我们还抵御了严重洪涝灾害，广大军民不畏艰险，同心协力抗洪救灾，努力把损失降到了最低。我到13个省区市考察时欣喜看到，大家认真细致落实防疫措施，争分夺秒复工复产，全力以赴创新创造，神州大地自信自强、充满韧劲，一派只争朝夕、生机勃勃的景象。

2020年，全面建成小康社会取得伟大历史性成就，决战脱贫攻坚取得决定性胜利。我们向深度贫困堡垒发起总攻，啃下了最难啃的"硬骨头"。历经8年，现行标准下近1亿农村贫困人口全部脱贫，832个贫困县全部摘帽。这些年，我去了全国14个集中连片特困地区，乡亲们愚公移山的干劲，广大扶贫干部倾情投入的奉献，时常浮现在脑海。我们还要咬定青山不放松，脚踏实地加油干，努力绘就乡村振兴的壮美画卷，朝着共同富裕的目标稳步前行。

…………

2021年是中国共产党百年华诞。百年征程波澜壮阔，百年初心历久弥坚。从上海石库门到嘉兴南湖，一艘小小红船承载着人民的重托、民族的希望，越过急流险滩，穿过惊涛骇浪，成为领航中国行稳致远的巍巍巨轮。胸怀千秋伟业，恰是百年风华。我们秉持以人民为中心，永葆初心、牢记使命、乘风破浪、扬帆远航，一定能实现中华民族伟大复兴。

站在"两个一百年"的历史交汇点，全面建设社会主义现代化国家新征程即将开启。征途漫漫，惟有奋斗。我们通过奋斗，披荆斩棘，走过了万水千山。我们还要继续奋斗，勇往直前，创造更加灿烂的辉煌！

此时此刻，华灯初上，万家团圆。新年将至，惟愿山河锦绣、国泰民安！惟愿和顺致祥、幸福美满！

谢谢大家！

二十三、公务书信类

（一）基本构成

公务书信的基本构成一般包括标题、主送对象、正文、发文机关或人员署名和成文日期等。

1. 标题

公务书信标题的拟制具有较高的灵活性。

常见拟制方式是直接使用公务书信的文种作为标题，比如介绍信、证明信（证明）、推荐信、慰问信、感谢信、表扬信、贺信、贺电、回信倡议书等。

在公文处理工作实践中，参与者有时也采用事由加文种的形式作为公务书信的标题。

2. 主送对象

公务书信的主送对象可以是一人也可以是多人，可以是个体也可以是群体（组织），一般由敬词、姓名、职务以及其他身份信息等方面内容组成。

3. 正文

公务书信的正文一般由报告的前言、主体内容、结语三个方面内容组成。

（1）前言。

前言一般包括拟制公务书信的背景、依据、原因、目的或意义等方面内容，有时还包括问候语等方面内容。

在公文处理工作实践中，参与者应根据工作需要和公文种类在内容上有所侧重或取舍。

（2）主体内容。

主体内容一般围绕公务书信的主旨主题进行展开阐述。不同类型的公务书信的主体内容有不同的内容侧重。

①介绍信。

介绍信的主体内容一般包括人员姓名、职务、数量，接洽事项，以及需要收信机关支撑或配合的事项等方面内容。

②证明信。

证明信（证明）的主体内容一般包括证明对象的姓名、住址、身份证号码、联系方式，以及需要证明的具体事项等方面内容。

③推荐信。

推荐信主体内容一般包括人员推荐人与被推荐人的基本信息和基本关系，被推荐人的工作表现、能力素质、性格特点，以及是否具备符合接受新的工作事项等方面内容。

④慰问信。

慰问信主体内容一般以叙述具体事实和表示慰问为主。

⑤感谢信、表扬信。

感谢信、表扬信主体内容一般包括对方提供帮助的时间、地点、做法、作用以及从中体现出的思想品格和道德修养等方面内容。

⑥贺信、贺电。

贺信、贺电主体内容一般包括所取得的成绩以及其价值和意义等方面内容。

⑦回信。

回信主体内容一般包括对来信内容的回应（如所取得成绩的肯定和鼓励）等方面内容。

⑧倡议书。

倡议书主体内容一般包括所要倡议事项的具体内容和具体要求等方面内容。

（3）结语。

结语一般包括就贯彻落实或有力推进相关工作等发出号召、提出希望、提出要求、恳请支持帮助、慰问、祝愿、祝福、致谢以及"请与接洽""特此证明"等方面内容。

在公文处理工作实践中，参与者应根据工作需要在内容上有所侧重或取舍。

4.发文机关或人员署名和成文日期

公文书信的发文机关署名一般由发文机关全称或规范化简称组成，发文人员署名一般应使用全名。

公务书信的成文日期一般由公务书信签署日期组成。

此外，非法定文种公文在公文格式、行文规则、公文拟制等方面没有统一的且具体的规范、标准或者要求，但因其常常作为法定文种公文的组成部分出现（如作为附件出现），同时也为提升其自身规范性和美观性，一般建议在拟制法规制度类公文时公文处理工作参与者应遵循或参照《条例》等法规以及《格式》等规范标准执行。

（二）公文范例

范例1

习近平致首届全国职业技能大赛的贺信（节选）

值此我国首届职业技能大赛开幕之际，我向大赛的举办表示热烈的祝贺！向各位参赛选手和广大技能人才致以诚挚的问候！

技术工人队伍是支撑中国制造、中国创造的重要力量。职业技能竞赛为广大技能人才提供了展示精湛技能、相互切磋技艺的平台……希望广大参赛选手奋勇拼搏、争创佳绩，展现新时代技能人才的风采。

各级党委和政府要高度重视技能人才工作，大力弘扬劳模精神、劳动精神、工匠精神……为全面建设社会主义现代化国家提供有力人才保障。

预祝大赛取得圆满成功！

习近平

2020年12月10日

范例2

习近平致首届世界互联网大会贺词（节选）

值此首届世界互联网大会开幕之际，我谨代表中国政府和人民，并以我个人的名义，向会议的召开致以热烈的祝贺！向出席会议的各国政府官员、国际机构负责人以及专家学者、企业家等各方嘉宾，表示热烈的欢迎！

当今时代，以信息技术为核心的新一轮科技革命正在孕育兴起，互联网日益成为创新驱动发展的先导力量，深刻改变着人们的生产生活，有力推动着社会发展。……同时，互联网发展对国家主权、安全、发展利益提出了新的挑战，迫切需要国际社会认真应对、谋求共治、实现共赢。

中国正在积极推进网络建设，让互联网发展成果惠及13亿中国人民。中国愿意同世界各国携手努力……建立多边、民主、透明的国际互联网治理体系。

本届世界互联网大会以"互联互通 共享共治"为主题，回应了国际社会对网络空间面临重大问题的共同关注。希望与会嘉宾集思广益、凝聚共识、贡献创见，推动互联网更好造福人类。

预祝会议取得圆满成功！

习近平

2014 年 11 月 19 日

范例3

中共中央总书记、国家主席、中央军委主席
习近平代表党中央、国务院和中央军委
祝贺探月工程嫦娥五号任务取得圆满成功的贺电（节选）

探月工程任务指挥部并参加嫦娥五号任务的全体同志：

欣闻探月工程嫦娥五号任务取得圆满成功，我代表党中央、国务院和中央军委，向你们致以热烈的祝贺和诚挚的问候！

嫦娥五号任务作为我国复杂度最高、技术跨度最大的航天系统工程，首次实现了我国地外天体采样返回。……对你们的卓越功勋，祖国和人民将永远铭记！

人类探索太空的步伐永无止境。希望你们大力弘扬追逐梦想、勇于探索、协同攻坚、合作共赢的探月精神……为建设航天强国、实现中华民族伟大复兴再立新功，为人类和平利用太空、推动构建人类命运共同体作出更大的开拓性贡献！

习近平

2020 年 12 月 17 日

范例4

习近平给北京科技大学全体巴基斯坦留学生的回信（节选）

北京科技大学全体巴基斯坦留学生：

你们好！来信收悉。得知你们到中国留学以来……我为你们取得的成绩感到高兴。

正如你们所感受到的，新冠肺炎疫情发生后，中国政府和学校始终关心在华外国留学生生命安全和身体健康，为大家提供了全方位的帮助。……中国政府和中国人民都一视同仁予以关心和爱护。

我了解到，在抗击疫情期间，很多留学生通过各种方式为中国人民加油鼓劲。……中国将继续为所有在华外国留学生提供各种帮助。中国欢迎各国优秀青年来华学习深造，也希望大家多了解中国、多向世界讲讲你们所看到的中国……携手为促进民心相通、推动构建人类命运共同体贡献力量。

中华人民共和国主席 习近平

2020 年 5 月 17 日

范例5

习近平给中国戏曲学院师生的回信（节选）

郭汉城、杜近芳、尚长荣、马金凤、蔡正仁、刘秀荣等同志：

你们好！你们老中青少四代师生的来信，反映中国戏曲学院办学取得的可喜成果，戏曲艺术薪火相传，我感到很欣慰，向你们以及全校师生员工致以诚挚的问候！

戏曲是中华文化的瑰宝，繁荣发展戏曲事业关键在人。希望中国戏曲学院以建校 70 周年为新起点……为传承中华优秀传统文化、建设社会主义文化强国作出新的更大的贡献。

习近平

2020 年 10 月 23 日